W. Rüstow

Annalen des Königreichs Italien 1861 bis 1863

W. Rüstow

Annalen des Königreichs Italien 1861 bis 1863

ISBN/EAN: 9783743399327

Hergestellt in Europa, USA, Kanada, Australien, Japan

Cover: Foto ©ninafisch / pixelio.de

Manufactured and distributed by brebook publishing software (www.brebook.com)

W. Rüstow

Annalen des Königreichs Italien 1861 bis 1863

Annalen

des

Königreichs Italien.

1861 bis 1863.

Von

W. RÜSTOW,

Oberst-Brigadier, Ritter des militärischen Ordens von Savoyen.

————

Drittes Buch:

Das Ministerium Rattazzi.

～～～～～～～～～～～～～

ZÜRICH,   LEIPZIG,

MEYER & ZELLER.   K. F. KÖHLER.

1864.

I.
Die democratischen Vereine, das Ende des Ministeriums Ricasoli und der Eintritt des Ministeriums Rattazzi.

Garibaldi und Mazzini.

Mit der Abreise Garibaldis von Neapel anfangs November 1860 war die italienische Democratie von dem bedeutenden Antheil an der Leitung der öffentlichen Dinge, welche sie in den Jahren 1859 und 1860 gehabt, zurückgetreten und wurde von der Consorterie, welcher sie die Herrschaft überliess, entschieden in die Stellung der Opposition gedrängt.

Als Opposition hatte die Democratie vollends das Bedürfniss, sich zu centralisiren. Ihre Centra fand sie in zwei Männern und in den democratischen Vereinen.

Die beiden Männer waren Joseph Garibaldi und Joseph Mazzini.

Der erstere sass nun wartend auf Caprera, gross in der Zurückgezogenheit, wie in der Handlung, so allgemein geehrt, dass auch seine erbittertsten Feinde es nicht wagen durften, ihm den geringsten Vorwurf zu machen, dass sie gezwungen waren, ihre Feindschaft sorgsam zu verhüllen, wollten sie sich

1

nicht um allen Credit bringen und der allgemeinen
Verachtung unweigerlich verfallen.

Als im Sommer 1861 die Befürchtung entstand,
dass Garibaldi thatenlustig, angeekelt von dem Treiben der ministeriellen Partei, einer Aufforderung folgen
könnte, welche ihm von Amerika zugegangen sein
sollte, an dem Kampfe gegen die Südstaaten theilzunehmen, erhob sich ein Schrei der Angst durch ganz
Italien: Italien war noch nicht frei; noch fehlten
ihm Rom und Venedig, und das italienische Volk
hoffte nichts von den diplomatischen Künsten seiner
Minister, Alles von den Waffen. Wer aber sollte
die Waffen des Volkes leiten, wenn Garibaldi es
verliess?

Zahlreiche Adressen mit hunderttausenden von
Unterschriften gingen nach Caprera, den General
zu bitten, dass er bleibe. Die hochmüthigen advo-
katischen Amerikaner machten keine grossen Anstrengungen, einen tüchtigen Führer von auswärts zu
erwerben. Hatten sie ja doch so viele Generale, dass
sie die Strassen von Neu-York damit pflastern konnten,
und noch neue zu creiren hatte keine Schwierigkeit;
jeder lumpige Demagoge oder Zeitungsschreiber war
ja für sie ein eminenter General. Garibaldi blieb
auf Caprera; er stürzte sich nicht in den schmutzigen
Abgrund der amerikanischen Verwirrung.

Joseph Mazzini sass kränklich und seit dem
Juli 1861 ernstlich krank zu London. Er war 1857
von den Gerichten zu Genua zum Tode verurtheilt
worden, weil er die Expedition Pisacanes nach dem
Neapolitanischen angeregt, vorbereitet hatte und bei dem

Versuch, sich einer Anzahl Waffen aus dem Arsenal von Genua zu bemächtigen, betheiligt war. Die Verurtheilung seiner. Genossen war 1859 aufgehoben. Mazzini hatte das monarchische Programm Garibaldis offen zu dem seinigen gemacht. Aber seine Verurtheilung war aufrecht erhalten worden. Als Garibaldi 1860 vollendet hatte, was Pisacane 1857 misslungen war, konnte Mazzini ruhig in Neapel leben, so lange die Dictatur dauerte. Als aber das Turiner Regiment seine Flügel über Neapel ausbreitete, musste Mazzini von neuem im Exil die Sicherheit suchen.

Durch nichts war die Aufrechthaltung der Verurtheilung Mazzinis zu rechtfertigen, und sie wurde von seinen Feinden durch nichts gerechtfertigt als durch die Absichten, welche sie ihm unterlegten und zuschrieben. Aber der Name des Exilirten, des einzigen, — hatte in Italien nicht denselben vollen Klang, wie derjenige Garibaldis. Die ihn und seine Geschichte, die Geschichte des italienischen Einheitsgedankens, kannten, liebten und schätzten Mazzini und erhoben ihn in der Anerkennung auf die Höhe, auf welche er sich durch eine dreissigjährige Thätigkeit factisch gestellt hatte, soweit sie nicht blind in die Wogen der Consorterie hineingerathen waren. Aber die grosse Masse des Volkes kannte den grossen Revolutionär nicht.

Die Freunde gaben sich endlich an die Arbeit, der Schande des italienischen Namens ein Ende zu machen. Sie regten einen Recurs an den König an, und indem sie zu dessen Unterzeichnung aufforderten, belehrten sie das italienische Volk über die Verdienste des Mannes, sie setzten ferner eine Petition an die Deputirtenkammer in Umlauf, durch welche die letztere angegangen ward, den Recurs an Victor Emanuel zu unterstützen.

Die Petition bedeckte sich bald mit mehr als 40,000 Unterschriften; Garibaldi war einer der ersten, welche sie unterzeichneten. Am 1. Juli 1861 verlangte Brofferio in der Deputirtenkammer, dass diese Petition, welche unter der Nummer 2470 auftrat, für dringend erklärt werde: Menschlichkeit, Gerechtigkeit, Vaterlandsliebe und Anstand erforderten es; die Menschlichkeit, damit der Heimathboden einem Verbannten zurückgegeben werde, welcher, seit 30 Jahren verfolgt, sich auf fremder Erde befinde, damit der Hand des Henkers das Richtbeil entwunden werde, welches über dem Haupte eines mit so vielen Tugenden gezierten Mannes schwebe; die Gerechtigkeit, weil die Verurtheilung, die noch bestand, in Folge der Theilnahme an der Expedition Pisacanes erfolgt sei, welche nachher mit besserem Glücke von Garibaldi durchgeführt, dessen Namen unsterblich gemacht und Italien den höchsten Nutzen gebracht habe; — die Vaterlandsliebe, weil es sich um nichts anderes handle als darum, dem Ostracismus ein Ende zu machen gegen einen der verdientesten Bürger Italiens, welcher den Gedanken der Erhebung in die Seelen pflanzte, zuerst an der Einheit der Halbinsel arbeitete, endlich gross und edel seine Ueberzeugungen der Einheit Italiens zum Opfer brachte, — der Anstand, weil alle Genossen und Freunde Mazzinis, deren einige einen

weit directeren Antheil als er an der Expedition Pisacane's nahmen, amnestirt seien und man die Ausnahme
zum Nachtheil Mazzinis so auslegen könne, als werde
die Anwesenheit des Verbannten, des Besiegten von
den Glücklichen, von den Siegern gefürchtet.

Im italienischen Parlament ist der Brauch, dass
wenn ein Deputirter verlangt, eine Petition solle für
dringend erklärt werden, dies ohne weiteres zugestan-
den wird. Jetzt aber erhob sich mit unanständigem
Eifer Ricasoli: das Ministerium könne nicht zu-
lassen, dass die Petition 2470 für dringend erklärt
werde, weil sie dadurch einen politischen Character
erhalten würde, den sie nicht habe. Der Grund der
Menschlichkeit spreche nicht für die grosse Eile, da
Mazzini sich nicht im Gefängniss befinde, sondern
frei sei. Brofferio machte geltend, dass die Leiden
des Exiles oft härter zu tragen seien als die des Gefängnisses, und fragte, wenn hier keine politische Frage
vorliege, wesshalb denn Ricasoli eiligst mit dem
ganzen Gewicht seiner Autorität aufstände, um den
Antrag zu bekämpfen?

Lanza wollte die Debatte über die Petition nicht
ungebührlich lange hinausgeschoben wissen, hielt aber
eine vorherige gründliche Prüfung der Sache für nothwendig. Chiaves fragte, ob die Petition auch von
Mazzini selbst unterzeichnet sei und fand im Ver-
neinungsfall zur eiligen Entscheidung keinen Grund.
Vergebens betonten Bixio und Saffi, dass es sich
hier um einen einfachen Act der Gerechtigkeit handle,
vergebens waren alle Anstrengungen Brofferios,
seinen Antrag durchzubringen, — die Kammer ging

zur Tagesordnung über. Nach den höchsten Angaben befanden sich in ihr 76 Männer, welche sich an diesem unanständigen Acte nicht betheiligten.

Wir haben schon früher an verschiedenen Orten aufgezeigt, wie sehr die Gedanken Garibaldis und Mazzinis über das, was Italien noth thue, im Grunde mit einander übereinstimmten, — sogar über die Wahl der Mittel, seit Mazzini um der allgemeinen Eintracht willen das Programm Garibaldis angenommen hatte. Aber unter den Anhängern beider Männer waren allerdings Leute, zum Theil von sehr untergeordneten Fähigkeiten, welche, indem sie sich Einem von Ihnen ausschliesslich anschlossen, den Andern befeindeten, und welche theils aus Unverstand, theils von persönlichen Motiven, oft nicht der besten Art getrieben, dann und wann, gerade wenn die Eintracht der beiden Männer am nöthigsten gewesen wäre, auf eine Entfremdung derselben hinarbeiteten, bisweilen persönliche Differenzen, die noch aus den Jahren 1848 und 1849 herstammten, benutzend. Dies werden wir auch im Verlauf unserer ferneren Erzählung noch mehrmals zu beobachten haben.

Democratische Vereine.

Was die verschiedenen democratischen Vereine betrifft, so hatten diese während des thätigen Jahres 1860 eine wirksame Centralisation, welche ihre Kräfte auf das rechte Ziel vereinigte, in den Unterstützungscomités für Garibaldi zur Befreiung Siciliens und Neapels (Comitati di soccorso a Garibaldi per la liberazione di Sicilia e Napoli) gefunden, Comités, welche von Bertani im Auftrag Garibaldis gegründet, ihren Hauptsitz zu Genua hatten. Mit der Befreiung Neapels und Siciliens war deren nächster Zweck erreicht; aber alle Zwecke Italiens waren keineswegs erreicht, die mit ähnlichen Mitteln verfolgt werden konnten. So sehr daher eine Umgestaltung der Unterstützungscomités wünschenswerth war, so sehr doch auch ihre Fortdauer. Hauptsächlich um die Umgestaltung festzustellen, ward auf den 4. Januar 1861 ein Congress der Unterstützungscomités nach Genua berufen. Hier legte Bertani über seine Geschäftsführung Rechnung ab und so ward dann beschlossen, dass die Comités fortan den Titel: Vorsorgecomités für Rom und Venedig (Comitati di provvedimento per Roma e Venezia) führen sollten. Präsident blieb nach wie vor Garibaldi, das Bureau wurde neu bestellt. Die Provvedimentocomités betheiligten sich nun bei der Neugründung von democratischen Vereinen, sie betrieben und begünstigten hauptsächlich Vereine für die Waffenübung des Volks, sie sammelten Gelder für die offen und deutlich ausgesprochenen Vereinszwecke, vermittelten die Verbindung Garibaldis mit dem italienischen Volke, bereiteten den Krieg zur Erwerbung Roms und Venedigs vor. Ihrer ganzen Grundlage nach, befanden sie sich im Widerspruch zur Regierung und der Majorität des Parlamentes, welche Rom und Venetien durch diplomatische Mittel von der Gnade und Hülfe des „hochherzigen Verbündeten" zu erhalten hofften, — sie standen dagegen in innigen Beziehungen zur democratischen Opposition im Parlamente.

Der durchschlagende Gedanke, mit welchem die
Democratie Ende 1860 von ihrem Antheil an der Leitung der italienischen Geschicke zurücktrat, war de r
gewesen, der Regierung und der Consorterie, welche
sich die Herrschaft anmassten, eine Probezeit zu geben, in welcher sie entweder wirklich von ihrem
Standpunkt aus und mit ihren Mitteln Italien vorwärts
bringen oder ihre eigne Unfähigkeit und die Untüch-
tigkeit ihrer Mittel allem Volke dermassen klar
machen konnten, dass n u n wieder Andere, und jetzt
vom Volke selbst getragen und gestützt, mit desto
besserem Erfolg und ohne dass sie der Vorwurf der
leidigen gedankenlosen Unruhestifterei traf, das Ruder
ergreifen durften. Die vollständige Unfähigkeit, welche
die herrschende Partei zeigte, Italien innerlich oder
äusserlich vorwärts zu bringen, das faule gedanken-
lose Hinlungern der italienischen Angelegenheiten,
ihre vertuschende Verschleppung seitens eines nicht
bloss s c h w a c h s i n n i g e n, sondern auch c o r r u m-
p i r t e n Parlaments liessen verschiedene Häupter der
democratischen Partei schon im Herbste 1861 glauben, dass der Zeitpunkt gekommen sei, wo. die Democratie wieder nicht bloss entscheidend eingreifen
könne und dürfe, sondern es auch m ü s s e.

Die P r o v v e d i m e n t o c o m i t é s schienen einen zu
begrenzten, bestimmten Zweck zu haben, als dass sie
die ganze Arbeit mit Erfolg auf sich nehmen könnten.
Es ward befürchtet, dass ihr Specialzweck zusehr
vernachlässigt werden würde, wenn sie Alles, was zu
thun war, thun wollten. Es gelte, so meinten die
Häupter der Democratie, von denen wir hier reden,

das Volk um den einsichtigen Kern der Democratie zu sammeln, diesen aber zu einer festen Opposition zusammenzuschliessen, welche dem gegenwärtigen Regiment ein Ende mache und die Leitung der Dinge an andere Männer bringe, Männer, welche ohne Verschweigungen und ohne furchtsame, feige, verderbliche Rückhalte die grossen Fragen, welche Italiens Leiden machten, offen bei ihrem Namen zu nennen wagten.

Darauf hin ward im October 1861, einen Monat vor dem Wiederzusammentritt, des Parlaments die italienische Einheitsgesellschaft zu Genua (Associazione unitaria Italiana in Genova) gegründet, an deren Spitze Antonio Mosto, Bertani, Campanella und der Professor Savi standen. Sie sendete am 22. October ihr Programm den sämmtlichen liberalen Vereinen Italiens zu und empfahl denselben eine Anzahl von Punkten theils zur Ueberlegung und Berathung, theils zur Befolgung. Die Vereine möchten aus allen Kräften die Unterzeichnung des Protestes gegen die französische Occupation Roms betreiben und andere Mittel vorschlagen, um eine grosse nationale Manifestation gegen diese Besetzung zu Stande zu bringen; sie möchten das Volk über seine Rechte, seine Pflichten und seine Kraft belehren, zu diesem Behuf die Zahl der Freiwilligen bekannt machen, welche bereit seien, dem Rufe des Vaterlandes zu folgen; sie sollten neue Einheitsgesellschaften gründen, zwischen den bestehenden eine feste Verbindung herstellen, die Mittel der nationalen Vertheidigung zur Unterstützung des regulären Heeres studiren und anpassend den speciellen Umständen die Bewaffnung vorbereiten; sie sollten die Auflösung des jetzigen, das Volk nicht vertretenden Parlamentes verlangen und auf die Anwendung des allgemeinen Wahlrechtes und die Aenderung der Verfassung in Uebereinstimmung mit den Bedürfnissen der Nation hinarbeiten, ebenso auf eine Regierung, zusammengesetzt aus Männern, welche stets den Glauben an das italienische Volk gehabt hätten.

Am 24. October liess die Einheitsgesellschaft ein anderes Circular folgen, in welchem sie den Plan eines allgemeinen Congresses sämmtlicher liberalen Vereine anregte und als Ort des Congresses vorläufig Neapel vorschlug. Die Einheitsgesellschaft ernannte Garibaldi zu ihrem Ehrenmitgliede, und dieser nahm die Mitgliedschaft an.

Unterdessen regte sich auch das Centralprovvedimentocomité, indem es auf den 15. December einen Congress berief und die Einheitsgesellschaft einlud, sich bei demselben vertreten zu lassen. Der Congress trat am genannten Tage zusammen, nahm indessen einen ganz andern Character an, als ursprünglich beabsichtigt worden war. Es erhoben sich nämlich alsbald Stimmen gegen die jetzige Verfassung der Provvedimentocomités und für ihre Umgestaltung auf weitern Grundlagen. Die Versammlung beschloss noch in der gegenwärtigen Sitzung mit der Verjüngung der Gesellschaft durch neue Wahlen in das Centralcomité den Anfang zu machen und in der Thätigkeit der Gesellschaft von

jetzt ab das repräsentative System dem dictato-
rialen zu substituiren, welches bisher angeblich ge-
herrscht hatte. Es ward nun eine Commission von
fünf Mitgliedern gewählt, um das neue Statut der Gesellschaft zu entwerfen, welches einer Versammlung
aller democratischen Vereine Italiens zur Anerkennung
vorgelegt werden sollte, — und dann die neue Verwaltung von sieben Mitgliedern. In die letztere kamen
durch die erste Wahl Mosto, Burlando, Savi, Bellazzi,
Campanella, Cuneo und Sacchi. Bellazzi, mit der
Umgestaltung nicht einverstanden, lehnte ab. Ebenso
Saffi und Nicotera, welche nachher gewählt wurden. Endlich brachte die Wahl Albert Mario heraus, welcher annahm.

Die Gründung der Einheitsgesellschaft sowohl als
die Neuconstituirung der Provvedimentocomités wurden von verschiedenen Seiten her als Acte der
Feindseligkeit gegen Garibaldi aus dem ultra-
mazzinistischen Lager her aufgefasst. Was die
Einheitsgesellschaft betraf, so machte man es
ihr fast zum Vorwurf, dass sie in einer ihrer ersten
Sitzungen beschlossen hatte, Bertani und Mario an
Mazzini nach London abzuordnen, um über dessen
Gesundheitszustand genaue Erkundigungen einzuziehen und ihn der Liebe und Anhänglichkeit der Gesellschaft zu versichern. Bezüglich der umgestalteten
Provvedimentocomités wies man auf die neuen Namen
im Vorstande hin, welche grossentheils ultramazzi-
nistische sein sollten.

Es ist wahr, dass sich um diese Zeit eben in
einem Theil der democratischen Partei eine gewisse

Unzufriedenheit mit Garibaldi kundgab, —
„weil er nichts thue." Man warf ihm Mangel an politischem Blick vor, wie es die Gewohnheit der Advocaten und Diplomaten aller Parteien den Soldaten
gegenüber ist, Mangel an Initiative, wie es den Männern der That gegenüber diejenigen zu thun pflegen,
welche die gebratenen Kastanjen zwar gerne ver-
speisen, aber sie nicht selbst aus dem Feuer holen
wollen.

Sicherlich war es sehr schmeichelhaft für Garibaldi, dass diejenigen, welche ihm Vorwürfe wegen
seiner Unthätigkeit machten, voraussetzten, er brauche
nur aufzustehn, um in und mit Italien Alles durch-
zusetzen, was diesem nöthig war. Indessen die Vor-
aussetzung war nicht richtig: in dieser leidigen Welt
braucht man zur Lösung solcher Aufgaben, wie Garibaldi sie sich stellen konnte, materielle Mittel,
welche nicht von einem Tage zum andern zu haben
sind und für deren Beschaffung bisher sehr wenig
geschehen war. Ausserdem waren diejenigen, welche
Garibaldis Wiederhervortreten wünschten, selbst nicht
darüber einig, womit er zu beginnen habe, ob
mit Rom oder mit Venedig. Rom hiess der Krieg
gegen Frankreich, Venedig der Krieg gegen
Oesterreich. Wenn es den Diplomaten der Consorterie vergönnt sein durfte, darüber in Zweifel zu
sein, so ganz gewiss nicht den Männern der Actionspartei. Diejenigen, welche mit Rom beginnen wollten,
hatten dabei die grössere Nothwendigkeit Roms
für die volle Constituirung Italiens im Auge, ohne
sich allzuklare Vorstellungen von dem Gange zu

machen, welchen die Dinge nehmen würden. Die Berechnenderen stimmten für das Beginnen mit Venedig: wenn man Venedig, also Oesterreich, angriffe, meinten sie, so sei es möglich, dass Frankreich den Dingen mindestens ihren Lauf lasse, ja es sei wahrscheinlich; die Befreiung Venedigs erscheine so als die leichtere Aufgabe; Frankreich müsse man bis zuletzt lassen; man dürfe gegen dasselbe erst auftreten, wenn man sich im höchsten Masse gekräftigt. Dass man bei einem ernsten nationalen Unternehmen auf Venetien die Turiner Regierung mit fortreissen werde, ward für gewiss angenommen. Die ganze revolutionäre Partei in Italien rechnete nun auch auf den Beistand anderer insurgirter Nationen, auf Polen, Rumänen, Griechen und hauptsächlich, der ganzen wirklichen Lage zum Trotz, auf Ungarn, von dem einige magyarische Schwindler, dem persönlichen Vortheil unter allen Gestalten, als Mazzinisten, Garibaldiner oder Cavourianer nachjagend, in Italien die verwirrtesten Vorstellungen verbreitet hatten.

Auf den Beistand dieser Nationen zweiten Ranges, deren Insurrection zum Frühjahr 1862 wieder einmal mit Bestimmtheit erwartet wurde, rechnete die Revolution in Italien zum Theil in einem ganz unerlaubten Masse, wie es jede eigne Thätigkeit der Italiener eigentlich überflüssig gemacht hätte. Sie rechnete aber auf den Beistand der secundären Nationalitäten vorerst natürlich mehr in dem Falle, dass Italien sich gegen Oesterreich wendete, als in dem andern, dass es unmittelbar Napoleon anpackte.

Im Hintergrunde freilich sahen dann die Ultras einen allgemeinen Weltbrand, der sich aus den verschiedenen Revolutionen und Insurrectionen zusammenballen sollte, der ganz Europa umspannte, der die Tyrannei überall zu Falle brachte, folglich auch Napoleon III., und aus dessen Flammen Rom als geläuterte Beute Italiens gewissermassen von selbst herausfiel.

Wie sehr aber auch die revolutionäre Partei auf die Hülfe von aussen speculirte, — wer überhaupt wollte, dass Garibaldi mit dem italienischen Volke etwas für Italien thue, ob er nun Rom oder Venedig zum nächsten Ziel setzte, und wer nicht absolut ins Blaue hineinschiessen wollte, der musste sich doch einen Begriff von der Art machen, wie materiell Garibaldi anfangen sollte. Nun gab es allerdings viele Leute, welche sich die Sache etwa so vorstellten, dass Garibaldi sich irgendwo auf den Markt stelle, Freiwillige aufrufe und, wenn er tausend Mann zusammen habe, die ihm ja, wie es hiess, zur Befreiung Siciliens genügt hätten, getrost auf Venedig marschire, sich auf den Zuzug verlassend, der ihm unterwegs nicht ausbleiben könne, und dadurch das Embryo seiner Armee allmälig verstärkend.

Diejenigen aber, welche die Sachen ernster auffassten, stellten als ersten Satz auf, dass man gegen eine Macht wie Frankreich oder Oesterreich nicht marschiren könne, ohne selbst eine Macht zu sein, dass die unorganisirte Kraft des Volkes an Männern und Geldern nicht zum Beginne eines so grossen Unternehmens genüge, wie die Gewinnung

von Venedig — wenn man auch Rom vorläufig ganz
bei Seite lassen wollte, — es war, dass also Garibaldi damit anfangen müsse, die Kräfte eines Staates
unter seine Hände zu bringen.

In Italien war das einzige Terrain zu einem solchen Beginn Neapel, — und beiläufig Sicilien.
Neapel war immer noch reich an Hülfsmitteln, Neapel
hing fest an Italien, aber nicht an der Turiner Regierung, Neapel hing mit schwärmerischer Verehrung
an Garibaldi, dem es nicht bloss die Befreiung von
1860 verdankte, von dem es auch eine neue Befreiung mit Zuversicht erwartete, die Befreiung insbesondere von der Geissel des Räuberwesens. Wie
die Juden auf das Erscheinen des Messias sehnlichst
und sicher, harrten die Neapolitaner auf die Rückkehr
ihres Garibaldi.

Das Ministerium zu Turin hatte jetzt lange genug
Zeit gehabt, seine Probe mit Neapel zu machen. Es
hatte sie herzlich schlecht bestanden. Warum sollte
jetzt nicht, so fragte man, Garibaldi nach Neapel zurückkehren, den Turiner Ministern zurufen: ihr habt
euch unfähig bewiesen, uns weiter zu bringen, ihr
habt nicht im Sinne des Plebiscits vom 21. October
1860 gehandelt, welches euch Neapel unter der Bedingung überlieferte, dass ihr das eine Italien wieder
herstelltet. Ich nehme die Geschichte dort wieder auf,
wo ich sie am 21. October liess, ich nehme das
antiannexionistische Programm wieder auf. Ich
werde jetzt erst mit Hülfe der Kräfte Neapels Italien
seine fehlenden Provinzen schaffen, bevor ich das
ganze Reich dem König Victor Emanuel zurückgebe.—?

So sollte Garibaldi die Staatsgewalt der neapolitanischen Provinzen wieder an sich reissen, schnell
organisiren, nun gegen Venetien marschiren; das
ganze italienische Volk, die reguläre Armee würden
der Turiner Regierung keine Ruhe lassen, die ganze
italienische Staatskraft, weit entfernt, hindernd einzuschreiten, würde dem Schlachtrufe Garibaldis folgen
müssen.

Ob diese letztern Voraussetzungen richtig seien,
ob Frankreich die Dinge ruhig werde gehen lassen,
darüber ward viel hin- und hergestritten, auch darüber, ob Garibaldi so auftreten könne, ohne seinem
Programm: das eine Italien unter Victor Emanuel! untreu zu werden, ob er an diesem Programm
überhaupt festhalten müsse oder ob er es ohne Gefahr für den Erfolg aufgeben könne, ob er im Neapolitanischen diejenige Begeisterung und thatkräftige
Unterstützung finden werde, welche es der Regierung
von Turin von vornherein unmöglich machte, hindernd
einzuschreiten und es ihr klug erscheinen liess, gute
Miene zum bösen Spiel zu machen. Ohne uns in die
Untersuchung aller dieser Fragen zu vertiefen, wollen
wir uns doch dahin aussprechen, dass nach Lage der
Dinge ein solches Vorgehen Garibaldis im ersten
Frühjahr des Jahres 1862 nicht ohne Aussicht
auf Erfolg war.

Wir haben gesagt: in Italien war das einzige
Terrain zur ersten Begründung einer Kraft, wie sie
Garibaldi zum Vorgehn gegen Venedig brauchte, das
Neapolitanische.

Griechisch-slavische Projecte.

Aber musste dieses Terrain denn nothwendig in Italien gesucht werden, durfte es nicht auch ausserhalb Italiens gesucht werden?

Die Meinung 'war in der revolutionären Partei nicht allzuschwach vertreten, dass Garibaldi gerade ausserhalb Italiens die Grundlagen seiner Macht suchen müsse.

Die Balkanhalbinsel war in beständiger Bewegung: im Norden und in der Mitte litten christliche und europäische Völker unter der unnatürlichen Herrschaft asiatischer, mohammedanischer Einwanderer, unter einem orientalischen Papstthum, gerade wie die andere grosse Halbinsel des Mittelmeeres unter dem Drucke des occidentalischen Papstthumes seufzt. Serbien, die Herzegowina, Montenegro sind in beständiger Auflehnung gegen das Türkenthum, einer Auflehnung, die durch Unterstützung von aussen her die Kraft gewinnen kann, den ganzen morschen Bau umzustürzen. Im Süden kann Griechenland, das Königreich, mit seinen beschränkten Grenzen nie zu einem wahrhaften Leben gelangen. Es muss sich ausbreiten, um zu bestehen. Es muss untergehn, wenn seine Grenzen nicht erweitert werden. An diesem Gesetze könnte die beste Regierung nichts ändern.

Konnte nun Garibaldi nicht durch eine Landung entweder die Kriegsflamme bei den Griechen oder bei den Montenegrinern, Herzegowinern und Serben entzünden?

Aber inwiefern interessirte diese Anhandnahme der orientalischen Frage Italien?

Das Entbrennen eines heftigen und ernsten Kampfes auf der Balkanhalbinsel konnte offenbar Oesterreich nicht ruhig lassen, es bedrohte Oesterreichs eigene Besitzungen mehr oder minder direct; dieser Kampf konnte sehr bald Oesterreich lebhaft beschäftigen und die Einmischung italienischer Freiwilliger konnte ihm eben darauf die Richtung geben, — hauptsächlich auch durch die Hineinziehung Ungarns, welche man sich bei den verbreiteten falschen Ansichten in Italien noch viel leichter vorstellte als sie ist.

So sehen wir denn die Frage einer Einmischung italienischer Freiwilliger unter Garibaldis Führung eine Rolle in Italien seit dem Ende des Kampfes im Neapolitanischen zu Ende 1860 spielen.

Theils wurde an Landungen in Montenegro gedacht, theils wurden Waffen in die Donaufürstenthümer und nach Serbien auf das Conto einer italienischen Einmischung hin gesendet, theils endlich bildeten sich hellenische Comités, welche sich über die jonischen Inseln nach Italien hin verzweigten und anfangs dem schwachsinnigen Baiern Otto und seiner Frau die Rolle für die Balkaninsel zudachten, welche Victor Emanuel für Italien übernommen hatte. Diese Comités suchten Garibaldi mit dem König Otto von Griechenland in Verbindung zu bringen. Am Hofe von Athen blieben diese Ideen keineswegs ohne Einfluss. Man drohte Otto, dass er sich absolut unmöglich machen würde, wenn er nicht auf sie einginge. Bei der Nothwendigkeit, die Grenzen des gegenwärtigen Königreichs Griechenland zu erweitern, würde die vorhandene, durch die Ereignisse in Italien mehr angeregte Bewegung eine republicanische werden, wenn das Königthum sie nicht in die Hand nehme. Aber auch die principiellen Republicaner würden sich dem Königthum anschliessen, wenn es das Bedürfniss Griechenlands erkenne und für dasselbe arbeite. Der Hof von Athen verschloss sich diesen Vorstellungen nicht, aber freilich verkehrte König Otto zugleich mit dem Wiener Hof, welcher auf solche Weise Alles erfuhr, was im Werke war.

Da man bei den Vorbereitungen zur Erregung der Balkanhalbinsel kaum schon an feste Absichten gebunden war und in Italien am wenigsten Grund hatte, einen festen Weg ins Auge zu fassen, da es für die Italiener nur darauf ankam, einen grossen Brand auf der Balkanhalbinsel und an ihren Grenzen zu entzünden, um Oesterreich zu beschäftigen, so konnte man auch die beiden, ja drei Unternehmungen zugleich betreiben, indem man ausser Griechenland und Serbien auch die Donaufürstenthümer, letztere insbesondere mit Bezug auf die Insurgirung Ungarns zu Kriegsbasen umzuschaffen suchte.

Lebhafte Geister in Italien wurden für einen Garibaldizug nach der Balkanhalbinsel um so leichter gewonnen, als sie hofften, dass gegen diesen auch das italienische Königthum nichts werde einzuwenden haben, ja dass es die Sache selbst unterstützen werde. Wenn sich Victor Emanuel durch einen Freischaarenzug, der von der Lombardei oder

der Romagna gegen Venetien unternommen wurde,
nicht durfte fortreissen lassen, die reguläre Heeres-
macht und die Staatskraft ganz Italiens gegen Oesterreich zu werfen, so stellten sich die Dinge ganz
anders, wenn, zumal im Namen eines andern, des
griechischen Königthums ein Krieg zur Eroberung der Balkanhalbinsel unternommen ward, wenn
nun Oesterreich sich in diesen einmischte, wenn es
dadurch beschäftigt ward. Nun konnte Victor Emanuel wohl gar als Verbündeter des Königs Otto
eingreifen; er, um Venetien als Siegesbeute zu
holen. Bei dem orientalischen Krieg konnten aber
auch die andern Mächte nicht ruhig zusehen, sie
mussten sich als Feinde und Freunde gruppiren und
dabei mochten wohl Combinationen als möglich gedacht werden, die endlich auch dem Königreich
Italien seine Hauptstadt gaben.

Wie Garibaldi in diese Umtriebe hineingezogen
ward, so blieb auch der Turiner Hof ihnen nicht
fremd; ja seit der Februarinsurrection von Nauplia,
die von König Otto zwar unterdrückt ward, aber trotzdem seinen Thron vollends untergrub, kam der Gedanke auf, bei Gelegenheit eines italienischen Zuges
nach der Balkanhalbinsel, den zweiten Sohn Victor
Emanuels, Amadeus, Herzog von Aosta, zum
König der Hellenen auszurufen und so dem Haus
Savoyen die Herrschaft im ganzen östlichen Theil
der Mittelmeerländer zu verschaffen. Und man
hörte zu Turin nicht ungern von dieser Idee reden.

Die Unternehmungen auf die Balkanhalbinsel, wie
sie nun gestaltet und wie sie combinirt werden mochten,

boten unter Anderm auch der Schaar von Abenteurern, welche sich namentlich seit dem Jahre 1859 über Italien ergossen und theilweise sich dort in begünstigten Stellungen festgesetzt hatten, ein neues Feld der Thätigkeit und versprachen Gelegenheiten, im Trüben zu fischen und zu gewinnen. Diese Abenteurer liefen gewöhnlich unter dem Namen Magyaren, obwohl sie zum grossen Theil Raitzen, Juden und Deutsche waren, welche sich magyarisch ausstaffirt und ihre Namen ins Ungarische übersetzt hatten. Theilweise hatten sie sich nach der Beendigung des ungarischen Insurrectionskrieges, obwohl sie nicht alle an diesem Theil genommen, in der Türkei gesammelt, sie hatten hier wenig gearbeitet, viel intriguirt, waren mit Kossuth in Verbindung geblieben oder hatten sich jetzt erst mit Kossuth in Verbindung gesetzt, hatten durch dessen Einfluss und den Einfluss anderer in England befindlicher Emigranten verschiedene Beschäftigungen während des Krimkrieges erhalten und waren dadurch den europäischen Verhältnissen wieder nahe getreten. Als Kossuth, da er den gewünschten Einfluss auf die ungarischen Verhältnisse immer mehr sich entschwinden sah, sich nicht darin finden konnte, und nun immer minder wählerisch in der Wahl der Mittel und der Leute ward, um einen angeblichen Einfluss zu London und Paris vorzuzeigen, wurde ihm auch eine Anzahl jener Halbtürken willkommener, als es anfangs der Fall gewesen, und sie wurden durch den Hof des Prinzen Jerome Napoleon im Jahre 1859 nach Italien hinübergeschmuggelt, wo sie nun unter der Gunst der Umstände, als wirkliche oder sogenannte Ungarn zusammenhaltend, sich gegenseitig ausposaunend, eine dunkle Vergangenheit noch mehr verdunkelnd, sich festsetzten. Nicht alle waren vom Schicksal gleich begünstigt worden, nicht alle hatte die italienische Regierung zu Generalen und Obersten machen können, obgleich sie durch Fähigkeit zum Intriguiren, durch das Geschick, sich geltend zu machen, ohne etwas zu thun, doch ziemlich gleiche Ansprüche hatten. Die minder Begünstigten dachten auf einem andern Boden zu vollenden, was sie hier noch nicht erreicht, ohne indessen das schon Erreichte aufzugeben, und die Begünstigten konnten eine Gelegenheit, ihren Spiessgesellen neue Thore zu öffnen, nur mit Freuden ergreifen, damit nicht vielleicht eine erwachende Feindschaft sonderbare Dinge, welche besser unbekannt blieben, ans Licht fördere. Alle fanden die Möglichkeit, sich von Neuem geltend zu machen, indem sie ihre Bekanntschaft mit den Verhältnissen von Ländern rühmen konnten, welche in Italien selbst wenig bekannt waren.

Die Ministeriellen, wenn sie nicht wagten, Garibaldi anzugreifen, hatten ihm doch oft den indirecten Vorwurf gemacht, dass er sich von nichtsnutzigen Abenteurern und Unruhestiftern ausnutzen und bestimmen lasse. Sie hätten mindestens dasselbe Recht gehabt, mit ihren Vorwürfen dieser Art noch höher hinaufzugehn. Nicht bloss um Garibaldi drängten sich nichtsnutzige und unwissende Abenteurer; in Turin spielten gerade solche wohl noch mehr eine Rolle.

Wir haben hier von den Plänen, welche sich um

die Insurrection auf der Balkanhalbinsel dre-
hen, weitläufiger geredet, weil sie in die Ereignisse
von Sarnico und Aspromonte, die wir in diesem
Buche zu behandeln haben, vielfach hineinspielen,
jedoch so, dass derjenige, welcher nur die an der
Oberfläche liegenden Thatsachen sieht, sie nicht erkennt, während doch aus ihrer Kenntniss erst die
Erklärung mancher sonst dunkel bleibenden Stelle
hervorgeht.

Vorbereitung des democratischen Congresses zu Genua.

Aus dem, was wir hier erzählt, begreift man, dass
die früher erwähnten Vorgänge im Vereinsleben nicht
mit gutem Recht als Feindseligkeit gegen Garibaldi seitens der weitestgehenden Fractionen der
democratischen Partei ausgelegt werden können. Denn
wohin wir auch blicken mögen, welcher Art auch die
Pläne sein mochten, welche besprochen wurden, an
deren Verwirklichung gearbeitet ward, bei keinem
fehlt Garibaldi, bei keinem steht er auch nur im
H ntergrund. Und für keine Partei. Allen erscheint er unentbehrlich. Wen man aber braucht,
den darf man nicht befeinden. Doch freilich fanden
sich auf der äussersten Linken verschiedene einzelne Personen, welche sich viel grössere politische Einsicht und selbst grössere Thatkraft zutrauten
als Garibaldi, welche nebenbei nicht frei von Neid
waren, welche ihn gern nur als nützliches Werkzeug
anerkannt hätten und dies unkluger Weise, und ohne
es zu wollen sogar, dem schärferen Blick verriethen.
Diese einzelnen Personen und ihre Ansichten blieben

keineswegs ganz ohne Einfluss auf die Vorgänge im
Vereinsleben und Garibaldi selbst fand, dass jene etwas
für ihn Verletzendes hätten.

Er verweigerte die Annahme der Präsidentschaft der neuen Provvedimentocomités, zu
welcher er am 15. December gewählt war, trotz
wiederholten Andringens, — endlich selbst durch ein
ausdrückliches Schreiben vom 10. Januar 1862, in
welchem er sagte, dass er erst die Wahlen durch
eine neue Versammlung abwarten werde, und wenn
dann die Leute, welche durch diese Wahlen an die
Spitze des Comités gestellt würden, ihm die geeig-
netsten zur Verfolgung des allen gemeinsamen Zweckes
schienen, würde er auch die Präsidentschaft annehmen.
Garibaldi wies auch Bellazzi an, vorläufig die Pa-
piere des alten Centralprovvedimentocomités dem
neuen nicht abzuliefern.

Das neue Centralcomité gab den Zweig-
comités von dem Schreiben Garibaldis vom 10. Januar,
in Folge dessen auch Avezzana, der Stellvertreter
des Präsidenten, austrat, Kunde und bemerkte dabei,
dass es selbst sofort seine Entlassung geben würde,
wenn es nicht die Verpflichtung hätte, zuerst seine
Mission zu erfüllen, nämlich die grosse allgemeine
Versammlung der democratischen Vereine, welche ursprünglich von der unitarischen Gesellschaft angeregt
war, vorzubereiten.

Es war von zu grosser Wichtigkeit für die ganze
democratische Partei, auch nur den äussern An-
schein eines Zerfalls zwischen ihr und Garibaldi zu
verhindern, als dass sie nicht hätte die grössten An-

strengungen machen sollen, ihn von seiner Verstim-
mung zurückzubringen.

Crispi, Mordini und Miceli gingen nach Caprera und baten Garibaldi dringend, er möge das Präsidium der allgemeinen Versammlung der
democratischen Vereine übernehmen, welche nun
definitiv auf den 9. März und zwar nach Genua aus-
geschrieben ward. Garibaldi versprach, nach Genua
zu kommen, insofern er nicht absolut daran verhindert
werde, und zeigte dies selbst durch ein Schreiben
vom 17. Februar den Provvedimentocomités und allen
patriotischen Vereinen Italiens an.

Die Interpellation Boggio und die Abdankung Ricasolis.

Die bevorstehende Versammlung zu Genua bewog
den Abgeordneten Boggio im Einverständniss mit den
andern Rattazzianern zu einer Interpellation an den
Ministerpräsidenten über dessen Verhalten zu den
Provvedimentocomités. Am 25. Februar kam dieselbe
zur Verhandlung, nachdem schon mehrere Tage zuvor
geflissentlich von ihr in dem Sinne gesprochen war,
als müsse sie zu einer Ministercrisis führen. Ricasoli antwortete: die Provvedimentocomités beständen auf Grund des verfassungsmässig ge-
währleisteten Vereinsrechtes, bis jetzt sei in ihren
Handlungen nichts Gesetzwidriges zu entdecken; das
Ministerium werde sie überwachen, aber sich durchaus auf dem gesetzlichen Wege halten und sich
daher niemals zu Präventivmassregeln gegen
die Comités verstehen. Mehrere Tagesordnungen wurden zur Erledigung der Interpellation vorgeschlagen,

endlich ward einstimmig diejenige von Lanza angenommen, vermöge welcher die Kammer „Act von
den Erklärungen des Ministeriums nahm“. Ricasoli
sah diese Tagesordnung für ein Vertrauensvotum an,
in der That war sie das aber kaum für die Hälfte
der Kammer. Der sogenannt conservativen Partei,
der Consorterie, der Partei Napoleons war die Versammlung von Genua ein Dorn im Auge. Wenn
nicht in der Kammer, so beschuldigte sie ausserhalb
derselben Ricasoli, dass er sich jetzt aus reiner
Feindschaft gegen Napoleon mit den Unruhestiftern der Linken unter eine Decke stecke, dass
auch auf seinen Betrieb Garibaldi nach Genua
kommen werde, und dass man sich aller möglichen
Streiche zu versehen habe, welche die Ordnung stören
müssten. Ricasoli war erbittert darüber. Gleichzeitig
fand im Senat das Gesetz über den Rechnungshof des Königreichs Italien, welches von der Deputirtenkammer am 16. December 1861 angenommen
worden war, heftigen Widerstand. Im Ministerium
selbst trat wie über die Frage der Abschaffung der
Todesstrafe schon vorher, so jetzt über die des
Gold- und Silberfusses, die in der Kammer zur
Discussion kam, Zwiespalt hervor, eine Vervollständigung des Ministeriums zeigte sich nach
wie vor unmöglich, weil Niemand an den Fortbestand
desselben glaubte. Denn seit seiner Pariser Reise
stand Rattazzi in der Meinung aller als Präten-
dent auf die künftige Regierung neben der gegenwärtigen; man glaubte ihn und ihn allein im Besitz
der innersten Geheimnisse Napoleons, auf den doch

aller Augen warteten, man sah in ihm den Vertrauten Napoleons sowohl als Victor Emanuels, und wer auch nichts von ihm wissen wollte, der hielt ihn doch über kurz oder lang für unvermeidlich. Dies trug am meisten dazu bei, die Stellung des Ministeriums Ricasoli ganz unerträglich zu machen, und Ricasoli, der, wie er sich selbst ausdrückte, nicht für Zweideutigkeiten gemacht war, hielt es jetzt für zeitgemäss, vom Schauplatz abzutreten, im Einverständniss mit seinen Collegen gab er dem König die Entlassung des gesammten Ministeriums ein.

Der König wollte zuerst — wohl nur der Form halber, die Entlassung nicht annehmen, aber da Ricasoli fest blieb, beauftragte er sofort Rattazzi mit der Bildung eines neuen Ministeriums.

Rattazzi und sein Ministerium.

Urban Rattazzi, im Jahre 1810 geboren, stammt aus einer Bürgerfamilie zu Alessandria in Piemont. Er studirte Jurisprudenz, widmete sich dann der Advocatur und trat in das politische Leben seiner Heimath erst mit dem Jahre 1848 ein. In diesem ward er, als auf Grund der Verfassung die ersten Kammerwahlen stattfanden, zu Alessandria zum Deputirten erwählt. Bemerkbar machte er sich zum ersten Mal bei den Debatten über die Annexion der Lombardei im Jahre 1848, wo er die von den Lombarden gestellten Bedingungen gegenüber den starren Piemontesen vertheidigte, aus Besorgniss, dass bei Nichtannahme dieser Bedingungen die ganze Annexion in Rauch aufgehen möchte. Dieser erste parlamentarische Versuch brachte ihm die Berufung in das Ministerium Casati ein, in welchem er das Portefeuille des Unterrichts erhielt. Dieses Ministerium fand allerdings schon mit dem Waffenstillstand Salasco sein Ende. Indessen ward Rattazzi auch wieder in das Ministerium Gioberti berufen und dann, als dieses abtrat, da Gioberti seine Hauptaufgabe in der Wiederherstellung der constitutionellen Monarchie in Toscana sah, ward Rattazzi selbst mit der Bildung eines neuen Ministeriums beauftragt. An der Spitze desselben liess er sich, um seine Stelle zu behaupten, zu der übereilten Aufkündigung des Waffenstillstandes fortreissen, welche mit aller sie begleitenden Verwirrung zu dem traurig kurzen Feldzuge von Novara führte. Nach der Niederlage von Novara verstand es sich von selbst, dass die Regierung, welche dieselbe wirklich oder angeblich verschuldete, vom Schauplatze abtrat. In der Kammer verlegte sich Rattazzi nunmehr auf das Vermitteln der Gegensätze, zu welchem er äusserlich durch seine schmiegsamen Manieren besonders geeignet war und sich auch innerlich mit minderem Rechte geschickt glaubte. Er bildete in der Kammer das linke Centrum, dessen Begründung bald diejenige eines rechten Centrums folgte. Die beiden Centren näherten sich beständig einander mehr und gelangten endlich unter dem Einflusse Cavours und Rattazzis zu einer vollständigen Fusion, dem sogenannten Connubium, im Jahre 1852 bei Gelegenheit der Debatten über die strengeren Pressgesetze, welche das Ministerium unter dem Druck Oesterreichs und Napoleons glaubte vorschlagen zu müssen, und welche von der Rechten, als deren hauptsächlichster Redner hier Menabréa auftrat, in dem Sinne eines Anfangs zu vollständigem Bruch mit dem liberalen System freundschaftlich begrüsst wurde. Cavour, indem er gegen diese Auffassung protestirte, sagte sich damit gänzlich von der Rechten los. Die Fusion der beiden Centren gab von nun an eine mächtige ministerielle Majorität ab, welche die Hauptstütze der Cavour'schen Politik ward.

Zuerst Vicepräsident, dann Präsident der Deputirtenkammer, trat Rattazzi endlich im Jahre 1854 in das Ministerium Cavour selbst ein, in welchem er das Portefeuille der Justiz, später nach dem Austritt des Grafen Ponza di San Martino auch das des Innern übernahm. Piemont verdankte ihm in diesem Amte die Gesetze über die Stellung der Geistlichkeit, welche die Klöster beschränkten, dem Clerus die unbedingte Gewalt über seine Besitzungen entzogen und ihn den Gesetzen des Staates strenger unterordneten, als es bisher der Fall gewesen war. Wie hiedurch der Rechten, gab er bei seiner Neigung, es mit keiner Partei verderben zu wollen, mit Anderem auch der Linken Anlass zur Unzufriedenheit, welche ihn 1857 endlich bestimmte, aus dem Ministerium auszutreten. Indessen hatte er die Genugthuung, beim Zusammentritt der neuen Kammer wieder zu deren Präsidenten erwählt zu werden.

Als nach dem Frieden von Villafranca Cavour, der sein begonnenes Werk so schnöde unterbrochen sah, nothwendig abtreten musste, wendete sich Victor Emanuel wiederum an Rattazzi, der ihm ein neues Ministerium bilden sollte. Der Mann war in gewissen Zeiten wie Carl Albert, dem Vater, so Victor Emanuel, dem Sohne genehm.

Jetzt galt es einen Mann zu finden, welcher Italien die Politik Napoleons III. plausibel und erträglich machen könnte, ohne dass deshalb die Hoffnungen Italiens absolut geopfert und jeder Anhalt zur Vergrösserung Piemonts verloren gegeben werde. Der Advocat Urban Rattazzi, welcher sich früher in weniger deutlichen und wichtigen Lagen als den geschicktesten gezeigt hatte, sich in zweideutige Stellungen zu finden, ward aufgefordert, nunmehr in einer grossen Zweideutigkeit seine Kraft zu bewähren. Und er bewährte sie, er drehte sich und wendete sich, er beschäftigte die Leute nach allen Seiten hin, ohne irgend etwas vollenden, irgend etwas Entscheidendes thun zu wollen.

Als es möglich schien, den Dingen wieder einen etwas klareren Ausdruck zu geben, trat Rattazzi vom Schauplatz ab, Cavour nahm im Januar 1860 wieder den verlassenen Platz ein.

Als die erste Deputirtenkammer des Königreichs Italien anfangs 1861 Rattazzi zu ihrem Präsidenten wählte, sprach sie es ziemlich deutlich aus, dass sie den Weg der Entschiedenheit nicht betreten, sondern sich in Zweideutigkeiten umhertreiben wolle.

„Die Advocaten sind furchtsam in Gefahren, niederträchtig im Unglück, sie klatschen jeder Gewalt Beifall, sind voll Vertrauen in die Schlauheit des eignen Geistes, gewohnt die abgeschmacktesten Ansichten zu vertreten, glücklich über allen Zwist, Nebenbuhler unter einander von Profession, oft Gegner, doch immer Freunde. Ihre Beredsamkeit führt bei uns zu anderen Unordnungen: die Vertheidigungen sind Reden, selten begleitet die Schrift das Wort. Die Richter überzeugen, überreden oder bewegen, die Zuhörer auf die eigene Seite hinüberziehen, die Meinung der Mehrzahl zum eignen Vortheil gestalten, nur für den Augenblick, soviel gerade genügt, um den Sieg zu gewinnen, das ist der Werth ihrer Rede. Ist sie gesprochen, wird das Gesprochene vergessen und es bleiben nur der Gewinn und der Ruhm des Sieges, desto grösser je ungerechter. Daher kam, dass die Advocaten in der verfliegenden Rede der Uebertreibung oder der Lüge sich nicht schämten und dass die reinen und einfachen Entwicklungen der Rechtswissenschaft sich in verführerische Volksreden verwandelten und das Forum in die Tribüne. Uebel gewiss für Gerechtigkeit und Sitten, aber Ruin und Pest in politischen Verhandlungen und in bürgerlichen Umwälzungen, wenn Vernunft, Wahrheit, ein Zügel dem Volk, Mässigung der Parteien noth thäten und vielmehr Zank, Lüge, Willkür vorherrschen. Daher der Ursprung der öffentlichen Uebel."

So hat Neapels Tacitus, Peter Colletta, die Advocaten und ihr Wirken in der Politik geschildert; er hat damit Rattazzi und dessen Politik gezeichnet. Nach dem Falle dieses Ministers verglich ein Witzblatt ihn höchst geistreich dem Marcus Tullius Cicero, nach dem Bilde, welches uns neuerdings Mommsen von diesem römischen Advocaten hergestellt hat.

In schwieriger Zeit, wo es galt, Hoffnungen der Italiener zu verwirklichen, welche lange genährt waren, welche alle Anderen bisher vergebens zu erfüllen gesucht hatten, übernahm Rattazzi die Zügel der Regierung, und ohne eigentlich eine Partei für sich zu haben, glaubte er sich behaupten zu können, indem er nach allen Seiten hin trügerische und halbe Versprechungen machte. Er glaubte mit den Handlungen spielen zu können, wie er mit den Worten zu spielen gewohnt war.

Als der Fall des Ministeriums Ricasoli in naher Aussicht stand, machte Rattazzi für den Fall, dass er zur Bildung eines Ministeriums berufen würde, dem Grafen Carl Alfieri von der äussersten Rechten Versprechungen, welche dieser genehm scheinen mussten und welche darauf hinausliefen, dass er wissen werde die Democratie, die Actionspartei im Zaum zu halten, sie unschädlich zu machen, Versprechungen, welche mindestens von der Rechten so verstanden werden konnten und welche so verstanden wurden. Gleichzeitig aber suchte er die äusserste Linke zu ködern.

Am 26. Februar, am Tage nach der Interpellation Boggio an Ricasoli betreffs der Provvedimentocomités, kam Rattazzi mit Giovanni Nicotera zusammen, welcher ihm von einem andern neapolitanischen Deputirten, dem Herzog von San Donato vorgestellt ward. Man gerieth in eine Unterhaltung und Rattazzi bat Nicotera, ihn einmal zu besuchen. Am 1. März machte Nicotera in Begleitung des Deputirten del Giudice Rattazzi einen Besuch. Der König hatte

an diesem Tage die Entlassung Ricasolis noch nicht
definitiv angenommen. Rattazzi sprach aber die Meinung aus, dass das Ministerium Ricasoli unmöglich
den Bedürfnissen des Landes genug thun könnte. Auf
die Frage Nicoteras, was Rattazzi thun würde, wenn
er zur Gewalt gelangte, erwiderte derselbe: ein Ministerium aus der Linken lasse sich allerdings bis jetzt
nicht bilden, indessen könne man einen oder den
andern Mann aus der Linken, er bezeichnete namentlich Depretis, schon jetzt in das Ministerium
hineinnehmen und somit der Actionspartei ihrerseits
Bürgschaften geben, welche dadurch vervollständigt
werden würden, dass man hervorragende Männer der
Linken, wie de Boni, Saffi, Crispi in passende
Staatsämter bringen würde. Rattazzi sprach ausserdem davon, dass die neue Regierung sich vorzugsweise mit der Nationalbewaffnung und mit der
Reorganisation der innern Verwaltung, namentlich mit der Schaffung eines angemessenen Per-
sonals für dieselbe unter entschiedener Mit-
wirkung der Actionspartei befassen müsse.

Rattazzi hütete sich wohl, auf Specialitäten ein-
zugehn, sich klar auszusprechen, aber er war so
freundlich, so offen, so actionsparteilich in seinen
Aeusserungen, dass Nicotera ganz bezaubert von
ihm schied und mit der festen Ueberzeugung, dass
eigentlich zwischen den Ansichten und Absichten Rattazzis und denen der Actionspartei gar kein Unter-
schied, dass Rattazzi der grosse Minister-Revolutionär,
gerade der Mann sei, den Italien brauche. Er veran-
staltete sofort eine Versammlung von Abgeordneten

der Linken, bei welcher sich siebenzig und einige
einfanden und suchte der Versammlung seine Ueberzeugungen mitzutheilen. Verschiedene Abgeordnete
der Linken verhielten sich viel kühler und misstraui-
scher gegen die Hoffnungen auf Rattazzi, als Nicotera
selbst. Broffério meinte, von einem Ministerwechsel
sei jetzt für einen wirklichen Fortschritt wenig zu
hoffen. Die Linke aber könne ihre Aufgabe nur
erfüllen, wenn sie sich von der Regierung fernhalte;
nur dann könne sie diese unbefangen beobachten und
rechtzeitig mahnen, nicht, wenn sie sich zu ihrem
Diener mache.

Indessen, eine grosse Anzahl von Abgeordneten
der Linken schloss sich doch der Meinung Nicoteras
an, dass man ein Ministerium Rattazzi unterstützen
müsse, wenn auch nur vorläufig und unter dem
Vorbehalt, die Unterstützung zurückzuziehen, sobald die erregten Hoffnungen nicht erfüllt würden.

Verschiedene Vorfälle trugen dazu bei, dass die
Unterstützung der Linken wirklich eintrat. Am 3. März
ward Rattazzi vom König definitiv mit der Bildung
des neuen Cabinets beauftragt und forderte Depretis,
den einstigen Prodictator Siciliens unter der Herrschaft Garibaldis zum Eintritt ins Ministerium auf.
Depretis nahm an.

Am 2. März kam Garibaldi von Caprera zu
Genua an und begab sich alsbald nach Turin.

Im Januar 1862 war, wie wir gesehn haben, Garibaldi zum Vicepräsidenten der Nationalschiessen
ernannt worden; er war damals nicht bei der Eröffnung des Nationalschiessens zu Turin erschienen.

Im Februar ging nun der Senator Plezza, welcher
für gewöhnlich den Unterhändler zwischen dem König
Victor Emanuel und Garibaldi machte, zu diesem
nach Caprera. Er sollte mit Garibaldi über verschiedene Geheimnisse, welche besonders in die Pläne
auf die Balkanhalbinsel hineinspielten, reden, sein
ostensibler Auftrag war, Garibaldi zu einer Reise
auf den Continent aufzufordern, um dort die Nationalschiessen in den Provinzen und den einzelnen
Gemeinden einzuleiten und der Sache einen höhern
Schwung und Leben zu geben.

Ehe Plezza Turin verliess, begab er sich zu
Ricasoli, um über seinen Auftrag mit demselben
zu reden und ihn zu fragen, ob das Erscheinen Garibaldis auf dem Continent etwa dem Ministerium un-
bequem sein würde. Ricasoli erwiderte verneinend;
im Gegentheil, sagte er, erscheine es ihm wünschenswerth, dass Garibaldi einmal Caprera verlasse, wo
er dem einseitigen Einflusse Weniger ausgesetzt
sei, während er auf dem Continent leicht ein allge-
meines und wahres Bild von der Lage und Stimmung gewinnen und sich überzeugen würde, dass das
Ministerium ebensowohl als der General das allgemeine Beste wolle.

Theils um der an ihn ergangenen Aufforderung
nachzukommen, theils um das Präsidium bei dem
Congress der democratischen Vereine zu
führen, erschien nun Garibaldi zu Genua. Das
Ministerium Ricasoli war eben abgetreten, als er ankam, und als er nach Turin gelangte, fand er bereits
Rattazzi mit der Bildung eines neuen Ministeriums

beschäftigt. Er hatte mit demselben eine lange Unterredung. Rattazzi machte ihm allgemeine Versprechungen, welche Garibaldi in seinem eigenen Sinne auffasste. Rattazzi versprach die Nationalbewaffnung ernstlich zu betreiben, für Garibaldis Waffengefährten in passender Weise zu sorgen, der Thätigkeit der Freiwilligen neue Bahnen zu öffnen und ein Unternehmen derselben mit Geld und Waffen zu unterstützen.

Befriedigt kehrte Garibaldi nach Genua zurück; auch er entschlossen, das Ministerium zu unterstützen. Zweifel an der Ehrlichkeit Rattazzis, welche die Freunde ihm äusserten, schlug er mit der Hinweisung auf Depretis nieder, der im Ministerium über die Einhaltung der Versprechungen wachen, im Nothfall mindestens zu rechter Zeit warnen werde.

Rattazzi hatte beim Abschied den General gebeten, dafür zu sorgen, dass die Versammlung der democratischen Vereine die ihnen von Ricasoli zugestandene Freiheit nicht missbrauche, und Garibaldi hatte versprochen, die Versammlung in den Grenzen der Mässigung zu erhalten.

Am 7. März kündigte Rattazzi der Kammer die Zusammensetzung des neuen Ministeriums an. Sie war folgende:

Rattazzi, Präsident, Minister der äussern Angelegenheiten und interimistisch Minister des Innern;

Comthur Advocat Philipp Cordova, Minister der Gnaden und Gerechtigkeit und des Cultus;

Generallieutenant, Graf Augustin Pettitti-Bagliani di Roreto, Minister des Krieges;

Comthur Quintino Sella, Minister der Finanzen.

Viceadmiral Graf Pellione di Persano, Minister der Marine;

Advocat Augustin Depretis, Minister der öffentlichen Arbeiten;

Comthur Marquis Joachim Napoleon Pepoli, Minister des Ackerbaues, Handels und Gewerbes;

Comthur Advocat Stanislaus Pascal Mancini, Minister des öffentlichen Unterrichts;

Senator Advocat Heinrich Poggi, Minister ohne Portefeuille.

Man bemerkte, dass sich im Ministerium ausser Poggi kein einziger Toscaner befand, dass fünf Piemontesen in ihm sassen und dass Cordova der einzige war, welcher sich hatte bereit finden lassen, aus dem alten Ministerium in das neue überzutreten. Cordova hatte zuerst das Ministerium des Innern übernehmen sollen; dagegen aber lehnte sich die Linke auf. Cordova, der um jeden Preis Minister sein wollte, verstand sich nun unter Einstimmung Rattazzis zur Uebernahme des Justizministeriums. Diese Art Concession, wie überhaupt das ganze Verfahren Cordovas bei dieser Gelegenheit, trug nicht eben dazu bei, dass das ohnehin sehr ungünstige Urtheil über seinen Character sich besserte.

Programm des Ministeriums Rattazzi.

Indem Rattazzi die Zusammensetzung des Ministeriums ankündigte, theilte er zugleich dessen Programm mit.

Das Ministerium, sagte er, wünsche von Kammer und Land vielmehr nach seinen Werken als nach seinen Worten beurtheilt zu werden. Es verkenne die Schwierigkeiten nicht, welche es bei der Lösung seiner beiden höchsten Aufgaben: Unification im Innern, Erwerbung der noch vom Körper des einen Italiens getrennten Provinzen zu überwinden haben werde. Indessen es gehe mit Vertrauen an's Werk. In ihrer äussern Politik werde sich die Regierung das Ziel setzen, Bündnisse mit allen Mächten Europas zu schliessen, sie werde keine Politik der Isolirung treiben, sie werde solchergestalt dafür sorgen, dass nichts, was die Interressen Italiens berühre, geschehen könne, ohne dass Italien dabei in würdiger Weise mitspreche. Vor Allem habe das Ministerium Vertrauen in das Bündniss und die Freundschaft mit Frankreich und England. Die Bündnisse mit diesen Mächten würden aufrecht erhalten werden, jedoch nicht auf Kosten der Würde und Unabhängigkeit Italiens. Mit Hülfe dieser Mächte werde die Regierung die Anerkennung des Königsreichs seitens der Mächte zu erwirken streben, welche mit derselben bisher noch gezögert hätten; sie hoffe diese Anerkennung zu erzielen, indem sie einerseits zeige, dass Italien sich selbst zu regieren wisse, andererseits, dass es den Frieden der Welt nicht stören wolle.

Die römische Frage müsse nach den früheren Aussprüchen des Parlamentes mit moralischen und diplomatischen Mitteln gelöset werden. In ersterer Beziehung müsse immer mehr in der katholischen Welt die Ueberzeugung verbreitet werden, dass das Papst-

thum sehr wohl bestehen könne ohne die weltliche Herrschaft. Diese Ueberzeugung habe allerdings seit der Zeit, da sie zuerst von der Welt verlangt ward, schon bedeutend um sich gegriffen. Die
Anwendung der diplomatischen Mittel werde dadurch
bestimmt, dass die Regierung im Einverständniss
mit Frankreich nach Rom gehen wolle.

Die Fragen der Bündnisse, der Unabhängigkeit,
Roms, Venedigs, ständen in der allerinnigsten Beziehung mit derjenigen der innern Organisation. Stark im Innern werde Italiens Stimme
mit ganz anderem Gewicht in Europa erschallen, als
ohne die Erfüllung dieser Vorbedingung. In dieser
Hinsicht sei es nun der feste Wille des Ministeriums,
alle Parteien zu versöhnen, sich aller vorhandenen Kräfte ohne Rücksicht auf deren Parteistand-
punct zu bedienen, wenn sie sich nur zn dem
Programm der Einheit und Unabhängigkeit
Italiens unter dem Hause Savoyen bekennten.
Die Bürgschaft dieses Geistes der Versöhnung liege
schon in der Zusammensetzung des neuen Cabinettes. Einig in der Hauptsache habe dasselbe
Meinungsverschiedenheiten in Fragen von secundärer Bedeutung nicht zu fürchten. Wie bei der Zusammensetzung des Cabinettes, so werde Rattazzi auch
verfahren bei der Leitung der öffentlichen Angelegenheiten. Wie die Lasten, so würden auch die Vortheile auf alle Provinzen des Reiches gleich vertheilt, die Beamten aus allen Provinzen ohne Unter-
schied nach gleichem Verhältniss genommen werden.
Wie man schon heut im Heere nicht mehr frage, ob

einer ein Lombarde, Toscaner, Piemontese oder Neapolitaner sei, so werde es bald sich auch in der Beamtenwelt gestalten.

In der Verwaltung werde die Regierung auf die Decentralisation unter beständiger Aufrechthaltung der politischen Einheit hinarbeiten. Innerhalb dieser politischen Einheit würden Gemeinden und Provinzen die möglich grösste Freiheit geniessen. Man solle in dieser Hinsicht, sagte Rattazzi, ihn nicht nach früheren Massnahmen beurtheilen wollen; man solle den damaligen Verhältnissen Rechnung tragen und glauben, dass er die veränderten Umstände wohl zu würdigen und sich nach ihnen zu richten wisse.

Bezüglich der Finanzen werde die Regierung das Wort Sparsamkeit auf ihre Fahne schreiben, um solchergestalt den Staatscredit sicher zu begründen, sie werde das einmal vorgelegte Budget für 1862 nicht zurückziehen, aber damit vorangehen, der Kammer Ersparungen anzuempfehlen; das Budget für 1863 werde sie sobald als möglich vorlegen. Dabei werde darauf Rücksicht genommen werden, dass nicht bei jeder Gelegenheit ausserordentliche Ergänzungscredite verlangt werden müssen. Den bereits vom vorigen Ministerium vorgelegten Finanzgesetzen werde das gegenwärtige ihren ordentlichen Gang durch die Gesetzgebung lassen, indem es sich nur vorbehalte, Modificationen, die ihm nöthig erschienen, vorzuschlagen. Die noch nicht präsentirten Gesetze würden gleichfalls bald vorgelegt werden. Ebenso werde die Regierung sich angelegen sein lassen, über die Lage des Schatzes und den Cassenstand zu berichten.

Im Bewaffnungswesen allein dürfe nicht an Ersparungen gedacht werden; die militärische Stärke Italiens sei die Grundbedingung glücklicher Erfolge für dasselbe. Die Regierung werde alle militärischen Kräfte auf Grund der vorhandenen Gesetze organisiren und dabei auch den Tagesordnungen Rechnung tragen, durch welche das Parlament den Willen des Landes ausgesprochen habe. Die Regierung werde sich aber strenge die Leitung des ganzen Bewaffnungswesens bewahren und Niemand Anderem hierin die Initiative überlassen.

Die öffentlichen Arbeiten würden, soweit es die Rücksicht auf Sparsamkeit gestatte, eifrigst fortgeführt werden, besonders aber in den bisher vernachlässigten Provinzen im Süden und auf der Insel Sardinien.

Auch die Marine würde nicht vernachlässigt und insbesondere bald ein Plan für die Organisation der Kriegsmarine vorgelegt werden.

In dem Zweige des Ackerbaues und Handels würde die Regierung auf die Bildung von Creditinstituten und auf den Abschluss von Handelsverträgen mit befreundeten Mächten hinarbeiten. Im Zweige des öffentlichen Unterrichts würde besonders Bedacht genommen werden auf die Ausbreitung der Bildung und Erziehung unter denjenigen Bevölkerungen, welche bis jetzt ihrer Wohlthaten entbehrten.

Verdacht, Misstrauen, Verläumdungen hätten das Ministerium empfangen; ganz geeignet, demselben sein Werk zu erschweren, aber es hoffe durch die That alle diese Verdächtigungen niederzuschlagen.

Nachdem Rattazzi unter sehr getheiltem Beifall seine Rede geendet, erhob sich Lanza, um über die ziemlich aussergewöhnlichen Umstände, unter denen das Ministerium Ricasoli abgetreten, Aufklärungen zu fordern.

Ricasoli gab dieselben in kurzer und deutlicher Weise, ohne im Geringsten zu verschweigen, wie nach und nach durch Intriguen von der einen, durch Schwäche und Unentschlossenheit von der andern Seite sein Ministerium untergraben war, und erntete allgemeinen Beifall. Die Majorität, welche ihn spendete, schien nicht zu begreifen, dass sie sich durch Anerkennung der Richtigkeit dessen, was Ricasoli sagte, selbst das Urtheil spreche.

Das Ministerium Rattazzi war kein Majoritätsministerium; die Majorität hatte Rattazzi „kommen sehn", ohne ihn eigentlich zu „wollen", das Ministerium Rattazzi in der jetzt präsentirten Zusammensetzung hatte sie nicht einmal kommen sehen. Aber, wenn man Alles sich ins Gedächtniss zurückruft, was seit dem Beginne dieser ersten Kammer des Königreichs Italien vorgefallen war, muss man nicht fragen, ob diese Majorität prätendiren konnte, irgend ein Ministerium aus sich hervorgehn zu sehn, ob sie auch nur den Namen einer Majorität prätendiren durfte? Wenn man eine Kammermajorität auf feste bestimmte Ueberzeugungen gegründet sehen will, darf man diese Fragen schwerlich bejahen.

Lanza hatte schon für den 8. März, für den Tag, nachdem Rattazzi sein Programm mitgetheilt, eine Versammlung der früheren Majorität zusammenberufen, damit sich dieselbe über das Verhalten einige, welches sie dem Ministerium Rattazzi gegenüber beobachten wolle. Die Versammlung war sehr unvollzählig und wurde deshalb auf den 10. verlagt. Lanza forderte nun die Versammelten auf, ihre Ansichten über die Frage mitzutheilen. Die geäusserten gingen sehr weit auseinander. Während die einen eine sofortige Bekämpfung des gegenwärtigen Ministeriums wollten, um die Regierung in andere Hände zu bringen, hätten andere sich mit einer Modification des Ministeriums begnügt, andere noch meinten, dass man vorsichtig in dem Kampfe zu Werke gehen müsse, da ein sehr bald herbeigeführter abermaliger Wechsel dem Lande Schaden bringen würde. Der unbedingten Freunde des Ministeriums Rattazzi zeigten sich sehr wenige.

Es wurden drei Tagesordnungen vorgeschlagen; die erste von Finzi, ein unumwundenes Misstrauensvotum, die zweite von Massarani, welche das Ministerium als verdächtig bezeichnet, weil es nicht aus der Majorität hervorgegangen, und die Ueberwachung seiner Handlungen fordert, welche ihm also erst die Frist geben will, zu zeigen, was es eigentlich sei; die dritte endlich von Spaventa, welche das Misstrauen der Majorität in das Ministerium ausspricht und die Nothwendigkeit, dass die Majorität sich als eine kräftige Opposition constituire, welche fernerhin die für das Beste des Landes nothwendig erscheinenden Massregeln ergreifen werde.

Die Tagesordnung von Spaventa ward fast einstimmig angenommen; sie liess, wenn man die Natur der Leute betrachtet, im Wesentlichen dem Ministerium Rattazzi vorerst alle Freiheit und dieses ward durch die Tagesordnung Spaventa durchaus nicht in die Unmöglichkeit versetzt, selbst aus der alten Majorität heraus durch Schrecken und Hoffnung sich eine neue Majorität zu bilden.

Am Tage vor dieser Versammlung der alten Majorität war die Versammlung der democratischen Vereine zu Genua eröffnet worden.

II.

Der democratische Congress von Genua.

Democratischer Congress zu Genua.

Am 9. März 1862 trat die Versammlung der democratischen Vereine Italiens zu Genua im Theater Paganini zusammen. Es waren 300 Repräsentanten ebensovieler liberalen Vereine zugegen, ausserdem viele der hervorragendsten Mitglieder der Linken des Parlamentes, wie Mordini, Crispi, Saffi, Brofferio, Cadolini. Die Logen waren mit Zuhörern angefüllt.

Um 11 Uhr betrat Garibaldi in der historischen Kleidung, in welcher er so oft die italienischen Freiwilligen zum Siege geführt, von rauschendem Beifall begrüsst, den Saal und nahm am Präsidententische Platz. Das gedruckte Statut des neu zu begründenden Vereins ward vertheilt, und nachdem die am

15. December zur Bearbeitung des Statuts erwählte Commission erschienen, eröffnete Garibaldi um 12 Uhr Mittags die Sitzung.

Zweck der Versammlung, sagte er, sei dieser, einen allgemeinen Verein zu gründen, welcher einen Kern abgebe, um den alle liberalen Kräfte Italiens sich schaaren könnten, und der an der Lösung der grossen Aufgaben Italiens im Sinne des italienischen Volkes arbeite, das römische Stäbebündel zu bilden, vor dem alle Uebermächtigen sich neigen müssten. Soviel für Italien, aber seiner Meinung nach genüge das nicht, es käme darauf an, dass der Verein seine Thätigkeit weiter ausdehne, dass Italien allen geknechteten Völkern der ganzen Welt seine Hand entgegenstrecke. Es käme nun darauf an, für den Verein einen Namen zu finden, welcher dieser Idee entspreche.

Campanella ergriff im Namen des Comités das Wort, wies auf vorübergegangenen Zwiespalt hin, auf welchen die Feinde der Freiheit grosse Hoffnungen gebaut hätten, die nun freilich getäuscht seien. Dass in den Reihen der italienischen Democratie Eintracht herrsche, beweise am besten die Gegenwart Garibaldis. Als das erste Bedürfniss der Nation bezeichnete er die Bewaffnung. Die Democratie stehe der Regierung nicht feindlich gegenüber, wenn diese letztere nur aufrichtig nach der Herstellung der Einheit strebe. Aber ihrer ganzen Natur nach könne sich auch die Democratie nicht zu der feigen Theorie, dass man die Regierung allein machen lassen solle, bekennen; sie müsse vielmehr selbst arbeiten. Auf Campanella's Vorschlag ward darauf Garibaldi die Ernennung des Präsidentschaftsbureau überlassen, und es begann nun die Berathung der Statuten, welche schliesslich mit allen gegen eine Stimme angenommen wurden.

Der erste Artikel derselben lautet:

„Die italienische Democratie, um alle ihre Vereine zusammenzufassen und deren Abstimmungen und Vorschläge durch einen gewählten Centralkörper repräsentiren zu lassen, hat einen gemeinsamen Vertrag der Gesellschaft aufgerichtet, welche sich italienischer Befreiungsverein (Associazione Emancipatrice Italiana) nennt."

Der Name des Vereins war auf den Vorschlag Garibaldis eingeführt worden.

Die Hauptaufgaben, mit denen der Verein in seinem Centrum und seinen Zweigen sich beschäftigen sollte, waren die politische Lage, die Nationalbewaffnung und die democratische Presse.

Am folgenden Tage, den 10. März, schritt die Versammlung zu den Wahlen des Gesellschaftsrathes, welcher aus einem Präsidenten und 20 Mitgliedern bestehen sollte. Zum Präsidenten ward Garibaldi durch Acclamation ernannt; während der Wahl der Mitglieder schritt man zum sechsten Puncte der Tagesordnung: Bericht der Commission, welche beauftragt war, die Rückberufung des Verbannten zu erwirken.

Als Berichterstatter dieser Commission, welche am 15. December 1861 gewählt worden war, trat Mordini auf.

Gegen Mitte Februars hatte sich die Commission
zu Ricasoli begeben, um ihn auf Grund früherer
Besprechungen an möglichst schleunige Betreibung
der Sache zu mahnen. Ricasoli hatte erwidert, dass
das schwierige Geschäft seiner Erledigung entgegen
gehe; man möge ihm nur noch wenige Tage lassen,
und er werde das Resultat seiner Bemühungen mit-
theilen können.

Am 1. März suchte die Commission wiederum
Ricasoli auf und erhielt von diesem die Nachricht,
er habe die diplomatischen Schwierigkeiten überwunden, mit einigen seiner Collegen über die Sache
gesprochen und Anstalt getroffen, das Decret dem
König vorzulegen. Indessen habe e r seine Entlassung gegeben und müsse leider die Vollendung
des Geschäftes seinem Nachfolger überlassen.

Rattazzi, an welchen sich nun die Commission
wendete, versprach über den politischen Theil der
Frage mit Ricasoli, über den legalen mit dem Justizminister sprechen zu wollen. Die Commission empfahl jetzt dem italienischen Befreiungsverein, sich
mit einer neuen Petition an das Parlament zu
wenden, als nach ihrer Ansicht die einzige Behörde,
in deren Macht es wäre, einem Stand der Dinge ein
Ende zu machen, welcher die Würde der Nation verletzt und das Princip jener höchsten Eintracht, in
welcher die Gedanken Aller gipfeln und welche vereint
mit guten Waffen und kräftigen Plänen den Triumph
des Beginnens Italiens und sein inneres Glück sichern
kann.

Gegen den Vorschlag der Commission erhob sich

Campanella. Indem er sich sehr unzarter Aus-
drücke in Bezug auf Rattazzi bediente, beantragte
er, man solle zuerst noch abwarten, ob nicht Garibaldi durch seine persönliche Intervention die
Rückberufung Mazzinis erlangen könne. Wenn diese
Hoffnung fehlschlage, wenn die Regierung es durchaus nicht anders haben wolle, so müsse man die
Frage auf die Strasse bringen.

Nachdem sich der Tumult, welchen die heftige
Rede Campanella's erregt hatte, ein wenig gelegt,
erklärte Garibaldi ausdrücklich, dass er die Mission,
Mazzinis Rückberufung zu verlangen, annehme.
Crispi suchte die scharfen Auslassungen Campanella's
zu mildern, vertheidigte die Commission, welche keinen andern Vorschlag habe machen können, als den
sie wirklich gemacht, und sprach seine Hoffnung aus,
dass Garibaldi die Sache zu einem erwünschten Ende
führen werde, — was dann zu einer Auseinander-
setzung mit Campanella Veranlassung gab.

Auf der Tagesordnung stand ferner ein Ausspruch
über das allgemeine Stimmrecht. Während einige
Redner eine Petition an die Kammer, andere eine
solche an den König gerichtet wissen wollten, schlug
Montanelli eine einfache Tagesordnung vor,
durch welche die Versammlung sich dahin ausspreche,
dass die Volksrepräsentanten aus dem allgemeinen
Stimmrecht hervorgehen müssten. Die Versammlung
nahm diesen Vorschlag an.

Pianciani brachte darauf wiederum die Frage
der Auflösung der Provvedimentocomités zur Sprache,
welche nicht aus dem Volksvotum hervorgegangen, in

die anderen Gesellschaften aufgehen müssten. Garibaldi sprach sich zwar gleichfalls für die **Einheit der democratischen Vereine** und für die Einheit der Benennungen aus, indessen kam man doch aus Gründen der Convenienz zu dem Schlusse, dass nicht unbedingt und überall an den Provvedimentocomités, wo diese einmal beständen,. gerüttelt werden dürfe, wenn man auch von jetzt ab hauptsächlich auf die Gründung neuer Zweiggesellschaften des **Befreiungsvereines** Bedacht nehmen werde.

Auf die Anregung eines Mitgliedes der Versammlung, sprach sich **Garibaldi** jetzt noch in warmen Worten dafur aus, dass der Befreiungsverein sich vorzugsweise der **Arbeiter** annehme und mit diesen in Verbindung setze, und verabschiedete sich dann von der Versammlung.

Obwohl ursprünglich bestimmt war, dass am 11. März noch eine **dritte Sitzung** stattfinden sollte, in welcher die Ergebnisse der Wahlen in den Verwaltungsrath mitgetheilt werden sollten, wurde doch davon Abstand genommen.

Die Gemüther hatten sich bei verschiedenen Erörterungen derart erhitzt, die Discussion hatte bisweilen eine solche Wendung genommen, dass die Turiner Regierung noch den Ausbruch offener Ruhestörungen besorgte, davor **warnte und drohte.** Die Gemässigteren konnten es nicht gern sehen, dass die Entwicklung der Gesellschaft ohne allen Zweck Gefahren und Schwierigkeiten ausgesetzt werde, und machten daher geltend, dass die **Wahlen** sehr wohl durch die öffentlichen Blätter mitgetheilt werden könnten, dass es dazu einer dritten Sitzung nicht bedürfe. Die dritte Sitzung unterblieb also.

Die zwanzig Männer, welche aus den Wahlen hervorgegangen waren, begaben sich am 11. März zu Garibaldi nach der Villa Spinola und hier ward aus ihnen die Verwaltung der italienischen Befreiungsgesellschaft folgendermassen constituirt:

Präsident: Garibaldi;

Vicepräsidenten: Grillenzoni und Campanella;

Secretäre: Savi, Cadolini, Nicotera, Saffi, de Boni, Bertani, Crispi, Avezzana, Dolfi, Mazzoni, Friscia, Libertini, Sacchi;

Cassierer: Mosto;

Ausführende Mitglieder: Cuneo, Miceli, Cairoli, Mario.

Der democratische Congress vor dem Senat des Königreichs Italien.

Die Geschichte des Congresses von Genua konnte begreiflicherweise mit seinem Ende nicht auch ihr Ende finden. Der Congress hatte eine grosse Thätigkeit versprochen; dieses Volksparlament, welches sich neben das Bourgeoisparlament von Turin stellte, welches bei aller Bescheidenheit und bei allem Zwang zur Mässigung auch durch seine gemässigsten Glieder ziemlich unzweideutig erklärt hatte, dass es die Leitung der italienischen Angelegenheiten in democratischem Sinne in die Hand nehmen werde, soweit die Regierung sich unfähig oder nicht Willens zeige, es zu thun, —

dieses Volksparlament hatte die höchsten Befürchtungen in der ganzen sogenannten conservativen Partei Europas wachgerufen, deren Verwünschungen schon jetzt, ehe es noch etwas gethan, auf sein Haupt herabbeschworen. Italien musste für oder gegen dieses Volksparlament Partei ergreifen, und den parlamentarischen Gewalten Italiens konnte es am wenigsten gleichgültig sein, wie das Ministerium Rattazzi sich zu dem Volksparlament stellen werde.

Das Ministerium Rattazzi war allerdings nicht zum feinsten im Theater Paganini behandelt worden, das Ministerium Rattazzi verdankte ja gewissermassen sein Bestehen dem Umstande, dass man der von ihm verdrängten Regierung eine Connivenz mit der democratischen Partei in die Schuhe geschoben hatte. Aber hatte man nicht dem erst im Hintergrund lauernden Rattazzi eine höchst ausgesprochene Neigung zu Staatsstreichen, Kammerauflösungen, Octroyirungen zugeschrieben? Konnte man Rattazzi nicht zutrauen, dass er die Waffe des allgemeinen Stimmrechts werde handhaben wollen, wie sein hoher Beschützer in Paris? hatte nicht er gewissermassen dem Congress von Genua seinen Präsidenten gegeben? hatte nicht Garibaldi im Einverständniss mit Rattazzi die Präsidentschaft des Congresses übernommen? war Rattazzi nicht in Verbindung mit den „Unruhestiftern" der äussersten Linken des Parlamentes?

In der Sitzung vom 14. März verlangte der Senator Graf Hercules Oldofredi-Tadini das Wort, um eine Interpellation über den Congress von Genua an den Ministerpräsidenten zu richten und Rattazzi

erwiderte, dass er bereit sei, dem hochconservativen
Senat sofort Rede und Antwort zu stehen.

Der Congress von Genua, sprach Oldofredi,
habe das ganze Publicum in Angst versetzt. Dieser
Congress habe sich ganz wie ein Parlament hingestellt
und seine Parole sei bekannt genug. Er masse sich
Rechte an, die nur der Regierung zukämen. Der
Senator habe geschwankt, was er thun solle; vielleicht hätten ja dort nur persönliche Meinungen ausgesprochen sein können. Doch der rasende Beifall,
mit dem die Lehren des Congresses begrüsst wurden,
die dort getroffenen Wahlen belehrten eines andern,
erfüllten die Seele des Senators mit Furcht.

Der Redner las nun Verschiedenes von dem vor,
was zu Genua gesprochen war, insbesondere über die
Rückberufung Mazzini's, und fragte dann mit
kühner Wendung den erstaunten Senat: ob wohl ein
Minister wagen werde, solcher Forderung
sich zu widersetzen? Wenn sich neben die regelmässige Regierung eine Strassenregierung setzen
wolle, so habe die erstere Recht und Pflicht, sich
dagegen zu wehren.

Oldofredi richtete daher an Rattazzi die Frage:
ob die von den Blättern mitgetheilten Reden über die
Rückberufung Mazzini's wirklich gehalten worden seien?
ob zu Genua Anstalten getroffen gewesen seien, die
öffentliche Ordnung aufrecht zu erhalten? was die
Regierung zu thun gedenke?

Rattazzi antwortete in langer Rede: er missbil-
lige höchlichst die Reden, welche von einzelnen Personen (Campanella namentlich) zu Genua gehalten

worden seien und welche Oldofredi besonders hervor-
gehoben, aber man müsse diese einzelnen Reden
und die Beschlüsse des Congresses wohl aus-
einanderhalten, nicht vergessen, dass die aufrühreri-
schen Reden in der Versammlung selbst ihre
Gegner gefunden hätten. Um spezieller auf die Fragen
Oldofredis einzutreten, müsse der Minister zuerst zugeben, dass allerdings ungefähr so zu Genua gesprochen worden sei, wie es Oldofredi angegeben; immerhin sei dabei zu berücksichtigen, dass der Parteigeist
in der Presse gar Manches entstelle.

Was die Massregeln zur Aufrechthaltung
der Ordnung betreffe, so habe sich das Ministerium,
erst seit wenigen Tagen im Amt, an die von der
Kammer gebilligten Erklärungen der vorigen Regierung gehalten. Von Präventivmassregeln habe
daher nicht die Rede sein können; die öffentliche Ordnung sei nicht gestört worden, eine Repression
habe daher auch nicht eintreten können. Wenn im
Uebrigen irgend eine der in Genua gehaltenen Reden
dazu Veranlassung biete, so würden die Gerichte
ihre Pflicht thun und einschreiten.

Was nun die Regierung zu thun gedenke? Sogleich nach Veröffentlichung der Verfassung im Jahre
1848 sei die Frage entstanden, ob dieselbe nicht blos
das Versammlungsrecht, ob sie vielmehr auch
das Vereinsrecht verbürge. In der That verbürge
die Verfassung wörtlich nur das Versammlungsrecht. In Bezug auf das Vereinsrecht habe man
bis auf den heutigen Tag angenommen, dass es weder
verboten noch verbürgt sei. Es trete also in die

Classe jener natürlichen Rechte, welche immer aus-
geübt werden können, nur unter der Bedingung, dass
sie dem allgemeinen Wesen nicht schaden, keine
Rechte Dritter verletzen, so dass, wenn diese Bedingungen nicht erfüllt werden, der Regierung das
Einschreiten immer offen bleibt.

Das sei bisher die juridische Stellung zu dem
Vereinsrecht gewesen und mit dieser Stellung habe
man eines besonderen Vereinsgesetzes nicht be-
durft. Aber die Erklärungen, welche in der Deputirtenkammer seitens der Regierung neuerdings
abgegeben und durch das Votum der Kammer gebilligt
worden seien, hätten den bisherigen juridischen
Standpunct zum Vereinsrecht unzweifelhaft geändert. Nach diesen Interpretationen garantire der
§ 32 der Verfassung nicht blos mehr das Versammlungsrecht, sondern auch das Vereinsrecht. Wenn
also jetzt die Regierung gegen Vereine einschreite, so
schreite sie auch gegen die Verfassung ein, was sie
nicht dürfe. Jetzt müsse also nothwendig das Vereinsrecht gesetzlich geregelt werden, nicht so,
dass Präventivmassregeln gegen die Vereine gebilligt,
aber doch so, dass die Ausübung desselben an ähnliche Bestimmungen gebunden würde, wie sie über
die Presse, die individuelle Freiheit beständen. Er,
Rattazzi, halte jetzt ein Gesetz über das Vereinsrecht für zeitgemäss, wie im Interesse dieses Rechtes
selbst, so in demjenigen der Institutionen des Königreichs, der Freiheit, der gesellschaftlichen Ordnung.
Ohne ein Vereinsgesetz würde man es jetzt nicht blos
mit Congressen der Provvedimentocomités und mit

Vereinen dieser Art, man würde es auch mit einer
ganzen Heerde separatistischer, bourbonistischer,
lothringischer, clericaler Gesellschaften und Vereine
zu thun bekommen. Mit der jetzigen Gesetzgebung
könne die Regierung sich zu keiner Präventivmass-
regel gegen die Provvedimentocomités das Recht zu-
messen; sie dürfe dieselben überwachen, sie dürfe
Störungen der öffentlichen Ruhe entgegentreten, welche
durch die Comités herbeigeführt würden, — weiter
nichts. Aber die Regierung werde die Frage genau
studiren und dann mit Vorlagen an das Parlament
gelangen, durch welche die Ausübung des Vereinsrechtes angemessen geregelt werde.

Der Senat erklärte sich fast einstimmig befriedigt
von den Erklärungen des Ministers, nahm Act von
denselben und ging zur Tagesordnung über.

Der democratische Congress vor der Deputirtenkammer.

In der Deputirtenkammer aber sollte die Frage
des Congresses von Genua auch nicht unberührt
vorübergehen. Gallenga kündigte eine Reihe von
Interpellationen an; die Abstimmung darüber, zu welcher man es voraussichtlich brachte, musste sich zu
einem Vertrauens- oder Misstrauensvotum gestalten.
Würde Rattazzi die Majorität finden? Es war fast
sicher: die Rechte und die Linke musste er für sich
haben, die alte Majorität aber zersetzte sich von
Tage zu Tage mehr, wie dies nach unserem Bericht
über die Versammlung vom 10. März vorauszusehen
war, und schon begannen diejenigen, welche es
aus persönlichen Gründen für gut fanden, sich dem

neuen Gewalthaber anzuschliessen, den hartnäckigeren
Gegnern vorzuwerfen, dass sie die Frage des Ministeriums zu persönlich behandelten.

Am 17. März entwickelte Gallenga seine Interpellationen: Ricasoli habe neulich gesagt, dass ihn
eine trügerische, launische Majorität in eine zweideutige Lage gebracht und dadurch zum Abtreten gezwungen habe. In ebensolcher Lage befinde sich
aber Rattazzi; wenn Ricasoli keine tüchtige
Majorität für sich gehabt, habe Rattazzi gar keine.
Der Redner werde daher verschiedene Fragen zur Aufklärung an den Ministerpräsidenden stellen und nach
dessen Antworten eine passende Tagesordnung be-
antragen.

Zuerst sei das Ministerium nicht complet;
wann werde es sich vervollständigen? Es wolle nach
seinen Handlungen beurtheilt sein. Seine erste
Handlung sei seine Constituirung. Dabei habe es
einen Fehler gemacht, indem es ohne Minister des
Innern vor die Kammer getreten sei. Poggi sei
dem Justizministerium beigegeben, weil dies angeblich mit Arbeit überhäuft sei; dies Ministerium
habe also zwei Häupter, eine unpassende Einrichtung; auf das wichtige Ministerium des Innern
komme nur ein halber Minister. Rattazzi könne unmöglich die beiden Ministerien des Innern und Aeus-
sern versehen. Wieviel Zeit er noch verlange, um
das Ministerium zu completiren? Man könne ihm
höchstens bis Ende März Zeit geben, wenn er dann
die Vervollständigung nicht zu Stande gebracht, müsse
er abdanken.

Rattazzi berufe sich auf seine Antecedentien, auf diese hin verlange er Vertrauen; seine Antecedentien seien eine Regierung, die mit Novara endete, eine andere, die mit Villafranca anfing; seine nächstliegenden Antecedentien seien die Reise nach Paris, die Briefe von Cavour über ihn, die veröffentlicht worden seien, um ihn zu empfehlen.

Er verspreche die Sparsamkeit und beginne mit einem Minister ohne Portefeuille, mit einem neuen Ministerresidenten im Haag; er verspreche die Unparteilichkeit bei Besetzung der Aemter und beginne mit der Absetzung Gualterios, des Präfecten von Perugia, weil dieser nicht seiner politischen Partei angehöre. Das wichtigste sei aber die Nationalbewaffnung. Wie denke der Ministerpräsident darüber? welche Tagesordnungen meine er, an die er sich halten wolle? werde er das Gesetz über die mobile Nationalgarde sogleich und in allen Provinzen zur Ausübung bringen?

Nach den Statuten der Provvedimentocomités, die neuerdings zu Genua angenommen wären, verpflichteten sich diese, eine Bewaffnung der Bürger zu betreiben, um die Unabhängigkeit des Vaterlandes zu sichern. Werde Rattazzi eine solche Privatbewaffnung dulden? Im Senat habe er ein Vereinsgesetz angekündigt. Ob er schon jetzt sagen könne, welches der Inhalt dieses Gesetzes im Allgemeinen sein werde? Es sei in Genua auch von der Rückberufung Mazzini's gesprochen und Rattazzi sei dabei ins Spiel gebracht. Welche Antwort er dem General Garibaldi geben würde, wenn dieser mit dem Auftrag der italienischen Befreiungsgesellschaft vor ihn trete? Ob und wie er von der Krone die Rückberufung Mazzini's verlangen würde.

Dreissig Redner waren eingeschrieben. Die entschiedenen Gegner Rattazzi's wollten, dass zuerst er sich erkläre, Rattazzi verlangte, dass erst die andern sprechen sollten, damit er dann Alles auf einmal abthun könnte. D'Ondes schlug die einfache Tagesordnung vor. Rattazzi, der die Schwäche seiner Gegner hinreichend kannte, setzte sich aufs hohe Pferd: wenn die einfache Tagesordnung im Sinne des Reglements verstanden werde, sagte er, so nehme er sie an; wenn man aber mit ihr weiter nichts wolle, als eine deutliche Erklärung über das Ministerium umgehen, so weise er sie zurück. Er wolle keine Zweideutigkeiten; nur durch eine klare Stellung erhalte die Regierung die Stärke, deren sie bedürfe. — Ueber die Bedeutung der einfachen Tagesordnung ward viel hin und hergesprochen; die meisten Redner erklärten sie für ein Vertrauensvotum, womit natürlich nicht gesagt war, dass Alle sie so ansahen.

Mehrfach aufgefordert, nahm endlich Rattazzi das Wort, um Gallenga zu antworten. Er versprach, das Ministerium so schnell als möglich zu completiren, was freilich nicht im Augenblick möglich sei. Minister ohne Portefeuille hätte es auch sonst gegeben, ohne dass davon viel Aufhebens gemacht worden wäre. Wenn er den Minister ohne Portefeuille für nothwendig erklärt für die viele Arbeit im Justizministerium, und dennoch in seinem Programm diese viele Arbeit nicht bezeichnet, so erkläre sich dies

eiufach daraus, dass er als bekannt vorausgesetzt habe, dieselbe liege in der nothwendigen Unification der Strafgesetze. In der Zeit von Novara habe man von ihm nichts verlangen können,
als dass er fest im Unglück bleibe und die Ehre des
Landes wahre; das habe er gethan; als er nach dem
Waffenstillstand von Villafranca die Regierung wieder übernommen, habe er mit aller Anstrengung für
den Triumph der Einheit Italiens gearbeitet.
Das Gesetz über die mobile Nationalgarde werde
er allerdings pünctlich ausführen; ebenso gewissen-
haft die Tagesordnung des Parlaments über die Südarmee. In der Bewaffnungsfrage werde er
nicht dulden, dass Privatgesellschaften der
Regierung Concurrenz machten. Ueber den Grund-
gedanken des versprochenen Vereinsgesetzes
könne er sich noch nicht auslassen, sondern nur sagen, dass er der Frage die höchste Aufmerksamkeit
widmen werde. Mit Garibaldi habe er bereits nach
dem Congresse von Genua gesprochen; wegen Mazzini's habe er aber einfach nichts geantwortet, weil
Garibaldi dessen Rückberufung gar nicht zur Sprache
gebracht. Im Uebrigen nehme er die Tagesordnung
als eine Billigung seines Programmes an. Er erkläre
dies, um sicher zu sein, ob er die Unterstützung der
Kammer habe oder nicht.

Als nun zur Abstimmung geschritten werden sollte,
verlangten mehrere Duputirte den Namensaufruf.
Darüber kam es zum Tumult. Nach längerer Unter-
brechung ward endlich der Namensaufruf vorgenommen. Von 293 anwesenden Deputirten enthielten sich

drei der Abstimmung; 210 stimmten für die Tages-
ordnuug, 80 dagegen. Rattazzi hatte also sein
verlangtes Vertrauensvotum; die alte Majorität war gesprengt, wie man aus dem Zahlenver-
hältniss deutlich erkennt; die Rechte und die Linke
zusammen brachten kaum die Hälfte der Stimmen
auf, welche sich für die Tagesordnung erhoben. Vergebens bemerkten die Gegner, dass viele für die Tagesordnung gestimmt hätten, weil sie sich eine Entscheidung noch vorbehalten wollten. Diese armen
Gesellen, welche in wesentlichen Dingen nie wissen,
was sie wollen, sind stets die Unterthanen der
Gewalt.

Ein Vereinsgesetz war nach der Erklärung
Rattazzi's jedenfalls im Anzuge; im Senat hatte sich
Rattazzi ziemlich deutlich darüber ausgesprochen, in
welchem Sinne er es zu halten gedachte; man musste
aus den Erklärungen im Senat schliessen, dass es der
Regierung eine grosse Gewalt über die Vereine geben werde. In der Deputirtenkammer wollte Rattazzi
auf einmal noch nicht wissen, welcher Art sein Vereinsgesetz sein würde. Was man auch sagen möchte,
das Vereinsgesetz bedrohte vorzugsweise die freie
Handlung der Democratie. Dennoch gab die
Linke Rattazzi ein Vertrauensvotum. Glaubte sie, sobald Rattazzi das Vereinsgesetz vorlegte, diesem schon
den Stachel nehmen zu können, den es für sie trug?
Unmöglich. Die Paragraphen eines Vereinsgesetzes
hatten ganz andere Majorität es zu erwarten, als diejenige, welche jetzt Rattazzi ihr Vertrauen aussprach.
Nahm also die Linke an, dass Rattazzi mit ihr unter

einer Decke spiele und die andere Seite nur täuschen und hinhalten wollte? In der That, sie vertraute auf Verabredungen, welche sie viel bestimmter und in der Bestimmtheit viel günstiger für sich auffasste, als Rattazzi jemals eingefallen war, sie zu verstehen.

Die Geschichte dieser Täuschung dauert fast ein halbes Jahr.

III.

Das Ministerium Rattazzi und das Parlament im März und April 1862.

Verhandlungen über das Maiconcil.

Wir wollen nun das Ministerium Rattazzi zuerst durch die Monate März und April in seiner anscheinend ruhigeren Thätigkeit, in seinen Beziehungen zu Parlament und Gesetzgebung begleiten. Viele Funken springen auch da; aber zum Brande kommt es nirgend, wie sehr er immer im Hintergrunde droht, wie viele Zweideutigkeiten zum Vorschein kommen mögen, deren Vereinigung auf gewöhnlichen, ruhigen Wegen von vornherein unmöglich erscheint.

Petruccelli della Gattina, welcher schon dem Ministerium Ricasoli eine Anfrage über sein Verhalten zu dem grossen Maiconcil oder der geistlichen Heerschau, welche der Papst zu Rom im Mai halten wollte, angekündigt hatte, nahm dieselbe wie-

der auf, nachdem kaum das Ministerium Rattazzi constituirt war: am 15. März. Die von Rom ergangene
Einladung, sagte er, sei ein Absagebrief an Italien,
an Frankreich, an Alle. Frankreich habe von
Antonelli Erklärungen verlangt; dieser habe un-
schuldig geantwortet, dennoch zeige sich Frankreich
nicht geneigt, an die Unschuld der Sache zu glauben.
Italien habe eine Staatsreligion; jeder Bischof sei
Bürger und Würdenträger der Kirche zugleich. In
dieser wie in jener Eigenschaft könne er gehen, wohin er wolle. Als Haupt einer Diöcese aber könne
er nach den bestehenden Normen sich nirgend ohne
das Placet der Regierung ausserhalb derselben
bewegen. Bei der Macht jedoch, welche die Bischöfe
im Ganzen hätten, genügten diese Normen noch nicht
und man müsse anderweite Vorkehrungen treffen.
Weshalb gingen die Bischöfe nach Rom? was bedeute
die Einladung in Wirklichkeit, abgesehen von
dem Vorwand? Hätte nicht der Papst an jede Regierung einen Legaten senden sollen, ehe er die Einladung ergehen lies? — Petruccelli verlangte, dass
der Justizminister ein Verbot an die Bischöfe ergehen
lasse, sich nach Rom zu begeben, und die Ankündi-
gung, dass die Regierung im Falle des Zuwiderhan-
delns sich die Entscheidung darüber vorbehalte, ob
der betreffende Bischof ins Königreich zurückkehren dürfe oder nicht.

Für die Regierung antwortete Poggi, der Minister ohne Portefeuille, der Attaché des Justizministers:
Die Einladung nach Rom habe allerdings keinen blos
religiösen Zweck, und auf Grund des bestehenden Ge-

setzes werde die Regierung energische Massregeln treffen. Circulare zu schreiben und sich dadurch freche Antworten zuzuziehen, habe die Regierung keine Lust. Sie werde ihre Schuldigkeit thun und denjenigen zur Verantwortung ziehen, der die Gesetze übertrete.

Obgleich es an Rednern nicht fehlte, welche für die Freiheit der Bewegung der Bischöfe auftraten, wobei auch das alberne: freie Kirche im freien Staat! wieder die hergebrachte Nothzüchtigung erleiden musste, war doch das Ministerium gegen diese „Freiheit“. Im gleichen Sinne wie Poggi sprach auch der Unterrichtsminister Mancini, und da Petruccelli sich befriedigt erklärte, beim Schluss der Sitzung überhaupt die Kammer nicht mehr vollzählig war, auch kein formulirter Antrag vorlag, kam es zu einer Abstimmung nicht.

Die Berathung der Finanzgesetze, welche unter dem Ministerium Ricasoli die Kammer so bedeutend beschäftigt hatte, ward auch unter dem neuen Ministerium Rattazzi fortgesetzt.

Salz- und Tabaksmonopol.

In der Sitzung vom 13. März kam das Gesetz über das Salz- und Tabaksmonopol an die Reihe, — ein Unificationsgesetz, welches doch immerhin die Inseln Sicilien und Capraja in einem Ausnahmszustande lassen sollte. Zwar begriff der grösste Theil der Deputirten alle Nachtheile der indirecten Steuern und begriff, wie sehr gerade dieses Gesetz nicht blos den Handel, sondern selbst den Acker-

bau belästige, wie verderblich es also dem Volks-
wohlstande sein müsse. Aber einerseits vergisst eine
Bourgeoiskammer die allgemeinen Rücksichten auf den
Volkswohlstand um so leichter, je nachdrücklicher ihr
vorgehalten wird, dass eine bestimmte indirecte
Steuer direct vorzugsweise die misera contribuens
plebs, mit welcher sie wenig zu thun hat, belaste,
andererseits, wenn ausser den allgemeinen theoreti-
schen Gründen für eine indirecte Steuer auch noch
die besondern historischen vorgeführt werden, ist
der Widerstand für eine Bourgeoiskammer ausserordentlich schwer. Wo einen Ersatz finden für eine
indirecte Steuer, ohne eine radicale, also revolutionäre Umwälzung des Steuerwesens? Die Revolution ist stets unangenehm, besonders aber wenn sie
unberechenbare Gefahren für den Geldbeutel androht.
Eine indirecte Steuer und ihre Bewahrung erlangen
um so höheren Werth, je mehr dieselbe einträgt.
Mit der Höhe ihres Ertrages wachsen die
Hindernisse ihrer Beseitigung. Der Ertrag des
Tabaks- und Salzmonopols für Italien ward aber
auf 70 Millionen Franken rein berechnet, während
freilich die Kosten der Erhebung — bester Beweis
gegen die indirecten Steuern überhaupt und gegen
diese Art insbesondere, — sich selbst nach den
Finanzrechnungen des Königreichs Italien auf 30
Millionen beliefen! Aller Wahrscheinlichkeit nach
würde man im Douanenwesen mehr als diese 30 Millionen ersparen, wenn das Tabaksmonopol auch nur
allein aufgehoben würde, da im gewöhnlichen Verkehr
das ganze Douanenpersonal zu weiter nichts ange-

stellt scheint, als nach geschmuggelten Cigarren in die Koffer unschuldiger Reisender hineinzuriechen.

Wenn man in einem Lande eben daran ist, jede Regung eines Bürgers, geistige oder physische, zu besteuern, um da und dort ein paar Millionen zu erwerben und ein hergebrachtes·Deficit von 350 Millionen nicht wegzuschaffen, aber doch zu verringern, so liegt es nicht sehr nahe, dass man ein Monopol aufhebe, welches 70 Millionen, etwa den zwölften Theil eines erschrecklichen Budgets mit Sicherheit aufbringt.

So ward denn auch am 21. März das Gesetz über das Salz- und Tabaksmonopol von der Kammer mit 171 gegen 43 Stimmen angenommen.

Als Anhang dazu kam am 27. März die Bestimmung der Preise des Salzes und Tabaks vor die Deputirtenkammer. Die Preise des Salzes wurden von mehreren Deputirten angefochten; indessen wenn man einmal das Monopol für gewisse Gegenstände des Consums zulässt, als Finanzmassregel, so wird man schwerlich grosse Preisermässigungen empfehlen können und die kleinen bleiben für den Detailverkehr, für den Vortheil des Detailkäufers ohne allen Werth. Man kann für solche kleine Preisermässigungen schöne Reden halten; dem armen Mann mit ihnen helfen wird man gewiss nicht. Es siegte also naturgemäss das Finanzinteresse, und das Preisgesetz ward nach den Vorschlägen der Commission am 28. März mit 214 gegen 16 Stimmen gutgeheissen.

5

Organisation der Douaniers.

Das mit den vorigen in ziemlich nahem Zusammenhang stehende Gesetz über die Organisation des Corps der Finanzwächter (Douaniers) gelangte am 21. März vor die Kammer und ward am 26. März mit 200 gegen 13 Stimmen gebilligt. Eine gleiche Stellung der Douaniers im ganzen Königreich wurde von allen Seiten gut geheissen; auch dass man die Lage derselben verbessere, wo sie bisher allzu schlecht gewesen war und die Leute unwillkürlich auf den Aushelf von Nebenverdiensten zum Nachtheil der Staatsfinanzen geführt hatte, fand Beifall. Auf eine ernstere Gegnerschaft dagegen stiess es, dass das Ministerium der Unterstützung des Contrebandirens durch die Douaniers selbst mittelst einer straffen militärischen Organisation derselben entgegen arbeiten wollte, — Cölibat, militärische Disciplin, militärische Strafen. Indessen die Mehrheit der Kammer trat dem Ministerium bei.

Andere Finanzgesetze.

Am 8. April ward das Gesetz über die Hypothekentaxe berathen. Einige Finanzgesetze, welche früher von der Kammer angenommen worden, dann an den Senat gelangt waren, kamen von diesem in etwas veränderter Gestalt zurück, so namentlich das Gesetz über die Registertaxe und das Stempelgesetz. Die Kammercommission, welcher diese Gesetze überwiesen wurden, stellte als Princip auf, dass die Kammer alle bloss reglementarischen Aenderungen, welche der Senat eingeführt habe, adoptiren, dagegen bezüglich des materiellen Theils, alles desjenigen also, was die Höhe des Steuerdrucks und dessen Vertheilung bestimme, bei ihren ursprünglichen Festsetzungen bleiben solle. Danach ward auch verfahren. Das Gesetz über die Registertaxe, welches späterhin wie das nachfolgende, in den Südprovinzen sehr grossen Lärmen erregte, kam am 9., das Stempelgesetz am 10. April znr Berathung, sodass beide Gesetze, nachdem sie noch einmal dem Senat vorgelegen ˙ hatten, am 21. April publicirt werden konnten.

Am 11. April ward das gleichfalls vom Senat zurückgelangte Gesetz über die Steuer von Einkünften aus Gütern moralischer Körperschaften und zu todter Hand mit einigen Veränderungen angenommen. An der Bewilligung von Indemnitäten für vorgekommene Etatsüberschreitungen fehlte es in diesem Abschnitte der Sitzungen ebenso wenig als in andern. Die bedeutendste und auffälligste Forderung von Mehrkosten, welche vorkam, war die für die Ausstellung von Florenz vom Jahre 1861. Die ursprünglich bewilligten Kosten beliefen sich auf 750,000 Franken. Jetzt wurden nicht weniger als 2,647,035 Fr. 47 Cts. nachverlangt!

Als Allievi am 7. April den Bericht über das bezügliche Gesetz vorlegte, gab sich ein allgemeiner Unwillen kund, und einige Redner deuteten an, dass die Ausstellungscommission unmöglich ihro

Pflicht gethan haben könnte. Die Ausstellungscommission fühlte sich davon beleidigt und verlangte die Einsetzung einer Kammercommission zur Untersuchung ihres Verfahrens. Die Discussion über den Gegenstand ward am 11. April äusserst lebhaft. Indessen ging die Kammer schliesslich über den Antrag auf Einsetzung einer Untersuchungscommission einfach zur Tagesordnung über und bewilligte den ungeheuren Nachtragscredit.

Am 26. März ertheilte die Kammer dem Ministerium die hergebrachte Bewilligung zur provisorischen Erhebung der Steuern zur Bestreitung der Ausgaben für das zweite Trimester von 1862, da ein regelrecht festgestelltes Budget immer noch nicht vorlag. Dem Ministerium Ricasoli war im Januar die Ausgabe von Schatzbons bis zum Belauf von 50 Millionen Franken verwilligt worden; das Ministerium Rattazzi verlangte nun jetzt die Verwilligung, diese Ausgabe bis auf 100 Millionen Franken ausdehnen zu können, und die Kammer ertheilte dieselbe am 11. April nach kurzer Discussion.

Das vom Senat zurückgekommene, etwas modificirte Gesetz über die Besteuerung des Ertrages der Eilzüge ward am 29. März von der Kammer angenommen.

Oeffentliche Arbeiten.

Im Verwaltungszweig des Ministers der öffentlichen Arbeiten ward vom 8. bis zum 12. März das Gesetz über die Concessionen für die Post-

schiffahrt im mittelländischen und adriatischen Meer berathen, und am letztgenannten Tage
auch der Postvertrag mit der Schweiz angenommen.

Am 24. März ward Depretis von Valerio über
die Eisenbahnverbindung Toscana's mit dem
adriatischen Meer, Ancona, interpellirt. Er gab
über den augenblicklichen Stand dieser wichtigen
Frage die Auskunft, dass man die verlangte Verbindung von Arezzo aus über Perugia und im
Topinothal nach Foligno suche.

Am 28. März fragte Finzi, wesshalb die beantragte Pobrücke zwischen Viadana und Brescello
(im Modenesischen) gänzlich bei Seite geschoben
werde. Depretis erklärte darauf, dass er diesen
Bau nicht an die Hand nehmen werde, weil ihm das
Bedürfniss nicht festgestellt scheine. Wesshalb, wenn
verschiedene Gemeinden interessirt wären, diese sich
nicht zusammenthäten, um mit Privatmitteln den
Bau zu Stande zu bringen? Das würde ein wahres
Bedürfniss beweisen. Im Uebrigen sei der Kriegsminister gegen diesen Brückenbau, den er für
die Landesvertheidigung nachtheilig erkläre. Finzi
befriedigte sich nicht mit diesen Erklärungen und
beantragte eine Tagesordnung, durch welche die
Kammer das Ministerium auffordern sollte, das bereite Gesetzproject über den Bau dieser Brücke vorzulegen. Er zog auch trotz mehrseitiger Bitten seinen
Antrag nicht zurück, indem er die Nothwendigkeit
einer lebhafteren Verbindung zwischen den beiden
Ufern des Po als im allgemeinen Interesse Italiens

liegend nachzuweisen suchte. Am 29. März zog
zwar Finzi seine Tagesordnung zurück, aber Guerrieri brachte eine ganz ähnliche ein; durch diese
kam es nun zur Sprache, dass die Kosten für den
Bau der in Rede stehenden Pobrücke bereits in das
Budget für 1862 aufgenommen wären, was für ille-
gal erklärt ward, da jede Ausgabe über 30,000 Fr.
verfassungsmässig durch ein besonderes Gesetz
verwilligt werden muss. Petitti bestätigte, was
am vorigen Tage Depretis behauptet hatte, dass er
die Brücke für militärisch nachtheilig halte; er fügte
hinzu, dass er dieser Meinung keineswegs allein sei,
dass er aber, um sich ein definitives Urtheil zu bilden, erst den Ausspruch der allgemeinen Landes-
vertheidigungscommission abwarten werde.

Nachdem Depretis noch die Erklärung abgegeben
hatte, dass er sich durch keine Tagesordnung in Be-
treff dieser Angelegenheit binden lassen könne, ward
diejenige Guerrieri's angenommen. Die Discussion über einen Gegenstand secundärer Bedeutung war vorzugsweise dadurch wichtig, dass hier
die Anhänger des Ministeriums Ricasoli zum
ersten Mal mit Entschiedenheit und Schärfe gegen
das Ministerium Rattazzi auftraten.

Am 31. März begann die Berathung des Gesetzes über die Postreform; obgleich es dem
Titel nach in den Verwaltungszweig des Ministeriums
der öffentlichen Arbeiten hineinfällt, kann man es
doch füglich auch wieder als ein Finanzgesetz
bezeichnen. Wie sehr es immer in unserer Zeit durch
die Gewalt der öffentlichen Meinung unmöglich ge-

worden sein mag, Beschränkungen des Verkehrs behufs der Eröffnung von Geldquellen einzuführen, wie es vor hundert Jahren noch möglich gewesen wäre, so kann doch die Tendenz des Prohibitivsystems sich heute so bemerkbar machen, wie vor hundert Jahren. Und das war auch wieder bei diesem Gesetz der Fall.

Da wir nach unserer innigsten Ueberzeugung principiell gegen alle indirecten Steuern sind, und dieselben in der Praxis nur nach specieller Berücksichtigung aller einzelnen Umstände in besondern Fällen für gerechtfertigt erklären können, wobei es uns ganz gleichgültig ist, ob die indirecten Steuern offen unter diesem Namen auftreten oder sich irgendwie maskiren, so hätten wir gegen die einzelnen Artikel eine Menge ganz anderer Einwände zu erheben, als sie wirklich erhoben wurden. Wir beschränken uns hier auf die Bemerkung, dass die Gegner des Gesetzes, welche in der italienischen Kammer auftraten, sich auf den Bourgeoisstandpunkt stellten und das Gesetz darum angriffen, weil es die Post ihrer Ansicht nach zu sehr zu Staatssache machte, nicht mehr dem freien Verkehr überliess; während wir unsrerseits allerdings der Meinung sind, dass die Post im weitesten Sinne und noch viel mehr als sie es heute leider in Italien ist, Staatssache sein müsse. Unserer Meinung nach soll nur zugleich die Postverwaltung keine Einnahmsquelle für den Staat sein. Sie sollte höchstens ihre eigenen Kosten decken.

Die Berathung über das Postreformgesetz zog

sich bis zum 7. April hin, an welchem Tage es mit 174 gegen 41 Stimmen angenommen ward.

Justiz und öffentlicher Unterricht.

Am 22. März ward das vom Senat zurückgelangte Gesetz über die Einführung des allgemeinen Strafverfahrens und der Gerichtsorganisation in der Lombardei von der Kammer vorgenommen. Als das Resultat der Abstimmung bekannt gemacht wurde, ergab sich, dass die Kammer nicht beschlussfähig gewesen war, sodass die Votation später noch einmal vorgenommen werden musste.

Am 18. März interpellirte Mandoj-Albanese den Unterrichtsminister über neue Unordnungen, die in einer Mädchenerziehungsanstalt in Neapel vorgekommen waren; 28 Schülerinnen, angestiftet von Geistlichen und Lehrerinnen, hatten sich geweigert, das Tedeum für den König von Italien zu singen. In der Kirche San Severino in Neapel war eine Anzahl Studenten mit dem Prediger, welcher gegen das Königreich Italien und dessen liberale Institutionen loszog, zuerst in eine lebhafte Unterhaltung gerathen, die schliesslich in eine Prügelei mit den versammelten Betschwestern und deren männlichen Helfern ausartete. Die Studenten mussten, verfolgt von mit Revolvern bewaffneten Kerlen, das Feld räumen.

Diese Ereignisse hingen enge zusammen mit dem neuen Aufschwung, welchen die Reaction in allen ihren Erscheinungsformen beim Erwachen des Frühlings in den neapolitanischen Provinzen genommen, wobei namentlich die Geistlichkeit sich sehr bemerkbar machte und wovon wir des Weiteren werden zu handeln haben.

Die Brigandage.

Die Brigandage war nun wenigstens zehnmal todt gesagt; in der That schlief sie von Zeit zu Zeit ein und namentlich im Winter. Schon rühmte man im Winter von 1861 auf 62, dass Lamarmora dem ganzen Räuberwesen ein Ende gemacht habe. Aber mit den Blumen, wie De Boni sich einst ausdrückte, kommen auch die Briganden wieder, und so war es im März 1862, so besonders in der Capitanata, der Basilicata und an den Grenzen des päpstlichen Gebiets. Davon nahm der Abgeordnete von Cerignola, Marquis Caracciolo di Bella am 8. April Veranlassung, eine Interpellation an Rattazzi über die neuesten Vorfälle zu richten.

Rattazzi gab zu, dass die Lage einer Anzahl neapolitanischer Provinzen keine goldene sei, aber — hergebrachter Weise, — behauptete er, dass in der Schilderung derselben auch Vieles übertrieben wäre. Als er die Regierung übernommen, habe er sogleich bei Lamarmora angefragt, ob derselbe mehr Truppen in den Südprovinzen brauche, und dieser habe erwiedert, dass er Truppen genug habe. Die Stellen des Präfecten und des Militärcommandanten in der Capitanata seien erst neuerdings mit tüchtigen Männern besetzt worden, die ihre Fähigkeit sicher erweisen würden, denen man aber nothwendig mindestens die Zeit lassen müsse, sich auf ihrem neuen Terain zu orientiren. Unzweifelhaft werde die Bri-

gandage in den neapolitanischen Provinzen von Rom
aus geschürt und unterstützt und insbesondere sei
die Anwesenheit Franz II. zu Rom für Italien sehr
nachtheilig. Die Regierung habe diess auch dem
Kaiser der Franzosen vorgestellt, und glaube,
dass er selbst von der Richtigkeit jener Vorstellungen
lungen überzeugt sei, und dass er auf alle Weise
geneigt sei, die Hand zu einer Entfernung Franz II.
zu bieten. Aber es müsse, um dieselbe zu erreichen,
der Action der Diplomatie die nöthige Zeit gelassen
werden, damit sie die passenden Gelegenheiten
ergreifen und ausnutzen, im Uebrigen ihre Unterhandlungen mit Ruhe betreiben könne. Zur Ergrei-
fung von Ausnahmsmassregeln sei in den neapolitanischen Provinzen im Uebrigen noch keine Veranlassung vorhanden.

Wir werden bald sehen, dass diess so eigentlich
doch nicht die Meinung der Regierung war, dass sie
wieder nur die Verlegenheit, in welcher sie sich bezüglich der Wahl der Mittel befand, zu vertuschen
suchte.

Wahl Tecchio's zum Kammerpräsidenten.
Ministerwechsel.

Unterdessen hatte am 22. März die Kammer an
die Stelle Rattazzi's sich einen neuen Präsidenten
erwählt. Es war Tecchio, welcher 129 Stimmen
erhielt, während 89 sich auf Lanza vereinigt hatten.

Im Ministerium gingen bald darauf gleichfalls
grosse Veränderungen vor; Rattazzi begriff, dass er
der Kammer einigermassen entgegenkommen müsse.

Am 31. Mai kündigte er an, dass der Unterrichtsminister Mancini, der Justizminister Cordova
und der Minister ohne Portefeuille, Poggi, ihre
Entlassung gegeben hätten, und dieselbe vom Könige
angenommen sei. Mancini ging unter dem Vorwand, dass man ihn bei der Gerichtsreform im Neapolitanischen nicht hören wolle, Cordova schützte
seine schwache Gesundheit vor, Poggi gar nichts.
Aber das Ausscheiden des letztern brachte einen
jener Scandale zur Sprache, welche im Königreich
Italien nach dem Muster Frankreichs nicht so selten
sind. Seit dem 20. October 1861 war Poggi achter
Rath des Cassationshofes in Florenz: er war aber
früher unter der provisorischen Regierung von Toscana Justizminister gewesen. Anfang März, als Ra-
tazzi sein Ministerium componirte, wollte er aus
Gesundheitsrücksichten auch einen Toscaner
darin haben. Da er keinen andern finden konnte,
so wendete er sich an Poggi, und dieser erklärte
sich bereit, aber er wollte auch etwas von der Sache
haben. Und nun ernannte ihn am 4. März, nachdem schon abgemacht war, dass er in's Ministerium
eintrete, Rattazzi zum aggregirten Vicepräsidenten beim Cassationshof von Florenz
mit dem Disponibilitätsgehalt als ehemaliger tosca-
nischer Minister unter Aufhebung des Decrets, durch
welches er zum achten Rath bei demselben Cassationshof ernannt worden war, sodass er das Gehalt
eines disponibeln Ministers auch für die Zeit nach-
zubeziehen hatte, in welcher er eigentlich achter
Rath gewesen war. Indem Poggi jetzt aus dem Mi-

nisterium Rattazzi ausschied, trat er natürlich in
das Verhältniss zürück, welches er sich durch die
Ernennung vom 4. März sicher gestellt hatte, als
Vicepräsident aggregirt dem Cassationsȟof von Florenz mit dem Gehalt eines Ministers zur Disposition.

Für Mancini ward der Senator Matteucci
Minister des öffentlichen Unterrichts; ausserdem trat der General Jacob Durando in das Ministerium ein und übernahm die auswärtigen Angelegenheiten: Rattazzi dagegen übernahm definitiv das Ministerium des Innern und behielt
vorläufig daneben das Portefeuille der Justiz
für den ausgetretenen Cordova. Dieser indessen
ward schon am 7. April definitiv durch Conforti
ersetzt, den frühern Minister Garibaldis zur Zeit der
neapolitanischen Dictatur, welcher nach der Formation des Ministeriums Rattazzi an die Spitze der sich
neu bildenden Majorität getreten war.

IV.

Die Umformation der italienischen Armee; die Fusion der Südarmee und die Errichtung des Corps der genuesichen Carabiniere.

Neuformation der Armee.

Eine der wichtigsten Massregeln, mit welchen das Ministerium Rattazzi debutirte, war diejenige der Neuformation der Armee mit Allem dem, was darum und daran hing.

Wir haben im ersten Buche gesehen, wie Fanti, während er das Kriegsministerium verwaltete, eine ganz neue Organisation der italienischen Armee durch den Plan vom 24. Januar 1861 einführte, und wir mussten die Principien dieser Organisation billigen, insofern Italien sich noch nicht auf die Höhe erheben konnte, ganz und gar andere Grundlagen, — die Grundlagen einer neuen Zeit — für seine Heeresorganisation anzunehmen. Wir haben auch gesehen, wie der Plan Fanti's von den Anhängern Lamarmora's, nicht aus principiellen, sondern aus sehr secundären Gründen angegriffen wurde, wie sich schon damals sonderbarer Weise die parlamentarische Linke, die jetzt eben ihr Bündniss mit dem Ministerium Rattazzi geschlossen hat, zum Parteigänger Lamarmora's machte, wie indessen Fanti's Nach-

folger, della Rovere, im Sinne des Planes von
Fanti fortarbeitete. Durch ein Circular vom 21.
Februar 1862 noch ordnete della Rovere für den
1. April die Errichtung der drei neuen Compagnien
jedes Infanterieregimentes an, durch welche dasselbe
auf drei active Bataillone mit 18 Compagnien gebracht werden sollte. Noch niemals aber waren die
Infanteriebataillone mit sechs Compagnien nach dem
Fantischen Plan in Thätigkeit getreten, noch niemals auch nur auf dem Exercierplatz, als das
Ministerium Ricasoli sein Ende erreichte und Rattazzi an die Stelle des Toscaners trat.

Er gab einem sehr entschiedenen Anhänger Lamarmora's, dem General Petitti, das Portefeuille
des Krieges, und dieser hatte nun nichts Eiligeres
zu thun, als — am 23. März vom König Victor
Emanuel einen neuen Organisationsplan gutheissen
zu lassen, welcher auf die alten, durch die frühern Verwaltungen Lamarmora's geheiligten
Grundlagen zurückging.

Nach dem Plane Petitti's, den er später bei
Vorlage des Budget für 1863 noch näher erläuterte,
sollte zunächst die Zahl der Infanterieregimenter
von 68 auf 84 — worunter 8 Grenadierregimenter,
gebracht werden, sodass man den Stoff zu 42 Brigaden oder 21 Divisionen erhielt. Das Infanterieregiment aber sollte nicht mehr in drei Bataillone
zu sechs Compagnien, sondern in vier Bataillone
zu vier Compagnien formirt werden, und statt eines
Depots von drei Compagnien nur ein solches von
einer Compagnie erhalten.

Die Bersaglieri sollten durch ein siebentes Regiment von sechs Bataillonen verstärkt werden, aber auch jedes Bersaglieriregiment nur eine Depotcompagnie haben, während die activen Compagnien auf dem Kriegsfuss bedeutend verstärkt wurden.

Bei der Cavallerie wollte Petitti den vier schweren Regimentern vorläufig ihre sechs Schwadronen lassen, dagegen aus dem Guidenregiment zwei Regimenter zu vier Schwadronen neu formiren, ebenso die 12 Regimenter Lanciers, Chevauxlegers und Husaren auf je vier Schwadronen reduciren und aus den gewonnenen Schwadronen sechs neue leichte Regimenter errichten. Jedes Cavallerieregiment sollte eine Depotschwadron bekommen.

Bei der Artillerie und dem Genie sollten ähnliche Veränderungen vorgenommen und namentlich die Feldartillerie von 64 auf 90 Batterien zu 6 Geschützen vermehrt werden.

Die Arbeit aber, mit deren Ausführung der Kriegsminister sich zunächst zu beschäftigen gedachte, war die Errichtung von 12 neuen Infanterieregimentern unter Benutzung der beiden activen Compagnien, welche bei der neuen Formation bei jedem der 68 bestehenden Infanterieregimenter vom 1. April ab überzählig wurden, und unter Hinzuziehung von Depotcompagnien, so weit jene nicht ausreichten.

Fusion der Südarmee mit der regulären Armee.

Ueber das Verfahren mit den Trümmern der Südarmee war seit dem Ende ihrer wirklichen nützlichen

Thätigkeit eine ganze Anzahl von Decreten erlassen, deren letzte, wie uns bekannt, auf eine Wieder- aufstellung der Cadres hinausliefen. Zur Aus- führung war in der That noch keines von allen De- creten wirklich gekommen, und die practische Folge war nur die gewesen, dass die Officiere der Südar- mee, welche darauf Anspruch erhoben, in den Pen- sionsstand des italienischen Heeres unter verschie- denen Formen eingetreten waren. Rattazzi hatte neuerdings Garibaldi Versprechungen wegen der Nationalbewaffnung und besonders wegen der Süd- armee gemacht. Jeder von beiden hatte diese Ver- sprechungen anders aufgefasst, man hatte sich von beiden Seiten her keine grosse Mühe gegeben, Dun- kelheiten zu vermeiden.

Geschehen musste etwas; Rattazzi durfte die Sache nicht auch wieder verschleppen; er musste zeigen und sogleich, dass er sie nicht wieder im Sande verlaufen lassen wolle.

Aber was sollte geschehen? Nach den letzten bestehenden Decreten hätte die Südarmee neben der stehenden Armee aufgestellt werden müssen, und diess war die Meinung Garibaldi's und seiner er- gebensten Anhänger, welche dabei im Hintergrunde den Gedanken an eine selbstständige Thätigkeit dieser Armee hegten, welche in ihr ein Werkzeug Gari- baldi's sahen, welches den Zwecken des italienischen Volkes dienen sollte, die nicht von der Turiner Regierung mit ihrer Armee verfolgt werden konnten. Aber, wenn die Turiner Regierung die Südarmee aufrichtete, war es dann nicht ihre Armee, wenn sie auch unter dem Oberbefehl Garibaldi's handelte? und fiel nicht alle Verantwortlichkeit für das was diese Armee that, auf die Regierung von Turin zurück?

Wie jetzt die Dinge lagen, hätte die italienische Regierung die Südarmee von jeder Thätigkeit nach auswärts hin zurückhalten müssen. Wollte sie der wiedererrichteten Südarmee aber eine selbstständige Thätigkeit im Innern geben, so blieb nur eine möglich, deren Verwendung nämlich in den neapolitanischen Provinzen, gegen die Brigandage.

Wenn man nun für diesen Zweck die Südarmee wieder aufrichten wollte, so konnte man das nicht wohl anders thun, als indem man Garibaldi an ihre Spitze zurückberief. Geschah aber das, wie wollte man es dann bei dem unberechenbaren Einfluss, den Garibaldi auf die Neapolitaner übte, verhindern, dass derselbe seine Aufgabe sogleich weiter auffasste, den Kampf gegen das Räuberwesen lediglich als ein Provisorium betrachtete, und vielmehr darauf ausging, sich eine Macht zu bilden, mit welcher er den Gang der Revolution dort wieder aufnähme, wo er ihn im November 1860 gelassen, und — o Schreken! — auch etwa gegen den hochherzigen Alliirten vorginge?

Das Ministerium Rattazzi konnte zu derartigen Störungen nicht die Hand bieten wollen. War denn auch gegen das Räuberwesen nicht die Macht des regulären Heeres eben so gut brauchbar, als eine Armee, die man erst neben ihm schaffen sollte?

Ohne allen Zweifel. Man mochte das reguläre Heer
um der Brigandage Herr zu werden, vermehren müssen.
Aber etwas ausser ihm zu schaffen für diesen speciellen Zweck, brauchte man gewiss nicht.

Nur unter zwei Bedingungen war eine Reactivi-
rung der Südarmee zweckmässig: erstens, wenn die
Turiner Regierung sogleich an die Aufgabe gehen
wollte, die Revolution mit den Waffen in der
Hand fortzusetzen, Rom und Venedig kriegerisch
zu erobern, wozu ihre regulären Streitkräfte nicht
ausreichten, wozu sie so viel als möglich von der
waffenfähigen Volkskraft schnell in Bewegung setzen
musste; zweitens wenn sie diese Absicht nicht hatte,
dagegen einen tiefen geschichtlichen Blick, einsah,
dass das Heerwesen auf den Grundlagen, die seit
etwa zweihundert Jahren in Europa bestehen, nicht
ewig forterhalten werden könne; dass neue Grundlagen gesucht werden müssten, und dass gerade
Italien mit seinen jungen Verhältnissen gewissermassen von der Vorsehung berufen sei, diese neuen
Gruudlagen, welche im Bewusstsein der Völker bereits fertig waren, in die Praxis des Staats-
lebens einzuführen. Von diesem Standpunkt aus
konnte die Südarmee in die neapolitanischen Provinzen gesendet werden, um die Unterlage eines
zuerst auf diese angewendeten Milizsystems zu
werden, welches dann allmälig zum Heersystem des
ganzen Königreichs Italien erhoben wurde. Dieser
Standpunkt war ein total revolutionärer, aber
ohne jeden — nach den hergebrachten Begriffen revolutionären Glanz.

Die erste Absicht konnte das Ministerium Rattazzi im März 1862 nicht haben, und unserer Ueberzeugung nach hätte keine reguläre Regierung des
Königreichs Italien damals sie haben dürfen. Die
zweite Absicht hätte eine vernünftige Regierung
des Königreichs Italien haben sollen, — aber das
Ministerium Rattazzi, ein Ministerium lächerlichen
Nothbehelfs, innerlichst reactionär, konnte
sie nicht haben. Es war ein Sesselministerium, wie
jemals eines da gewesen, nur darauf bedacht, andere zu verdrängen, ohne neue Gedanken mitzu-
bringen, — ein Ministerium, wie ungefähr ein Ministerium Schulze-Delitzsch es jetzt für Preussen sein
würde.

Um das Verhältniss des Ministeriums Rattazzi
zur Frage der Südarmee zu fixiren, muss man von
vorne herein enge Kreise ziehen, man muss von
vorneherein, ohne sich in höhern Regionen aufzu-
halten, in das Detail der sogenannten sachlichen,
der speciellen Zweckmässigkeitsfragen hinabsteigen und bei deren Beantwortung auch noch
auf dem gemeinsten Boden gegebener Verhältnisse bleiben.

Die Südarmee war nichts als ein Corps von
Officieren; schied man die Militärbeamten aus, so
blieben deren jetzt etwa 1700 mit erhobenen An-
sprüchen übrig.

Theilte man nun diese bloss in Cadres ein,
ohne ihnen Truppen zu geben, so blieb die Sache
wesentlich beim Alten; man hatte 1700 so oder so
uniformirte Staatspensionäre, weiter nichts. Wollte

man die Südarmee reactiviren, so dass von der Handlung die Sinne des Volkes getroffen wurden, so musste man für die Officiere Truppen aufstellen.

Aber wie? Sollte man Freiwillige aufrufen? Das bedeutete doch nichts anders, als den unmittelbaren Krieg gegen Oesterreich, oder gegen Frankreich, oder gegen beide. Konnte die Regierung von Turin ihn wollen, die herzlich froh gewesen war, als sie 1860 der Revolution ein Ende gemacht, und die sich in diesem Puncte seitdem um kein Haar geändert hatte? Gewiss nicht. Oder sollte man einen Theil der durch die regelmässige Conscription gewonnenen Mannschaften den Cadres der Südarmee, dem nach den letzten Decreten sogenannten Freiwilligencorps zuweisen? Wie? einem Theil der Conscribirten andere Verpflichtungen auferlegen als dem andern? wesshalb?, mit welchem Rechte, wenn man nicht einen höhern Zweck vor Augen hatte? Und wenn man keine andern Verpflichtungen für die einen aufstellen konnte, als für die andern, wessbalb dann die Gründung eines besondern Corps? Etwa einem beliebten Volksführer zu Gefallen? hatte man nicht vielmehr allen Grund, diesem keinen Gefallen zu thun, um ihm nicht Gelegenheit zu geben, sehr wider das Gefallen der Regierung zu handeln? Statt für 1700 Officiere Garibaldi's ein Freiwilligencorps von 40,000 Mann zu schaffen, konnte man denn nicht auf 40,000 Soldaten des regulären Heeres, und um welche man das reguläre Heer mit den vorhandenen Conscriptionsgesetzen in der Hand augenblicklich ver-

mehren konnte, — 1700 garibaldinische Officiere vertheilen?

Diese Frage hätte für jedes italienische Ministerium nahe gelegen, und ohne sich auf eine Höhe zu
erheben, auf welche nicht so leicht ein Ministerium
unserer Zeit gelangt, musste jedes darauf antworten:
wir werden für 1700 Officiere, die nach Verwendung schreien, in der vermehrten regulären Armee die gesuchten Stellen finden.

Diess war die Antwort des Ministeriums Rattazzi, und es hatte Recht.

Für die Gründung einer zweiten Armee neben
der bestehenden regulären, sah das Ministerium Rattazzi keinen Grund, aber wohl erstens für die Ver-
stärkung der regulären Armee, zweitens für die
schliessliche Beseitigung der Angelegenheit des Freiwilligen-Corps.

Es schlug daher dem König vor, das Freiwilligencorps für aufgelöset zu erklären, die Officiere unter dem Grade des Oberstlieutenants in der
für vier Infanteriedivisionen ausreichenden Zahl sofort
den bestehenden Infanterieregimentern zu aggregiren,
die höhern Officiere in der für vier Divisionen ausreichenden Zahl, sowie die Officiere der Specialwaffen zur Disposition des Kriegsministeriums zu
stellen, alle aber bei der Errichtung der neuen Formationen zu verwenden, so dass sich alsbald der
richtige, der Truppenstärke entsprechende Officiers-
etat herstelle.

Das Decret, welches auf den Bericht des Kriegsministers diese Massregeln verfügte, ward schon am

27. März vom Könige unterzeichnet und durch einige weitere Erlasse erläutert, unter Anderm auch durch eine Anempfehlung an die Officiere der regulären Armee, ihre neuen Regimentskameraden freundlich zu empfangen, welcher diese insbesondere durch die Veranstaltung von Empfangsbanketten nachkamen.

Die meisten der Freiwilligenofficiere waren mit dieser Massregel, welche ihnen endlich eine feste Stellung anwies, sehr zufrieden, und viele, namentlich von den höhern, hatten allen Grund dazu, da sie einerseits niemals eine Idee davon gehabt hatten, welche Bedeutung der Feldzug Garibaldis für Italien und für Europa gehabt, da sie anderseits durch ihre Erziehung, wie durch ihre Thaten wenig Ansprüche auf die Stellungen erworben, in welche sie jetzt gebracht wurden. In ihnen erwarb sich Rattazzi feste Anhänger und Freunde, wie sich diess in den Augusttagen des Jahres 1862 recht deutlich zeigen sollte.

Die wahren Anhänger Garibaldi's waren mit der Massregel unzufrieden, sie warfen Rattazzi vor, dass er mit der Fusion etwas ganz anderes vollbracht, als was er Garibaldi versprochen, dass er weit entfernt, einen neuen Uebergang Garibaldi's zu einer mehr oder minder selbstständigen kriegerischen Thätigkeit zum Heile Italiens zu begünstigen, durch die Fusion denselben erschwere, — und so weit sie sich überhaupt noch in Dienstverhältnissen befanden, nahmen sie jetzt ihre Entlassung. Nur wenige traten in das Heer über, weil sie meinten oder vorgaben,

zu glauben, dass sie dort einen wohlthätigen
Einfluss üben könnten, obgleich ihnen von anderer
Seite bewiesen ward, dass sie sich darin irren
müssten, und dass die altbestehenden Einrichtungen
des regulären Heeres ihnen keine andere Wahl liessen,
als in dasselbe vollständig aufzugehen oder in Conflicte
zu gerathen, die über kurz oder lang ihr Ausscheiden aus demselben dennoch nöthig machen würden.

Sendung der vierten Bataillone nach dem Neapolitanischen.

Eine weitere Massregel, welche mit den vorge-
nannten gleichzeitig angeordnet wurde, war nun die,
dass aus den neapolitanischen Provinzen das sechste
Armeecorps zurückgezogen werden, dagegen das
ganze Besetzungscorps jener Provinzen aus den
vierten Bataillonen sämmtlicher Infanterieregimenter — abgesehen von den hinzuzufügenden
Specialwaffen, gebildet werden sollte. Die Compagnien der vierten Bataillone wurden aus den übrigen Bataillonen bis auf 110 Unterofficiere und
Soldaten verstärkt. Der Abmarsch in die Südprovinzen begann Mitte April; Mitte Mai wurde diese
Bewegung durch die Ereignisse von Sarnico unterbrochen, dann aber alsbald wieder aufgenommen.
Die Hauptabsicht bei dieser Anordnung war, zu verhindern, dass ganze Regimenter und Divisionen durch
den Kampf gegen die Briganden desorganisirt würden,
vielmehr dafür zu sorgen, dass die Armee in ihrer
Grundformation für den auswärtigen Krieg bereit
gehalten werde. Im Falle des Ausbruchs eines

Krieges sollten auch die vierten Bataillone wieder zu ihren Regimentern einrücken und im Kampfe gegen die Briganden durch mobile Nationalgarden ersetzt werden. Mit den vorhandenen vierten Bataillonen erhielt man in den Südprovinzen jetzt schon ein Occupationscorps von 68 Bataillonen, welches nach der projectirten Formation der zwölf neuen Regimenter auf achtzig stieg, wozu dann immerhin noch einige vollzählige Brigaden oder Regimenter als Besatzungen in den grössten Städten kämen.

Die genuesischen Carabinieri.

Hoffnungen der Actionspartei waren beim Eintritt des Ministeriums Rattazzi vorhanden gewesen, eine neue populäre Kriegsmacht erstehen zu sehen, mit welcher die revolutionäre Thätigkeit der Nation zur Vervollständigung Italiens wieder aufgenommen werden könnte, und Rattazzi hatte diese Hoffnungen nicht energisch niedergeschlagen, er hatte sie nähren lassen, obwohl er nicht die geringste Absicht hatte, dieselben zu erfüllen.

Mit dem Fusionsdecret machte er selbst eine Erfüllung in jenem hohen Masse, wie einige in der Actionspartei sie gehegt hatten, ganz unmöglich.

Die Ideen von einer Expedition auf die Balkanhalbinsel regten sich indessen mit grosser Lebhaftigkeit. Auch mit Rattazzi ward darüber unterhandelt. Er fasste die Dinge nach seinem Standpuncte auf: es müsse ihm ganz lieb sein, wenn eine Anzahl unruhiger Köpfe Italien verlasse, und sich anderswo eine Thätigkeit suche, der Staat dürfe diess

anch wohl unterstützen; der Staat brauche ja
weiter nicht zu wissen, was die Unruhestörer beginnen, für den Staat sei ihre Einschiffung, ihr Abzug aus Italien eine blosse Auswanderung, das
Weitere ginge ihn nichts an. Die „Auswanderung"
versprach nun Rattazzi zu unterstützen, er versprach
eine Million Franken dazu. In der Actionspartei war
man nicht abgeneigt, diese Million anzunehmen, wobei stillschweigend vorausgesetzt wurde, dass die
Empfänger eben so wenig sich speciell über die Verwendung zu verpflichten hätten, als der Darleiher
eine weitere Verpflichtung für eine Unterstützung des
Unternehmens übernahm, welches doch dabei im
Hintergrunde stand. Mehrere Unterhandlungen waren
im Gange, mehrere Unterhändler thätig, deren Action
sich durchkreuzte, die verschiedene Versprechungen
empfingen, die selbst wieder Verschiedenes versprachen und Verschiedenes begannen; Missionen über-
nahmen, Fahrzeuge mietheten, Waffen spedirten.

Als im April trübe Nachrichten aus den Südprovinzen über das Ueberhandnehmen des Räuberwesens nach Oberitalien kamen, erboten sich die genuesischen Carabiniere, zum grössten Theil Handwerker zu Genua, welche den Feldzug von 1860
mitgemacht hatten, sich auch nach dessen Ende als
eine Gesellschaft zusammengehalten hatten, welche
sich gegenwärtig besonders mit der Pflege des Schei-
benschiessens beschäftigte, aber keineswegs die Politik bei Seite liess und im Wesentlichen die Grund-
sätze der Actionspartei theilte, sich zu einem Corps
zu constituiren, um das Räuberwesen im Neapolita-

nischen zu bekämpfen. Die meiste Mühe dafür gab sich Hyacinth Baghino von Genua; mit Rattazzi unterhandelte darüber der Deputirte, Advocat Castagnola. Garibaldi unterstützte den Antrag auf die Formation dieses Corps.

Und am 21. April wurden zwei königliche Decrete erlassen, welche die Bildung einer Legion genuesischer Carabiniere von zwei Bataillonen als detachirtes Corps auf Grund und nach den Normen des Gesetzes über die mobile Nationalgarde verordneten und die Ernennungen der Officiere diéser Legion brachten. Zum Oberstlieutenant der Legion wurde Menotti Garibaldi ernannt, wie Jedermann nach Allem, was man erfuhr, glaubte und glauben musste als Commandant der Legion.

Wer wollte nun in der Errichtung dieser Legion nicht ein neues Anbändeln Rattazzi's mit der Actionspartei sehen? wer sollte nicht vermuthen, dass hier geheime Verabredungen unterlagen? dass die Actionspartei, der man eben erst mit der Fusion unverkennbar einen Strich durch die Rechnung gemacht, durch diese Neuformation begünstigt werden sollte, dass ihr doch wieder ein Werkzeug zur Verfolgung ihrer Pläne in die Hand gegeben werden sollte?

Zwölfhundert gezogene englische Gewehre wurden zur Bewaffnung der genuesischen Carabiniere zur Disposition gestellt und Lombarden und Venetianer, meistentheils solche, die den Feldzug von 1860 gemacht hatten, kamen nach Genua, um sich in die Legion einreihen zu lassen.

Waren die genuesischen Carabiniere wirklich

zur Bekämpfung der Brigandage bestimmt? Weshalb dazu diese Formation? Wäre es denn nicht besser gewesen, für diesen Zweck zuerst energisch an die Ausführung des Gesetzes über die mobile Nationalgarde in den Südprovinzen zu gehn? War es nicht wunderbar, dass daran gar nicht gedacht wurde?

Sollte also die Legion der genuesischen Carabiniere, die keineswegs aus lauter Génuesen bestand, der Kern eines neuen, der Actionspartei bewilligten Freiwilligenheeres werden?

Warum liess sich Rattazzi, wie es später durch ihn selbst bekannt wurde, so entschieden versprechen, dass die Legion zu keinem andern Zwecke als zu dem der Bekämpfung der Brigandage verwendet werden solle? Konnte es ihm darauf ankommen, dieses Versprechen zu erhalten, wenn er von gar keinen andern Zwecken wusste, keine anderen Zwecke ahnte? Welche aber waren dann die anderen Zwecke? Sollte die Legion den Kern der Expedition bilden, die nach Griechenland ging? den Kern dieser „Auswanderung“, die späterhin den Minister nichts mehr anging? Verlangte nicht der Minister desshalb jenes Versprechen so dringend, damit er nachher sagen konnte: mein Gott, ich wusste ja nicht, dass diese Legion, die ich zur Brigandagebekämpfung aufgerichtet hatte, dieselbe Auswanderung sei, die ich mit einer Million zu unterstützen versprochen hatte!? Weshalb die Formation in Genua, diesem Hafen, von welchem aus jede Einschiffung so leicht ist, von welchem die sicilianische Expedition 1860 ausgegangen war? Weshalb an der Spitze der Legion Menotti

Garibaldi? weshalb die Unterhandlungen über sie
mit dem General Garibaldi?

Man wird gestehn, das sind Fragen, die Jedermann in Italien kommen mussten und die Jedermann
kamen. Der Advocat Rattazzi schwankte von einem
Tage zum andern. Wenn die Legion irgend etwas
that, etwas Revolutionäres, etwas, das Erfolg hatte,
weshalb hätte er es nicht gern sehen sollen? weshalb
nicht die Früchte des Erfolgs eincassiren? weshalb
sie nicht auf seine Rechnung schreiben lassen?

Aber — ihm fehlte Cavour's Kühnheit! Für den
Fall des Nichterfolges wollte er um keinen Preis
sich mit den Unruhestiftern in Zusammenhang gebracht wissen und so nahm er morgen, was er heute
gab, nahm mit der andern Hand, was er mit der einen
gegeben.

Es wurden keine Anstalten getroffen, um die in
Genua ankommenden Freiwilligen sofort ordnungs-
mässig zu empfangen und einzureihen, dergestalt, dass
sie zum Scandal der Stadt auf der Acquasola um-
herlungerten. Und in dem Decret, welches über die
Zusammensetzung der Legion der genuesischen Carabinieri erlassen worden war, stand, dass an der Spitze
ein Oberst stehen sollte. Menotti Garibaldi war nur
zum Oberstlieutenant ernannt. Zum Obersten wurde
nun — ein Bruder des Generals Manfred Fanti, des
früheren Kriegsministers, ernannt, ein Mann, der
jedem irregulären Vorgehen abhold war. Rattazzi
mochte dabei nur im Sinne haben, die ganze Formation in die regulären Bahnen zu leiten, die sie immer
in seiner Gewalt liessen. In der That aber war der

Effect ein ganz anderer. Menotti Garibaldi dankte sogleich unter Zustimmung seines Vaters ab und die meisten der Carabinieri hatten gar keine Lust, ohne ihn sich einreihen zu lassen.

Dies geschah anfangs Mai. Die Geschichte spielt durchaus in das Ereigniss von S a r n i c o hinein, dessen Erzählung wir uns nun nähern und wegen deren es uns besonders nothwendig schien, bei der Geschichte der Legion der genuesischen Carabinieri länger zu verweilen.

Zuvor müssen wir nun aber noch ein Blick werfen auf die Südprovinzen und die Reise des Königs dorthin.

V.

Reaction und Brigandage in den Südprovinzen. Die Reise des Königs.

Die Brigandage in den Südprovinzen im März und April 1862.

Von· der Mitte des März 1862 ab kamen Nachrichten über Nachrichten aus Rom, dass F r a n z der zweite mit neuer Kraft an der Organisation der Brigandage arbeite. Waffen und Ausrüstungen wurden beschafft, Werbungen veranstaltet, Anleihen versucht und Transporte von Brigandenrecruten gingen theils in die Gegend von S o r a zu Chiavone, theils gegen A v e z z a n o, theils gegen die Grenze der A b r u z z e nprovinzen ab, Alles unter Begünstigung des päpstlichen Gouvernements. Gleichzeitig zeigten die alten Brigandenchefs in den innern Provinzen eine grössere Rührigkeit.

Unser alter Bekannter Crocco streifte mit einer Bande von etwa 130 M., meist beritten in der Gegend des obern Ofanto, an den Grenzen des jenseitigen Principats, der Basilicata und der Capitanata und in der leztern bis Bovino und Lucera. Um den 20. März ward von seiner Bande eine grosse Patrouille von 20 Mann vom 8. Infanterieregiment angegriffen und bis auf nur zwei Mann, welche entkamen, niedergemetzelt. Solches Unglück, welches die Truppen betraf, machte immer einen doppelten Eindruck auf die Landesbevölkerung und störte auch die Militärbehörden, die sonst nur zu leicht von Uebertreibungen redeten, aus ihrer Ruhe auf. Jetzt gab Lamarmora dem General Franzini ein förmliches Commando gegen Crocco, und Truppenabtheilungen, insbesondere auch Cavallerie, an welcher man so grossen Mangel litt, wurden von verschiedenen Puncten in Bewegung gesetzt, um Crocco einzufangen.

Dieser, entweder nur um andere zu täuschen oder auch selbst getäuscht, begann nach der Mitte des März einen grossen Zug durch die ganze Capitanata, aus der Gegend von Bovino über Troja, Lucera, S. Severo gegen S. Nicandro und das Meer hin. Bei sich führte er, wie er aussprengte, einen Neffen des Generals Bosco, bei sich auch seine Geliebte, die Angelina, bewaffnet und crinolinisirt; es scheint, dass sie bisweilen dazu dienen musste, die Königin Marie Sophie vorzustellen. Das Vorgeben Crocco's war, dass er eine Truppenlandung erwarte; Franz II. sendete wieder einmal Verstärkungen, so hiess es; Crocco, der, wie wir wissen, das Spiel schon einmal zur Zeit der grosssen Reaction von Melfi gespielt, begann es jetzt wieder. Da er seinen Zug ungefähr auf die Tremitiinseln zu richtete, ist es nicht unwahrscheinlich, dass mit den dort festgehaltenen Camorristen und andern Spitzbuben Einverständnisse angeknüpft waren.

Ueberall regte Crocco auf seinem Zuge zur Bildung neuer Banden an; in seinem Rücken mit dem Hauptquartier in den Wäldern von Lagopesole und Monticchio, südwärts und südwestwärts von Melfi, liess er Ninco Nanco, einen armen Bauer und Feldwächter von Avigliano, von durchaus keiner besondern Schlechtigkeit, der 1856 wegen eines Mordes verurtheilt und eingesperrt worden war, 1860 war er entsprungen und hatte Garibaldi seine Dienste angeboten; dieser hatte sie abgewiesen und ihn aufgefordert, sich in seiner Gemeinde zu stellen. Schon damals begann Ninco Nanco in den ihm wohlbekannten Wäldern von Lagopesole das Räuberhandwerk. Bei Gelegenheit des Zuges von Borjes benahm er sich sehr anständig. Jetzt war er gewissermassen der Commandant der Reserven und Landeshüter Crocco's, während dieser seinen Zug gegen den untern Fortore und das Meer hin antrat.

In der Capitanata um Lucera belebte während dieses Zuges Crocco insbesondere die Organisation der Bande des Häuptlings Coppa, welcher bei der

Auflösung des bourbonischen Heeres, in dem er Soldat
gewesen, sich in seine Heimat San Fele (in der
nördlichen Basilicata) begeben und sich dort mit Erfolg zum Streiter für Thron und Altar aufgeworfen
hatte. Mit der seinigen ward nun die Bande Minelli
vereinigt und ihnen vorzugsweise die Capitanata
zur Bewirthschaftung überwiesen. Die Bande Coppa-
Minelli, welche auf 300 Mann und darüber stieg, war
beritten und richtete in der Capitanata am Ende des
März und Anfang April 1862 furchtbare Verheerungen
an. Der Spionen- und Nachrichtendienst war bei ihr
vortrefflich organisirt, überall fanden sich Helfers-
helfer, — besonders in der Geistlichkeit, und auch
die Räuberbraut, das aufgeputzte Frauenzimmer mit
der kurzen Crinoline und dem Revolver, fehlte nicht.
Die Bande übte eine solche Herrschaft, dass sie von
Tage zu Tage frecher ward; die Infanterietruppen,
welche auf den Notbruf der verschiedenen Ortschaften
von Foggia bald da bald dorthin gesendet wurden,
litten unter allerhand Drangsalen, wenig von den Obrig-
keiten, bisweilen nur von den Nationalgarden unterstützt, immer ohne ausreichende Nachrichten, beständig
gehetzt, überall zu spät, überall zu ermüdet anlangend,
um noch etwas zu unternehmen.

Auf seinem weitern Marsch gegen das Meer hin
organisirte Crocco ein grosses Banditendepot für die
Gegenden des Monte Gargano auf dem Monte
Pagano zwischen Apricena und Rignano am nörd-
lichen Ufer des Candelaro, und setzte die dortigen
Banden mit derjenigen Coppa's in Verbindung.

Dann, als er die Truppen Franz II. am Meeres-

ufer in der Gegend von S. Nicandro nicht gefunden,
ob er es nun vorher gewusst hatte oder nicht, jedenfalls um die nördliche Basilicata über seinen
Erfolg oder Nichterfolg noch länger in Ungewissheit
zu erhalten, zog er sich, den Candelaro hinabmar-
schirend, dann ihn überschreitend durch die Terra
di Bari über Spinazzola und Gravina (bei Altamura), auch hier die Brigandenorganisation belebend,
über die Gegend von Matera endlich in diejenige
von Melfi und in die Wälder und an die Seen von
Monticchio zurück. Beim Uebergang über den
Ofanto zwischen Cerignola und Lavello hatte er
ein kleines Treffen zu bestehen, am 5. April, welches
mannigfach ausgeschmückt, nur zeigte, für wie wichtig
Crocco in allen diesen Gegenden gehalten ward.

Eben so war es mit dem Treffen vom 10. April
1862 in der Gegend von Lucera bei Torre Fiorentina. Ein Streifdetachement unter dem General
Ferrero, bestehend aus zwei Schwadronen des Lan-
zenreiterregimentes von Montebello und einiger Infanterie hatte den Auftrag, vom unteren gegen den
obern Fortore hinaufziehend, Crocco zu suchen.
Crocco aber war bereits nach Süden hin ausge-
wichen; das Detachement wendete vom Fortore sich
südwärts und traf am 10. April über Torre maggiore
vordringend die Bande Coppa bei den Höfen Torre
Fiorentina und Sequestro nordwärts von Lucera
und in derselben Gegend, wo früher die Infanterie-
patrouille, von der wir sprachen, ihrem unglücklichen
Schicksal erlegen war.

Die Reiter von Montebello, unterstüzt von In-

7

fanterie, die von Lucera ausrückte, lieferten Coppa
ein glückliches Treffen, zersprengten seine Bande;
die Nationalgarden, einige mobile geworbene Qua-
driglien, die Bürgerschaft im Ganzen dieser Gegenden,
welche nicht mit den Räubern unter einer Decke stack,
erhob sich nun, und die einzelnen Abtheilungen der
Bande Coppa wurden verfolgt und in die Enge getrieben.

Die Erfolge wurden jetzt von der leicht bewegten
Bevölkerung übertrieben, wie früher die Niederlagen.
Schon bei Lavello sollte Crocco selbst geblieben
sein, dann sicher bei Torre Fiorentina, und man
zeigte und nannte die Helden, die ihn erlegt haben
sollten, wie in frühern Zeiten berühmte Drachenjäger
gezeigt und verherrlicht worden waren.

Aber Crocco befand sich sehr wohl und obwohl
es sich so verhielt, dass die Hauptbande der Capitanata erhebliche Verluste erlitten hatte, obwohl auch
die Capitanata nun für einige Wochen eine verhält-
nissmässige Ruhe hatte, sollten die Briganden sich
doch bald wieder erholen; und in kleineren Abtheilungen ihr Handwerk fortzutreiben, hörten sie gar
nicht auf. Das Ganze hatte nicht viel mehr Werth,
als dass einige schreierische Beamte ihre Verdienste
anpreisen und belohnen lassen konnten, und dass
einige Tage gesagt werden durfte, man verdanke
den höhern strategischen Anordnungen Lamarmora's
eine vollständige Unterdrückung des Räuberwesens
in der Capitanata.

Am 22. März hielt Franz II. zu Rom, begleitet
von der Königin Maria Sophia eine förmliche Bri-

gandenrevue ab. Am 30. März verliessen verschiedene Banden in kleinen Abtheilungen Rom und gingen der italienischen Grenze zu, wenig gehindert von der Wachsamkeit Goyon's, welche sich leicht täuschen liess, weil sie getäuscht sein wollte. Nur einige französische Officiere, welche einen Eckel an dem Unwesen hatten, welches sie gewissermassen beschützten oder doch in den Verdacht kommen mussten zu beschützen, machten Jagd auf die Vertheidiger von Thron und Altar und fingen verschiedene Trupps ab.

Eine Bande von etwa 200 Mann vereinigte sich aus verschiedenen Trupps auf päpstlichem Gebiet zwischen Subiaco und Trevi im Thal des Anieno am Fusse des Berges Arcinazzo, ward hier von einem Priester eingesegnet, marschirte am 4. April südwärts nach Anticoli, ward daselbst vom Comité von Alatri her mit französischen Militärmänteln mit gelben Abzeichen, Tornistern und Brodsäcken versehen, und sollte nun unter dem Befehl eines gewissen Pasquale Mancini in die Abruzzen vorrücken.

In der That überschritt sie die italienische Grenze, dann den Liri und warf sich auf die Ortschaft Luco am Fuciner See, zwang das hier stationirte kleine Detachement von 15 Mann des 44. Regiments unter einem Sergeanten sich in das Wachtgebäude zurückzuziehen und plünderte, während ein Theil einen Angriff auf die Wache versuchte, den Ort. Die Besatzung von Avezzano, als dort die Nachricht eintraf, sendete sofort eine Compagnie nach Luco ab. Noch ehe diese ankam, hatte eine kleine Cor-

poralspatrouille von nur vier Mann, die zufällig von
Trasacco am Fuciner See unterwegs war, den Einbruch in Luco erfahren und fiel nun ihrerseits dort
ein. Der muthige Angriff dieser Paar Leute brachte
die Briganden in Verwirrung, mit Verlust einiger
Todter, Verwundeter und Gefangener zogen sie sich
über den Liri und dann, von verschiedenen von
Avezzano und anderwärts herkommenden grösseren
Abtheilungen gejagt, auch über die päpstliche
Grenze zurück, wo sie immer in Sicherheit waren.
Soviel von einer Cooperation französischer und italie-
nischer Truppen die Rede war, niemals konnte es
der italienische Truppencommandant in der Terra di
Lavoro, General Govone, dahin bringen, ein festes
Zusammengehen mit den französischen Befehlshabern
zu erwirken.

Am Vesuv, also in der nächsten Nähe Neapels,
trieb sein Wesen Pilone, der Steinmetz von Bosco
Tre Case, welcher im Jahre 1860 als Soldat das
Unglück der bourbonischen Waffen in Sicilien ge-
theilt hatte. Er brandschatzte jetzt besonders an der
östlichen Seite des Vesuv, um Torcigno, und küm-
merte sich wenig darum, dass man Preise auf seinen
Kopf ausschrieb. In seinem ganzen Auftreten hat er
die meiste Aehnlichkeit mit Chiavone. Häuptling einer
kleinen Bande verschmähte er es zwar auch nicht,
sich zu bereichern, aber besonders lüstern war er
auf Orden, die er von Franz II. denn auch nicht
verfehlte zu erhalten. Von seiner Bande liess er sich
immer den „Cavaliere“ nennen, hatte stets die
Brust voll Bänder und Kreuze, und stand in der

innigsten Beziehung zu den Reactionscomités in Neapel und Portici, die seine Heldenthaten getreulich nach Rom berichteten und dafür sorgten, dass seinem Ordensgelüste hinreichend Genüge gethan ward.

In der Terra di Bari war der angesehenste Brigandenhäuptling der Sergeant Romano des früheren bourbonischen Heeres, von Gioja gebürtig, deshalb gewöhnlich der Sergeant von Gioja genannt, welcher sein Wesen besonders um diese Stadt, Altamura und Cassano trieb. Er war ein äusserst frommer und melancholischer Räuber, der seinen Beruf als Streiter für Thron und Altar viel genauer nahm, als die meisten seines gleichen, und die meiste Aehnlichkeit mit dem ehrlichen Borjes hat. Er liess viele, viele Messen lesen, eine regelmässig bei der Meierei de' Monaci, welche deshalb auch die Brigandenmesse genannt und regelmässiger als irgend eine andere bedient ward. Er liess seine Spiessgesellen, die er „Geschworne des katholischen Glaubens" nannte, einen langen Eid schwören und schrieb, nicht ohne einige Bildung, in seinen Mussestunden ein melancholisches Tagebuch, in welchem die unverstandene Seele sich vorzugsweise über die Nichtsnutzigkeit der Spiessgesellen beklagte, die sich nie in die höhern Regionen erheben wollten, in welchen er beständig schwebte.

Wie sehr die Briganden von der Geistlichkeit unterstützt, wie sehr sie mit dieser im Einverständniss waren, wir haben die Thatsache in diesen Blättern mehrerer Orten kund gethan. Hier bringt uns nur das regelmässige Messelesen, von dem wir so eben geredet, noch auf einige besondere Züge, die zur Herstellung eines Gesammtbildes immerhin dienlich sind, und von denen zu berichten wir deshalb nicht unterlassen wollen.

Nicht selten kam es vor, dass die Briganden Votivtafeln in den Kirchen aufhängen liessen, schöne Gemälde, auf denen sie dargestellt waren, wie sie aus der Hand der „Piemontesen" wunderbar errettet wurden; die Geistlichen, welche für „unsere Brüder, die Briganden" offen in den Kirchen predigten, wussten durch solche Gemälde den Eifer der Gläubigen gegen die „Piemontesen" und für den vertriebenen, rechtmässigen König Franz II. von Bourbon immer neu anzufeuern. Die Messen wurden von den Briganden nobel bezahlt und mit ehrfurchtsvoller Scheu blickten die Gläubigen in mancher nicht kleinen, aber abgelegenen Gemeinde auf den Räuber, der in voller Wehr und Waffen in die Kirche einritt, um die Messe zu hören, und vom Priester gesegnet ward.

Die Passauer Kunst, welche wir im gebildeten Europa für eine längst verschollene Sache halten, deren Spuren sich höchstens noch im dreissigjährigen Kriege verfolgen lassen; sie lebte kräftig und jugendlich in den neapolitanischen Provinzen fort, in welche sie aller Wahrscheinlichkeit nach durch die Schweizer Soldaten verpflanzt worden war. Der Räuber liess sich hier mitten im neunzehnten Jahrhundert vom Priester hieb- und stichfest machen, durch einen Schnitt an der Handwurzel, in welchen die consecrirte Hostie eingeheilt ward. Das Neue bei der Sache war vielleicht nur dies, dass sich Priester bei

diesem Gräuel betheiligten, während sie es im 16. und
17. Jahrhundert in Deutschland für Teufelswerk erklärten, so dass der Landsknecht, der Sicherheit gegen
Kugeln und Schwerter suchte, gezwungen war, die zu
solchem Gebrauch bestimmte Hostie heimlich unter die
Altardecke zu stecken, damit sie dort vom Priester,
ohne dass dieser es wusste, mitgeweiht werde.

Dass zwischen Rom und den neapolitanischen
Provinzen wieder kräftiger über reactionäre Plane
unterhandelt wurde, konnte man schon aus der Wie-
derbelebung der Brigandage und der Art, wie sie
neuerdings auftrat, erkennen. Aber auch andere und
directere Beweise erhielt man davon.

Am 2. April wurde in Mola di Gaëta ein gewisser Bishop, ein Engländer, verhaftet, welcher
von Neapel kam und nach Rom wollte. Die Polizei
war auf ihn aufmerksam geworden und in der That
war er ein Reactionscourier. Unter anderm ward auf
ihm auch eine Liste der Reactionsstreitkräfte gefunden, auf die man in den Städten rechnen konnte,
es wurden im Ganzen 80,702 Mann herausgerechnet,
worunter 16,353 bewaffnet, und es war ausdrücklich
bemerkt, dass man dabei auf die Brigandenbanden
von Pilone, Romano u. s. w. keine Rücksicht genommen habe.

In Folge dieser Verhaftung und des Resultats der
Durchsuchung überwachte die Polizei in Neapel nun
den Baron Achill Cosenza, früheren Major in den
bourbonischen Husaren, und verhaftete ihn endlich am
26. April. Dieser war Vorstand eines militärischen
Reactionscomités, welches seine Berichte an das Haupt-

comité nach Rom sendete. Das Comité beschäftigte sich vornämlich erstens damit, dass es Soldaten zur Desertion verleitete, dann dass es Leute für die Brigandenbanden anwarb, dass es hin und wieder in den Strassen Bomben platzen liess, um die leicht bewegte Bevölkerung von Neapel in Unruhe zu versetzen. Obgleich solche Kindereien mit unterliefen, war die Sache doch im Ganzen sehr ernst. Das von Cosenza dirigirte Comité hatte unter Anderem eine eigene Wirthschaft errichtet, in welche die Soldaten durch die äusserst billigen Preise der Lebensmittel und Getränke gelockt wurden.

Die Desertion.

In den Wochen vor Ostern nahm die Desertion im Heere in schreckenerregendem Umfange zu; bei den in Italien noch herrschenden Verhältnissen konnten einige Desertionsfälle nicht auffallen. Aber die Desertion ward massenhaft, die Soldaten, namentlich Neapolitaner und Romagnolen desertirten über den Po und Mincio auf's österreichische Gebiet, über die Alpen nach Frankreich, im Neapolitanischen zu den Briganden.

Man suchte nach allen möglichen Gründen für diese Erscheinung. Die einen sprachen von dem Krebs der Camorra, der das Heer angefressen habe, die anderen beschuldigten Oesterreich, die dritten Mazzini, dass sie durch ihre Agenten zur Desertion anreizten. Es war Alles nichts. Der wahre Grund der überhandnehmenden Desertion war der folgende. Der Kriegsminister Petitti hatte nach alter pie-

montesischer Uebung den italienischen Soldaten zu
Ostern das Fasten und die Beichte verordnet. Die
Soldaten beichteten; unter den Pfaffen aber, an welche
sie geriethen, waren viele, welche ihnen die heisseste
Hölle versprachen und ihnen ganz und gar die Absolution verweigerten, wenn sie sich nicht auf's Schleu-
nigste dem Dienst der gotteslästerlichen Herrschaft
des Usurpators Victor Emanuel entzögen. Und
die Soldaten folgten dem Rath und dem Befehl Gottes,
der ihnen durch den Mund der Priester kam, — sie
desertirten. Mehrere Priester konnten auf die Angaben aufgeklärterer Soldaten hin verhaftet werden;
aber auch allgemeinere Massregeln erschienen
nothwendig, und das Desertionsgesetz, dessen wir
späterhin zu erwähnen haben werden, verdankte der
Osterzeit des Jahres 1862 seine Entstehung.

Die Reise des Königs nach Neapel.

Die Lage der Südprovinzen veranlasste im April
wiederum einmal 19 Deputirte der Linken zu einem
Memorandum an das Ministerium, um dieses
auf jene Zustände aufmerksam zu machen, Abhülfe
für dringend zu erklären und Mittel zu diesem Zwecke
vorzuschlagen.

Rattazzi selbst zweifelte keinen Augenblick daran, dass die neapolitanischen Provinzen bei allem
unitarischen Sinne, der wirklich in ihnen lebte, sich
dennoch in einer Unruhe befänden, welche schliesslich
die Einheit selbst bedrohen könnte. Von mehreren
Seiten war er aufgefordert worden, Garibaldi zu
einer Reise nach Neapel zu veranlassen, damit er

das Vertrauen in die Einheit durch sein Ansehn herstelle. An Garibaldi selbst ergingen mehrfache
directe Aufforderungen, nach Neapel zu kommen, und
wie wir sehen werden, war es gar nicht unwahrscheinlich, dass er diesen folge.

Unter solchen Umständen rieth Rattazzi dem König
Victor Emanuel, sich vielmehr selbst nach Süditalien, nach dem Neapolitanischen zu begeben,
um das Geschäft zu übernehmen, welches von anderen Seiten Garibaldi zugedacht war, um für den
Fall, dass sich Garibaldi nach Neapel begebe, ihm
zuvorzukommen und nicht den Einfluss dieses
Mannes wiederum auf eine Weise steigen zu lassen,
welcher, wie Rattazzi vielleicht nicht mit Unrecht·
meinte, über kurz oder lang dem Königthum schäd-
lich werden müsste, wenn auch Garibaldi selbst nicht
im Entferntesten daran dächte, seinen Einfluss in
einer dem Königthum schädlichen Weise auszunutzen.

Das Parlament ward zur Osterzeit vertagt und am
Dienstag nach Ostern, 22. April, schiffte sich der
König Victor Emanuel, begleitet von Rattazzi, nach
Livorno ein, von wo er nach mehrtägigem Aufenthalt in Toscana nach Neapel weiter ging, hier von
dem Jubel begrüsst, welcher den Königen zur Verfügung steht. Englische und französische Schiffe
gaben dem König Italiens das Ehrengeleit; daran, an
die fast gleichzeitige Abberufung des Generals Goyon
von Rom, an die angekündigte Reise des Prinzen
Napoleon nach Neapel zur Begrüssung seines
Schwiegervaters knüpften sich neue Hoffnungen, dass
Italien bald mit Bewilligung des hochherzigen Alliirten

seine Hauptstadt erwerben werde, und machten jene Reise des Königs doppelt zu einem Ereigniss.

Während um die Mitte Mai die Augen Europa's auf Neapel und den dortigen Königshof gerichtet waren, traten plötzlich, für die Meisten Blitze aus heiterem Himmel, Ereignisse in Oberitalien ein, deren Bekanntwerden im ersten Augenblick um so mehr aufregte, je weniger sich übersehen liess, welches ihre Macht und Bedeutung, welches die Absichten waren, die sie nur verriethen, was weiter aus ihnen hervorgehen würde.

Davon wollen wir nun reden, müssen aber zu diesem Behufe ein wenig zurückgreifen.

VI.

Die Reise Garibaldi's. Sarnico.

Garibaldi's Schützenreise.

Als eines der Hauptelemente der Landesbewaffnung ward in Italien die Bildung von Schützengesellschaften angesehen, welche sich nicht selbst und der Entwicklung aus spiessbürgerlichen Keimen überlassen wurden, sondern deren der Staat sich annahm und die er unterstützte.

Als einer der Vicepräsidenten des nationalen Schiessvereines ward Garibaldi nach den Tagen der Versammlung der democratischen Vereine zu Genua zum Präsidenten der Provinzial- und Bezirks-

Schiessvereine ernannt und beauftragt, bei einer Rundreise diese Vereine zu organisiren.

Nachdem er seinen Namenstag, den 19. März, noch zu Turin gefeiert hatte, trat er den Zug durch die Lombardei an, der für ihn ein wahrer Triumphzug wurde.

Am 21. März spät Abends kam er in Mailand an, welches mit der umliegenden Gegend im Jahre 1860 so viele und so brave Soldaten geliefert hatte. Er vertheilte hier selbst den braven Mailändern die Tapferkeitsmedaillen, die ihnen auf seinen Antrag die Regierung bewilligt hatte, er präsidirte der Berathung des Statutes für den Schiessverein der Lombardei, zu dessen Präsidenten auch ein alter Garibaldiner, der Oberst Simonetta erwählt ward; beständig beschäftigt, beständig vom Volke umlagert, welches ihn durchaus sehen wollte, hatte er kaum Zeit, alle die Deputationen verschiedener Art zu empfangen, welche ihm die Wünsche und Hoffnungen aller Provinzen, aller Classen der Bevölkerung zubrachten. Unter Anderm empfing er auch eine Deputation der ausgewanderten Venetianer, Istrianer und Trientiner, lebendige Erinnerung an einzelne Provinzen, die noch nicht zum Königreich Italien gehören. Obwohl Veranlassung genug für Garibaldi vorhanden war, sich hier oder dort heftig zu äussern und die Grenzen des parlamentarischen Anstandes, wie man so zu sagen pflegt, zu überschreiten, drückte er sich doch überall mit grosser Zurückhaltung und Vorsicht aus, ermahnte von Mailand wie von andern Stationen seiner Rundreise aus, zur Bewaffnung und Waffen-

übung, mündlich und in vielen Schreiben, die als Antworten auf ebenso viele Aufforderungen dienten, da
oder dorthin zu kommen, rief Allen zu, dass wenn
ganz Italien in Waffen stehe und waffengeübt sei,
so dass es den Kampf nach allen Seiten hin aufnehmen könne, dieser Kampf selbst unnöthig werden würde, da Niemand dem starken Italien versagen
würde, was ihm gehöre.

Am 24. März begab sich der General nach Monza,
um das dortige Schiessen einzuweihen. Von Mailand
aus besuchte er dann Melegnano, Lodi, Parma,
Pavia, Bergamo, Brescia, Lecco, Como, Va-
rese, Laveno, Intra, Arona, Novara. Ueberall,
wohin er auch kam, war sein Empfang derselbe. Von
besonderer Bedeutung scheint es uns, hervorzuheben,
dass Garibaldi auch die italienischen Schützengesellschaften aufforderte, — es war am 3. Mai — sich
einerseits durch Deputationen, andererseits durch ein
Geschenk an dem deutschen Schützenfest zu
Frankfurt a. M. zu betheiligen. Einige Wichtigmacher hatten Garibaldi auf diesen — an sich gewiss
schönen Gedanken gebracht, ohne ihm indessen über
die wirkliche Beschaffenheit der Classen und der Partei
reinen Wein einzuschenken, welche dieses Schützenfest in der Hand hatte. In Italien wurde die Anregung Garibaldi's zu dieser Verbindung zweier Völker,
welche allen Anlass haben, die besten Freunde zu
sein, mit Herzlichkeit und mit Jubel aufgenommen. Da erhoben sich in einigen verkommenen
Winkeln Deutschlands verschiedene Strafbaiern und
Straftyroler und proclamirten die Italiener zu Natio-

X nalfeinden Deutschlands; einige deutsche Polizei-
regierungen bekamen Angst vor den rothen Gespen-
stern und die preussische Regierung machte zwei
Armeecorps an der hessischen Grenze mobil, angeblich zum Schutz der „verfassungsmässigen Freiheit
in Hessen", in Wahrheit aber, weil sie gehört haben
wollte, dass in Hessen demnächst das Volk sich selbst
helfen werde und dass dabei eine Schaar von Garibaldinern den Kern abgeben werde. Dieser ganze
Brei ward gehörig zusammengerührt und die Leiter
des deutschen Schützenfestes waren schäbig genug,
jenen abscheulichen Strafbaiern und Straftyrolern,
statt froh zu sein, sich die Gesellschaft vom Halse
zu halten, vielmehr nachzugeben, so dass die
Theilnahme der Italiener an dem Frankfurter Schützenfest in der blamabelsten Weise unmöglich gemacht
wurde. Wer will sich wundern, dass die Italiener,
die nicht wissen können, welche Sorte von Menschen
in Deutschland bei den Festen zur Feier deutscher
Schande und in der Presse das grosse Wort führt,
endlich auf den Gedanken kommen müssen, das
• deutsche Volk sei ihnen feindlich gesinnt?

Die Triumphe, welche Garibaldi in der Lombardei
feierte, waren dem Ministerium Rattazzi durchaus
nicht genehm, und es liess ihm auch bedeuten, dass
es wohl besser sein würde, wenn er für einige Zeit
seine Reise einstelle. Garibaldi fand dazu ohnehin
in den ersten Maitagen eine Veranlassung in der
Gicht, die ihn wieder einmal namentlich im rechten
Arme zu plagen begann. Er begab sich in die Bä-

der von Trescorre, bei Bergamo, um deren Heil-
kraft zu erproben. Wie · aber die Erfahrungen, welche er mit der
Reise Garibaldis machte, Rattazzi verstimmten, so
erhoben sie andererseits den Muth der Actionspartei, der Anhänger Garibaldi's und Garibaldi's
selbst.

Vorbereitungen zum Zuge nach Venetien.

Während in den Plänen der Actionspartei wesentlich die Unternehmungen nach irgend einem Theil der
Balkanhalbinsel und auch etwa nach dem Neapolitanischen vorangestanden hatten, wo eine neue
Freiwilligenarmee zuerst zur Bekämpfung der Brigandage gebildet werden sollte, trat mit der Mitte
April ein anderes Unternehmen in den Vorder-
grund: unmittelbar gerichtet auf die Befreiung Venetien's. Die Actionspartei, oder damit wir nicht zu allgemein sprechen, ein grosser
Theil derselben hielt eine vorbereitende Handlung, die
mit Formationen im Neapolitanischen oder auch auf
der Balkanhalbinsel beginnen sollte, nicht mehr für
nothwendig. Vielmehr brach sich jetzt in gar manchen Köpfen folgender Plan Bahn: einzelne Freiwilligencorps nach dem südlichen Tyrol und in die
venetianischen Gebirge zu werfen, hier die Insurrection zu beleben, ihr eine solche Kraft zu geben,
dass das Königreich Italien nicht mehr ruhig zusehen
könne und einschreiten müsse. Dieser Plan ward allerdings besonders von nicht-
militärischen Köpfen gehegt, welche dem Enthusias-

mus zuviel, den Oesterreichern zu wenig
zutrauten, er liess sich aber doch wirklich sehr plausibel machen, so dass auch Soldaten ihn nicht absolut verwerfen durften. Was Garibaldi für die Beachtung desselben gewann oder wodurch man ihn
dafür gewann, war nicht bloss der muntere Geist, der
sich jetzt in der lombardischen Jugend ihm gezeigt
hatte, in den Jünglingen aus dem Venetianischen und
aus Südtyrol. Es kam auch Anderes in Betracht:
die griechischen Angelegenheiten erschienen ein wenig
schief, die Insurrection von Nauplia eilte im April
ihrem Ende zu, Compromisse schwebten in der Luft;
was andere Expeditionen nach der Balkanhalbinsel
betraf, so waren die in sie eingemischten Persönlich-
keiten mehr oder minder verdächtig geworden.
Die Bewegungen in Deutschland wurden in
Italien viel wichtiger aufgefasst, als sie in der That
waren und es ward nicht für unmöglich gehalten,
dass eine deutsche Insurrection sich einem
Volksunternehmen der Italiener auf Venetien an-
schliesse. — Die überseeische Expedition brauchte
übrigens bei dem Plane, den Guerillakrieg in Venetien von der Landseite zu erwecken, durchaus nicht
ausser Acht gelassen zu werden. Eine Sceexpedition,
welche von Genua ausging, konnte einfach statt nach
der Balkanhalbinsel, nach den Venetianischen
Küsten steuern und dort landen. Rattazzi zeigte
sich in jeder Beziehung unzuverlässig und man musste
ihm zutrauen, dass er mit vagen Versprechungen, die
er gegeben, die Actionspartei nur täuschen und
hinhalten wollte. Dann durfte man ihn aber auch

täuschen, man durfte von ihm herausschlagen, was herauszuschlagen war, zu irgend einem Unternehmen, auch zu einem solchen, mit dem er nicht einverstanden war, — man durfte das, wenn er sich in lauter Zweideutigkeiten ergangen hatte, lediglich um Alles zu verhindern, während es ihm doch an dem Muth oder an der Gradheit fehlte, dies offen zu sagen.

Je mehr das ganze Unternehmen gegen das Venetianische im Entwurfe stecken blieb, desto schwerer ist es, dasselbe zu erzählen. Constatiren wir zuerst, dass vom letzten Drittel des April ab Garibaldi ernstlich den Plan eines Unternehmens auf das Venetianische bei sich erwog, aber den Augenblick, in dem es in's Leben treten sollte, die Art, wie es ausgeführt werden sollte, hatte er auch bis zum 15. Mai noch nicht festgestellt; es war Alles noch in dem Stadium der Vorbereitung, des Besinnens, als jene Verhaftungen erfolgten, welche das eigentlich einzig Thatsächliche in dem Ereigniss von Sarnico bilden.

Die Schwierigkeit, durch die Erzählung die ganzen Verhältnisse klar zu machen, liegt einerseits darin, dass die äusseren Erscheinungen bei der ganzen Sache das Wenigste sind, zweitens darin, dass viele Pläne sich kreuzen, drittens darin, dass bei verschiedenen Plänen wieder verschiedene Leute vorherrschend betheiligt waren, die im Verkehr einander nicht einmal richtig verstehen konnten, und dass eben daraus eine Menge einander widersprechender Anschuldigungen hervorgegangen sind;

8

dass es im Interesse sehr Vieler gelegen hat, dies und jenes zu vertuschen und dass dies wieder durch Verdunkelung der Sache versucht wurde.

Nach den Verhaftungen, von denen wir bald werden zu reden haben, erhoben sich wiederholt heftige und schwere Beschuldigungen gegen Türr, der überhaupt in letzter Zeit viele Anfechtungen zu erdulden gehabt hat. Dieser Mann, wir reden hier nach Privatmittheilungen, die uns das Richtige zu treffen scheinen, war zuerst im Jahre 1849 als österreichischer Ueberläufer in Italien aufgetreten. Die Rolle, die er hier spielte, war für jetzt kurz und unbedeutend. Nachher hörte man lange Zeit in Italien nichts mehr von ihm, als dass er ein abenteuerndes Leben im Orient geführt und namentlich, dass er zur Zeit des orientalishen Krieges in der Wallachei von den Oesterreichern aufgegriffen und nur durch das Einschreiten Englands, dem er damals im Kriegskommissariat diente, befreit wurde. Im Jahr 1859 kam er durch den Kanal Kossuth-Prinz Napoleon-Cavour zu Garibaldi, also wieder nach Italien und nun beginnt er auf einmal zu steigen in einer Art, wie man es sonst nur bei den Günstlingen russischer Kaiserinnen gesehn. Ohne Erziehung, nicht einmal ungarisch erzogen, wie unser Gewährsmann sagt, ohne dass er irgend etwas Ausgezeichnetes geleistet oder gethan hätte, wird er in kurzester Frist italienischer Generallieutenant, Adjutant des Königs, mit allerlei Orden decorirt, Verwandter des französischen Kaisers und, was noch weit wichtiger ist, vielfach in geheime europäische Angelegenheiten eingemischt, Alles dies

lediglich durch das Geschick, welches er gezeigt hatte,
an einer leichten Wunde, welche er 1859 erhalten,
ein Jahr und länger krank zu sein und durch die
Kunst einer Reclame, welche niemals vielleicht in
s o l c h e r Weise angewendet ist, zu welcher englische, französische, deutsche Zeitungen neben den
italienischen gebraucht wurden und auf deren merk-
würdigen Zusammenhang im Jahre 1860 zuerst von
London her aufmerksam gemacht wurde. Durch diese
Reclame war es dahin gebracht worden, dass selbst
aufmerksame Beobachter dem Mann, den sie eben gar
nicht kannten als durch jene Reclame, mit einem gün-
stigen Vorurtheil entgegentraten, von dem sie erst
allmälig zurückkommen konnten. M i n d e s t e n s war
von E n d e 1 8 6 0 ab Grund vorhanden, ihn mit eini-
gem M i s s t r a u e n zu behandeln. Indessen, wir sehen
auch bei denen, denen dies hätte am Gerathensten
scheinen müssen, wenig oder nichts von solchem
Misstrauen. Die Beschuldigungen, welche späterhin
gegen Türr vorgebracht worden sind, sind bei Lichte
betrachtet, mehr k o m i s c h e r Art, als f ü r c h t e r -
l i c h e r, sie erregen mehr die Lachmuskeln als unser
moralisches Gefühl, sie stammen aus einem dunkeln
früheren Abenteurerleben und knüpfen sich namentlich an die angeblich tragische Geschichte einer lusti-
gen ungarischen Marketenderin, mit welcher er in
einem Verhältnisse gestanden, und die in C o n s t a n-
tinopel an einen halben Narren, einen D e u t s c h-
u n g a r, der auch die Neigung verspürte, sich zu
einem echten Magyaren zu machen, verheirathet gewesen war. Die Bitterkeit der Beschuldigungen, die

aus diesen und ähnlichen kleinlichen Geschichten gezogen wurde, stammt wohl zum grossen Theil aus
Neid über das unglaubliche, unverschämte und ver-
dienstlose Glück dieses Mannes, theils aus dem Aerger
derjenigen, welche ihn in die geheimsten Angelegenheiten hineingezogen oder in dieselben hineingelassen
hatten und sich schliesslich schämten, sich so lange
und dermassen von einem Manne an der Nase haben
herumführen zu lassen, der nach dem Grad seiner
Bildung, nach seiner Herkunft, nach seinen Leistungen
niemals die Möglichkeit dazu hätte gewinnen sollen;
zumal man sah, dass er auch bei seinen Einmischungen
in verschiedene geheime Umtriebe es zwar zu kleinen
Verwicklungen brachte und von diesen reden machte,
aber auch nicht die mindesten Resultate er-
zielte oder erzielen half.

Türr hatte auch in den Planen auf die Balkanhalbinsel die Hand gehabt und in den speciellen
griechischen Dingen der monarchistischen
Ansicht, nach welcher aus dem König Otto der Victor
Emanuel der östlichen Halbinsel gemacht werden sollte,
das Wort geredet. Am 23. April hatte Türr eine
Zusammenkunft mit Garibaldi und der letztere
machte ihn bei dieser Gelegenheit mit seiner Absicht
eines Unternehmens auf Venetien bekannt, bemerkte
aber dabei ausdrücklich, dass er noch keinen festen
Plan habe und dass kaum die ersten Vorbereitungen
getroffen wären. Türr schrieb darauf nach Neapel
an Rattazzi einen Brief, in welchem er diesen zu
bestimmen suchte, die Institution der genuesischen
Carabinieri weiter auszudehnen, also noch mehr

als die zwei Bataillone, deren Organisation eben im Werke war, zu errichten. An Garibaldi schrieb er dann am 25. April und zwar in der Absicht, diesem von dem Unternehmen auf das Venetianische abzurathen. Endlich reiste er nach Paris und London ab, wo er mit verschiedenen einflussreichen Leuten zusammen kam. Es ist nun Türr späterhin vorgeworfen worden, dass er sowohl durch seinen Brief an Rattazzi als durch seine Gespräche in London und Paris den Plan eines Angriffs auf das Venetianische frühzeitig verrathen und namentlich auch die Veranlassung zu Vorstellungen anderer Regierungen bei der Italienischen gegen ein solches Unternehmen gegeben habe. In wie weit diese Vorwürfe irgend gerechtfertigt waren, können wir füglich dahin gestellt sein lassen; uns scheint es, dass seiner ganzen gegenwärtigen Stellung nach Türr in einen Plan auf das Venetianische niemals eingeweiht werden durfte; wie er dagegen immer noch das volle Vertrauen Garibaldi's hatte, geht daraus hervor, dass ihm dieser durch den Major Cucchi am 10. Mai eine telegraphische Depesche zusendete, um ihn zur Rückkehr von Paris nach Bergamo aufzufordern.

Unterdessen waren von Trescorre her die Vorbereitungen zu einem Unternehmen auf's Venetianische fortgesetzt worden; Rattazzi hatte zu dem bekannten überseeischen Unternehmen Geld und Waffen versprochen, als er darum angegangen ward, entschuldigte er sich mit Geldmangel; nur 11,000 Frcs. wurden ausgezahlt, zum Theil auf Rechnung des Nationalschiessens, zum Theil auf den Titel Missionen.

Als Rattazzi nach Neapel verreist war, ward an
den Secretär des Ministeriums des Innern gegangen,
welcher in Turin zurückgeblieben war, und dieser
erwiederte, dass die Waffen bereit seien, man
solle angeben, wohin sie zu liefern wären.

Wie sich in Trescorre überhaupt viele Anhänger
Garibaldi's um ihn sammelten, so nahm auch das
Comité der Befreiungsgesellschaft die Gelegenheit der Wiederkehr des 5. Mai, des Tags der Einschiffung nach Marsala wahr, um sich nach dem Bade
zu begeben und den General zu begrüssen. Garibaldi aber erliess an diesem Tage ein Manifest,
in welchem er seine Uebereinstimmung mit der Actionspartei verkündete, veranlasst dazu durch verschiedene
neuere Versuche, ihn mit derselben zu entzweien oder
als entzweit mit ihr darzustellen.

Auf der einen Seite ward Rattazzi in der ersten
Maiwoche um die Erfüllung seiner Versprechungen
von Geld und Waffen gedrängt, auf der andern erhielt er allarmirende Nachrichten von der in
der Lombardei herrschenden Bewegung, und weiter
kamen ihm schon Vorstellungen von auswärts gegen
ein tollkühnes, im Werk befindliches Unternehmen zu.
Das bestimmte ihn am 10. Mai, als der König Victor
Emanuel eben einen Ausflug von Neapel nach Salerno
machen wollte, diesem über die Angelegenheit Vor-
trag zu halten. Der König ertheilte darauf seinem
Adjutanten, dem General Negri di Sanfront, den
Befehl, sich auf dem Dampfer, der am Nachmittag um
zwei Uhr Neapel verliess, nach Genua einzuschiffen,
von dort aus Garibaldi aufzusuchen und diesem

mitzutheilen, dass der König auf's feierlichste
jeden Versuch zu einer Verletzung der österreichischen
Grenze verböte und ihn im Nothfall mit Gewalt verhindern werde. Sanfront kam am 12. Mai Nachmittags nach Trescorre und richtete seinen Auftrag
aus. Es wäre eine Thorheit gewesen, wenn Garibaldi seine Absichten hätte zugeben und dadurch
ihre Ausführung vereiteln wollen; da dieselbe seinem
Plane nach überhaupt noch nicht nahe bevorstand,
vielmehr noch eine gründliche Vorbereitung voraus-
gehen musste, so antwortete er mit Versicherungen
seines Vertrauens in das Zusammenwirken aller
Kräfte des Staates und aller Parteien des
Volkes und drückte sich so aus, dass Sanfront
glaubte, beruhigt nach Neapel zurückkehren zu können.

Türr, der auf die Aufforderung, die er in Paris
erhalten, am 12. nach Turin kam und dort vom General Jacob Durando, dem Minister der auswärtigen
Angelegenheiten, noch ersucht ward, Garibaldi zu Auf-
wendung seines ganzen Einflusses gegen ein Unternehmen ins Venetianische zu bestimmen,
sprach mit Garibaldi am 13. Mai in Trescorre.
Garibaldi sagte ihm, dass die italienische Jugend
Beschäftigung zum Wohl des Landes verlange und
brauche, dass er seit einem Jahre daran arbeite,
Ausbrüche zuruckzuhalten, dass er möglicher
Weise am Ende das nicht mehr vermöge. Die Regierung halte ihn hin, auch Rattazzi. Aber was
könne das helfen? Er werde jedenfalls noch acht
Tage warten, bevor er seine definitiven Entschlüsse
fasse. Wenn die Regierung bis dahin einen posi-

tiven Ausweg biete, irgend eine Beschäftigung der
alten Volontärs, z. B. zur Bekämpfung der Brigandage
ermögliche, so könne man sie immer noch von dem
nächsten Ziele, auf welches jetzt ihre Gedanken sich
richteten, abziehen. Aber die Zeit der Täu-
schungen seitens Rattazzi's sei vorüber. Türr
ging mit diesem Bescheide nach Neapel, wo er am
15. Mai ankam.

Dass es Garibaldi mit seinem Versprechen, jedenfalls acht Tage mit Unternehmungen auf das Venetianische zu warten und an die Ausführung erst
dann zu gehen, wenn Rattazzi wieder nichts als Ad-
vocatenkniffe zu erwidern hatte, — der höchste
Ernst war, ist über allen Zweifel erhaben. Selbst
diejenigen, welche aus irgend welchen Parteigründen
nicht daran glauben möchten, können es schon daraus
schliessen, dass, wie der Verfolg der Dinge zeigte,
die Vorbereitungen Mitte Mai noch im aller-
ersten Stadium waren.

Aber Garibaldi hatte die Dinge nicht mehr allein
in der Hand. Während Sanfront Neapel mit den
Aufträgen des Königs verlassen hatte, waren andere
Boten von dort abgegangen mit Aufträgen Rattazzi's,
einerseits der Actionspartei zu sagen, dass mit jedem
Unternehmen bis zur Rückkehr des Ministeriums nach
Turin gewartet werden müsse, andererseits den Behörden das strengste Einschreiten gegen jedes Unternehmen in's Venetianische anzu-
befehlen.

Die Sarnico-Verhaftungen.

Die Behörden machten sich an's Werk; die Verhaftungen begannen.

Am 13. Mai ward im Bad von Trescorre der
Oberstlieutenant Johann Baptist Cattabene verhaftet,
der tapfere, aber unglückliche Vertheidiger von Ca-
jazzo am 21. September 1860, welcher auf unbegreif-
liche Weise im Stich gelassen, mit neun Wunden
bedeckt, damals in die Gefangenschaft der Neapolitaner gerieth. Seine Verhaftung erfolgte auf Requisition der Gerichte von Genua.

Am 1. Mai nämlich war zu Genua ein ausserordentlich frecher Diebstahl verübt worden. An diesem Tage waren sechs Uebelthäter in das Geschäft
des Banquiers Parodi im belebtesten Theil der Stadt
eingedrungen, hatten den Banquier und seine Commis,
im Ganzen 14 Personen, aufgefordert, sich ganz still
zu verhalten, durch Binden der Hände und Verbinden
des Mundes ihrer Aufforderung den nöthigen Nach-
druck gegeben, vier andere Personen, die Geschäfte
halber in das Bureau wollten, gleichfalls gehörig versichert und nun die Ausräumung der Kassen begonnen, aus welchen sie zum grössten Theil in Papieren, zum kleineren in Gold 810,000 Francs entführten. Dieser Diebstahl erregte natürlich in Genua
das höchste Aufsehn, wie das wohl überall der Fall
gewesen sein würde. Der äusserst aufgeregte reiche
Handelsstand aber, der sich durch das Unvorherge-
sehenste aus seiner Sicherheit aufgeschreckt sah,
verband seine Anstrengungen mit denen der Polizei,

und so gelangte man in verhältnissmässig kurzer
Zeit auf die Spur der Verbrecher. Den ersten Anhalt gab ein Taschentuch, welches einer der Spitzbuben, der es zum Mundverbinden verwendet, zurückgelassen hatte. Als die Diebe Abschied nahmen,
hatten sie den gebundenen Gliedern des Banquier-
geschäftes nur eingeschärft, — unter Androhung der
Todesstrafe — sich zehn Minuten ruhig zu verhalten;
einer hatte dem von ihm speciell besorgten, noch
befestigt am Boden liegenden Commis zum Abschied
einen herzhaften Kuss gegeben. An dem Faden des
gefundenen Taschentuchs gelangte man sehr schnell
weiter und weiter und bekam endlich die höchste
Wahrscheinlichkeit, dass die sechs Uebelthäter mit
ihrem Raube sich in der Nacht vom 9. auf den 10. Mai
bei Quarto, an derselben Stelle, wo sich am 5. Mai
1860 Garibaldi für Marsala eingeschifft, einschiffen
wollten, um nach Constantinopel zu segeln. Das
von ihnen gemiethete Schiff war die Tartane Amor
di Patria. Die Polizei traf nun mit grosser Umsicht
ihre Anstalten und nachdem die Diebe sich eingeschifft hatten, ward die Tartane von dem Dampfkano-
nenboot Montebello gestellt und die gesammte Mannschaft nebst den sechs Dieben verhaftet und in Ge-
wahrsam gebracht.

Die frechen Diebe waren Romagnolen, einer
grossen Diebsassociation von Bologna angehörig.
Cattabene hatte 1860 das Bataillon der freiwilligen Jäger von Bologna commandirt, und Cattabene war mit dem Capitän der Tartane Amor di
Patria in Verhandlung über die Einschiffung von

Waffen und Freiwilligen für die Expedition nach der Balkanhalbinsel gewesen. Ein Formular eines Contracts, welches sich darauf bezog, befand sich unter den Papieren des Capitäns der Tartane. Rattazzi hatte für die Expedition der Balkanhalbinsel, die sogenannte „Auswanderung", eine Million Francs versprochen und sie nicht gezahlt. Die Bologneser Diebe hatten dem Banquiers Parodi 810,000 Francs, — gegen eine Million Francs — vielleicht auf Conto Rattazzi's? — ausgeführt. Es mochte nun sein, dass die Diebe die vorhergegangenen Umstände, vielleicht in Verbindung mit dem Capitän der Tartane, benutzt hatten, um sich mit ihrem Raube sicherer einschiffen zu können, in der Rechnung etwa, dass man die Tartane, von der man wusste, dass sie zur Einschiffung von Freiwilligen bestimmt gewesen, nicht so genau beobachten werde, wie dergleichen Dinge genügend im Jahre 1860 vorgekommen. Es konnte aber auch sein, dass Cattabene, dass Garibaldi selbst mit den Dieben in Verbindung waren. Die Genueser Gerichte, welche von den geheimen politischen Plänen und Abreden Rattazzi's nicht unterrichtet waren, hatten jedenfalls Recht, die Verhaftung Cattabenes zu verlangen. Die Verhaftung erfolgte. Garibaldi war darüber entrüstet und sprach seine Entrüstung sogleich in einem Schreiben aus, welches er an die Mailänder Zeitung richtete.

Am folgenden Tage aber erfolgten weitere Verhaftungen und massenhaftere. Wir haben gesehn, wie die Bildung zweier Bataillone genuesischer Büchsenschützen (Carabinieri) zu Genua decretirt war,

wie die Ernennungen der Officiere erfolgt waren, wie
indessen nichts geschah, um die Formation derselben
wirklich zu bewerkstelligen, wie sich die herbeige-
eilten Lombarden und Venetianer obdachlos auf
der Acquasola umhertrieben, wie aus der Ernennung
des Obersten Fanti zum Commandanten der Legion
nothwendig geschlossen werden musste, dass Rattazzi die Erwartungen, welche er erregt hatte, täuschen wolle, wie dies unmittelbar die Abdankung
Menotti Garibaldi's zur Folge hatte.

Während nun noch hunderte von jungen Leuten,
welche theils für eine griechische Expedition, theils
für einen Krieg gegen die Briganden geschwärmt
hatten, welche deshalb ihren Heerd und ihre Werk-
stätten in den verschiedenen Städten Oberitaliens verlassen hatten, um nach Genua zu ziehn, welche der
Zeiten des Jahres 1860 lebhaft gedachten, — während
diese jungen Leute ohne feste Antworten, zum Theil
in höchst genirter Lage sich in Genua befanden,
drang zu ihnen der Ruf von einem beabsich-
tigten Unternehmen auf das Venetianische.
Verschiedene Glieder der Actionspartei, welche das
Unternehmen auf das Venetianische in neuester Zeit als
etwas völlig Ausgemachtes betrieben hatten, stellten
den Unzufriedenen dasselbe eben als ausgemacht vor;
wenige mochten dabei selbst im Sinne haben, Garibaldi zum Vorgehn zu zwingen, während er noch
schwankend sei. Alles werde schon gehn, meinten
sie, wenn nur Garibaldi sich erst entschlossen und
ausgesprochen habe.

Jene jungen Leute also, welche in Genua ihre

Erwartungen getäuscht sahen, welche theilweis auf-
gereizt worden, welche meinten sie müssten die ersten
sein bei einem volksthümlichen Unternehmen, welches
so unmittelbar auf das Ziel los ging als ein solches
gegen Venetien, bei welchem es sich für die zahlreichen Venetianer geradezu um die Befreiung
ihrer besonderen Heimat handelte, verliessen Genua
und wanderten ostwärts durch die Lombardei.

Garibaldi, von diesem Aufbruch unterrichtet,
konnte ihn nicht gern sehen; da aber die Bewegung
einmal angetreten war, liess er ihnen sagen, sie
möchten sich ruhig verhalten, sich in einzelnen ab-
gelegnern Orten der Provinzen Brescia und Bergamo sammeln und sich dort mit Waffenübungen
beschäftigen. So sammelten sich denn verschiedene
Abtheilungen, für welche sich Zuzug auch aus Mailand und anderen Orten der Lombardei auf den
Weg machte, insbesondere in Sarnico am Iseosee
und in Alzano maggiore nördlich von Bergamo
am 13. und 14. Mai.

Gleichzeitig aber mit dem Antritt dieser Bewegung,
die viel grösser schien als sie war und an sich
schon die Aufmerksamkeit der Behörden auf sich zog,
trafen von Neapel die Befehle Rattazzi's bezüglich
des strengsten Einschreitens gegen jedes Unternehmen auf Venetien ein und gelangten über Turin
an die Präfecten, welche sogleich ihre weitern Befehle gaben.

In Folge derselben verhafteten am 14. die königlichen Carabiniere (Gensdarmes) zu Palazzolo an
der Strasse von Bergamo nach Brescia den Oberst-

lieutenant Nullo — 1860 bei den Guiden Garibaldi's,
— und den Hauptmann Ambiveri und nahmen eben
daselbst einige Waffen und Ausrüstungsstücke weg.
Nullo wie Ambiveri waren beide angesessen zu
Bergamo; Palazzolo aber liegt nicht in der Provinz Bergamo, sondern gehört schon zu der Provinz
Brescia; man konnte also in Zweifel darüber sein,
ob man die Verhafteten nach Bergamo oder nach
Brescia in Verwahrsam bringen sollte. Die Präfecten
von Bergamo wie von Brescia, obwohl beide darauf
bedacht, sich als gehorsame Rattazzianer zu zeigen,
hatten doch auch beide Angst vor Volksbewe-
gungen. Der Präfect von Bergamo, Herzog von
Cesaró, ordnete an, dass die Gefangenen nach
Brescia gebracht werden sollten, wo sie weniger
bekannt wären, und gab dem Präfecten von Brescia,
von dem er schon früher Truppen verlangt und erhalten hatte, um in Sarnico auftreten zu können,
Kunde davon. Der Präfect von Brescia, Baron
Nátoli, der vor Schrecken krank geworden war,
wehrte sich dagegen, dass ihm die Gefangenen auf-
gehalset werden sollten, da in Brescia Bewegungen
der Actionspartei ganz ebenso zu fürchten seien als
in Bergamo; er rieth, die Gefangenen nach Turin
oder Mailand zu schaffen. Zu seinem Entsetzen
sah er, am 15. Mai Morgens, dass sie dennoch in
Brescia ankamen, wo sie vorläufig im Stadtgefängniss untergebracht wurden.

Am 14. Mai wurden nun mit Hülfe der requi-
rirten Truppen auch noch 55 Mann der genuesischen
Carabiniere zu Sarnico und 44 andere zu Alzano

maggiore verhaftet, später noch einige kleinere Abtheilungen.

Garibaldi, der nach seiner Meinung noch einen befriedigenden Bescheid aus Neapel von Rattazzi zu erwarten hatte, ward von der Nachricht dieser Verhaftungen, welche ohne einen rechten Grund, da keine Ruhestörungen eingetreten waren, mit so fürchterlichem Geräusch vorgenommen wurden, höchst unangenehm überrascht. Er eilte am 15. Mai Morgens sogleich von Trescorre nach Bergamo und zeigte dem Präfecten an, dass die Ansammlungen von Leuten in der Provinz und die Waffentransporte auf seine Anordnung stattgefunden hätten. Er allein sei hier verantwortlich. Er forderte die Herausgabe Nullo's und der Verhafteten überhaupt und vom Präfecten, dass er sogleich die Entscheidung der Regierung einhole. Unterdessen hatten sich auch Volkshaufen versammelt, welche glaubten, dass die Gefangenen in Bergamo seien, sie verlangten laut die Herausgabe Nullo's. Als ihnen indessen vorgestellt wurde, dass Nullo nicht in Bergamo sei, dass Alles werde beigelegt werden, beruhigten sie sich.

Cesaró telegraphirte nun nach Turin und erhielt vom Generaldirector des Ministeriums des Innern, Fontana, welcher Rattazzi vertrat, den Bescheid, dass die Regierung den Standpunkt, von welchem Garibaldi die stattgehabten Vorfälle ansehe, nicht theile, und zugleich die Anweisung, die Gefangenen, welche man auch in Turin in Bergamo glaubte, mit dem ersten Zug am 16. Mai nach Alessandria zu senden. Cesaró theilte diess an Natoli mit. Unterdessen aber hatten zu Brescia bedauernswerthe Auftritte stattgefunden.

Die Ereignisse von Brescia.

Der Nationalgardeoberst Graf Fenaroli hatte sich schon am 14., dann wieder am 15. Mai mehrmals zum Präfecten Natoli begeben, um von diesem zu erfahren, ob etwa eine Zusammenberufung der Nationalgarde, welche nicht ohne Requisition der Civilbehörden gesetzlich zulässig war, nöthig werden könne. Fenaroli hatte indessen alle Anstalten getroffen, dass die Befehle rasch ausgegeben werden könnten und die Versammlung rasch stattfinden könnte; da Alles ruhig schien, begab er sich am 15. Mai Abends in die nächste Umgebung von Brescia auf's Land. Eine Requisition der Nationalgarde war nicht erfolgt, dagegen waren von den regulären Truppen ein Bataillon und eine Schwadron in den Kasernen consignirt, eine Massregel, die ebenso gut auf eine Abtheilung Nationalgarde hätte angewendet werden können.

Nun sammelten sich Abends nach acht Uhr Volkshaufen, welche sich gegen das Stadtgefängniss in Bewegung setzten und laut die Herausgabe Nullo's und seiner Genossen verlangten.

Der Präfect Natoli, davon unterrichtet, höchst erschreckt, ergriff eine Menge Massregeln; zuerst requirirte er von der Hauptwache der regulären Truppen einen Sergeanten mit 12 Mann. Die Hauptwache gab einen Sergeanten, einen Corporal und 10 Mann, welche der Adjutantmajor des 19. Infanterieregiments selbst auf ihren Posten führte und denen er einschärfte, nur im äussersten Nothfall von den Waffen Gebrauch zu machen. Um so viel möglich jede Insulte, die weiterführen könnte, zu vermeiden, stellte sich die Wache innerhalb des Gefängnissthores auf, welches verschlossen wurde.

Der Präfect sendete auch nach der Wache der Nationalgarde, um diese Bürgertruppe unter die Waffen zu rufen, aber ohne regelmässige schriftliche Requisition. Der wachthabende Nationalgardeoffizier verlangte mit Recht einen Befehl seines Vorgesetzten. Nun liess Natoli erst Fenaroli suchen, statt dessen Stellvertreter, nun erst stellte er auch eine schriftliche Requisition aus.

Er bot jetzt ferner die consignirten Truppen und die königlichen Carabinieri auf. Er selbst aber schloss sich in seine Zimmer ein, statt sich selbst an Ort und Stelle zu begeben. Alle seine Massregeln waren zu spät, unter Hängen und Würgen getroffen und thatsächlich war der Höchstcommandirende der bewaffneten Macht auf dem Punkte der Gefahr ein Sergeant, der, wie tüchtig er sein mochte, schwerlich die Autorität besass, welche hier Unglück vermeiden konnte.

Die Volkshaufen, nachdem sie vergebens zuerst durch Schreien die Auslieferung Nullo's und der andern Gefangenen verlangt hatten, sendeten endlich ihre vordersten Leute an das Gefängnissthor, um zu klopfen, und da es nicht geöffnet ward, machten sich einige daran, es aufzubrechen. Schon fielen Stücke des Thors in das Innere des Ganges, auf dem die

9

Soldaten standen, da verloren diese den Kopf und
feuerten, — eine Sache, die am Ende nur zu erklär-
lich ist, wenn man bedenkt, dass hier zwölf meist
junge Soldaten einer, wie es ihnen scheinen musste,
aufgebrachten, ja äusserst wüthenden Volksmenge,
die Tausende zählte, gegenüberstanden. Als das Thor
in Stücke brach, glaubten sie, sich ihrer Haut wehren
zu müssen und feuerten.

Man hatte mehrere Opfer aus der Volksmenge zu
beklagen, darunter vier Todte.

Dieses Factum erregte nicht blos in der Actionspartei, in fast allen Schichten des Volks die höchste
Entrüstung. Seit langer Zeit, mindestens seit der
Proclamation des Königreichs, hatten italienische Soldaten, von denen man vielmehr die Befreiung Venetien's und Rom's erwartete, nicht auf das italienische
Volk geschossen, auf Leute, welche die Freilassung
von Männern verlangten, die der höchste Patriotismus
auszeichnete, die sich eben gerüstet hatten, um an
eine der allgemein für heilig erkannten Aufgaben
Italiens zu gehen.

Garibaldi selbst, in der ersten Empörung über
die Folgen, welche die Vorbereitung nur eines
italienischen Unternehmens gehabt hatte, schrieb einen
Protest gegen die Vorgänge von Brescia, welcher im
Diritto abgedruckt ward, in welchem er von maskirten
Schergen, von Henkern sprach, während er zugleich
vorschlug, dem russischen Oberst Popoff ein Monu-
ment zu errichten, der zu Warschau lieber seinen
Degen zerbrochen, als dass er sich zum Henker eines
unterdrückten Volkes hergegeben.

Die junge italienische Armee, welche sich durch diesen Protest Garibaldis ungerecht angegriffen sah, nahm denselben äusserst übel. Es erfolgten Gegenproteste aller Art; in besonders tüchtiger Weise erwiderte der Adjutantmajor des 19. Regiments, welcher den unglücklichen Wachtposten in das Stadtgefängniss geführt hatte.

Garibaldi antwortete darauf: man könne ihm nicht zumuthen, dass er, italienischer Soldat, die italienische Armee habe beleidigen wollen. Das Vorgefallene würde nicht vorgekommen sein, wenn das italienische Heer dem Trieb seines Herzens hätte folgen können. An die Grenzen, gegen den äussern Feind gehöre das Heer, nicht anderswohin.

An Nullo und die andern Sarnicogefangenen hatte Garibaldi schon vorher geschrieben, sie möchten sich ruhig nach Alessandria abführen lassen, und sie zugleich öffentlich autorisirt, zu sagen, dass sie von ihm nach Bergamo berufen seien.

Die Oesterreicher hatten seit dem Anfang des Mai Anstalten an der Grenze getroffen, und in verschiedenen Tagesbefehlen der commandirenden Generale war offen die Hoffnung ausgesprochen worden, dass ein Angriff von Seiten der Italiener auf das Venetianische Oesterreich von der Verpflichtung, Ruhe zu halten, entbinden, dass nun bald wieder der österreichische Adler über den Thürmen von Mailand flattern werde.

Die Stellung der Parteien zu der Sarnicoaffaire.

Die italienische Actionspartei sammelte Unterschriften zu Adressen, in denen alle Leute, die ihr angehörten, sich als Complicen des Unternehmens von Sarnico erklärten, wie sich Garibaldi wiederholt als Führer desselben erklärt hatte. In verschiedenen Städten Italiens fanden regierungsfeindliche Demonstrationen statt für Garibaldi, für Sarnico, gegen das Auftreten der Soldaten in Brescia, Demonstrationen, welche ohne besondere Folgen blieben. In Neapel erfolgte eine solche Demonstration am 20. Mai. Hier ward der Nationalgarde vorgeworfen, dass sie sich volksfeindlich benommen habe. Nicotera, Nationalgardist von Neapel, erklärte, dass er einem solchen Corps nicht mehr angehören wolle; er gab dadurch Veranlassung su einer zustimmenden Erklärung der vierten Legion der Nationalgarde von Neapel, und diese Erklärung führte zur Auflösung der vierten Legion.

Die Regierung hatte vorläufig den Marsch der vierten Bataillone nach Neapel eingestellt; dagegen wurden Truppen ins Veltlin, an den Gardasee, gegen den Mincio vorgeschoben, um Grenzverletzungen Seitens italienischer Freiwilligenschaaren zu verhindern. Die Soldaten marschirten freudig, viele in der Hoffnung, dass die Oesterreicher doch losbrechen, dass sie ihnen Gelegenheit zu würdigen Kämpfen geben würden, sie segneten Garibaldi, der solche Umstände herbeigeführt. Aber sie täuschten sich freilich in ihren Hoffnungen. Die Demonstrationen, welche hie und da vorfielen, veranlassten an mehreren Orten die Consignirung der Truppen, und da jene Demonstrationen, direct theilweis durch die Ereignisse von Brescia veranlasst, sich auch besonders gegen

die Armee richteten, hatten die Soldaten genügende
Gelegenheit, Zeugniss von ihrer Selbstverläugnung
abzugeben.

Der Generalcommandant des zweiten Militärdepar-
tements, Johann Durando, belobte wegen ihres
Verhaltens unter diesen Umständen die Truppen in
der Lombardei durch einen Tagesbefehl vom 19. Mai
und verhiess ihnen auswärtige Feinde, und der Kriegsminister, Petitti, richtete ein Schreiben in ähnlichem
Sinn an Durando, in welchem er die Hoffnung aussprach, dass nach den letzten Erklärungen Garibaldis
die Soldaten die gegen sie erhobenen Anklagen vergessen und sich nicht etwa zu einem feindseligen
Verhalten gegen das Volk würden fortreissen lassen.
Dass solche Aussprüche und Anempfehlungen nicht
immer ihren offenen Zweck erfüllen, ist bekannt genug.
Indessen können wir nicht unterlassen, zu bemerken,
dass die italienische Armee jetzt sich thatsächlich
so sehr eins mit dem Volke fühlte, als es kaum an
einem andern Orte der Fall ist.

In der Lombardei war das Volk seiner grossen
Masse nach sehr zufrieden, dass das Unternehmen
von Sarnico nicht zur Ausführung gekommen war;
zunächst an der Grenze sah es für sich die Gefahren
eines Krieges mit Oesterreich am nächsten, und
lange unter österreichischer Herrschaft und im Verkehr mit österreichischen Soldaten missachtete es die
österreichische Armee keineswegs so, wie das wohl
aus Unkenntniss und nach dem Alles übertönenden
Rufen unbefugter Schreier in andern Theilen Italiens
vorkommt. Man wird nicht behaupten wollen, dass

das Volk der Lombardei in militärischer Tüchtigkeit und Tapferkeit einem andern Stamme Italiens nachstehe; es hat zu oft mit dem Opfer des Blutes seiner besten Söhne das Gegentheil bewiesen. Aber es durfte die Kraft des nächsten Feindes Italiens achten, ohne darum die Kraft und Tapferkeit des noch in der Entstehung begriffenen italienischen Heeres zu missachten. Die Consorterie benutzte die allgemeine Stimmung des lombardischen Volkes vielfach, um dasselbe gegen die Actionspartei aufzuhetzen. Aber bei der Ehrfurcht vor dem Namen Garibaldi, die durch ganz Italien ging, getraute man sich nicht, auch über diesen herzufallen, versuchte vielmehr, die Sache so darzustellen, als wenn er mit der Sarnicoangelegenheit eigentlich gar nichts zu thun gehabt habe, als ob er nur aus Edelmuth sich jetzt zu ihr bekenne.

Und trotz der wiederholten deutlichen und unumwundenen Erklärungen Garibaldi's befolgte auch die Regierung von vornherein das System, Garibaldi aus dem Spiele halten zu wollen. Schon am 31. Mai erliess der Generaldirector des Ministeriums des Innern, Fontana, ein Circular an die Präfecten, in welchem er sie aufforderte, überall einzuschreiten und das Volk zu belehren, dass die Regierung an einem Unternehmen gegen das Venetianische weder Theil habe, noch dasselbe billige oder dulden werde, und in welchem er ausdrücklich zu bemerken für gut fand, die Regierung habe gute Gründe zu glauben, dass Garibaldi nicht im Spiele sei. Und nach diesem System ward fortgefahren.

Indessen hätte man dasselbe nicht durchführen können, wenn man nicht Garibaldi abhielt von immer
neuen entgegengesetzten Erklärungen. Sogleich wurden daher der Senator Plezza und Andere an den
General abgesendet, um ihn zu begütigen, um ihm
zu beweisen, dass die Regierung ein Vorgehen gegen
das Venetianische nicht habe dulden dürfen, um
ihm Versprechungen über die Freilassung der Verhafteten unter Bedingungen zu machen, um auch
neue Versprechungen hinzuzufügen, dass man seine
anderweitigen Absichten, die — nach der Auffassung
Rattazzi's wesentlich nur auf eine Beschäftigung
der unruhigen Freiwilligen von 1859 und 1860
hinausliefen, unterstützen werde, um ihn endlich bei
seiner Vaterlandsliebe zu beschwören, dass er sich
nicht zu widerhaarig beweise und der Regierung bei
ihrer Absicht, die Dinge zu vertuschen und vorerst
Alles in die ruhigen Bahnen des Gewöhnlichen zu
leiten behülflich sei. Und Garibaldi liess sich
bestimmen.

Wenn wir gesagt haben, dass in der Lombardei
eigentlich die Volksmasse damit zufrieden war, dass
aus dem Unternehmen von Sarnico nichts geworden
war und wenn mindestens die Bourgeoisie mit ihrem
nächsten Anhang durch ganz Italien diese Zufriedenheit theilte, so müssen wir doch nun sogleich
hinzufügen, dass Niemand eine Zufriedenheit mit
Rattazzi zeigte. Offenbar ist dies eine sehr merkwürdige Erscheinung. Hätte man ihn nicht als den
Retter des Vaterlandes achten und ehren sollen, da
er ein „unsinniges, verderbenschwangeres Unter

nehmen", wie man es nannte, rechtzeitig erkannt
und energisch gehindert?

Diesen Cothurn schnallte sich auch Rattazzi sogleich an; nicht blos Unglück abgewendet wollte er
haben, die Abwehr sollte auch seinen Verkündigungen
nach die schönsten Früchte für Italien tragen.

Indessen, fast alle Parteien um die Wette arbeiteten daran, ihm seinen Cothurn abzuschnallen. Der
Advocat Cicero, sagten sie, hat mit Absicht die ca-
tilinarische Verschwörung angezettelt und hat
sie gross werden lassen oder er hat sie viel mehr
mit dem grössesten Maul von der Welt gross geschrieen, um sich dann mit wohlfeiler Energie das
Schwert umzugürten, sie niederzuschlagen, zu sagen,
dass er sie niedergeschlagen habe und sich dergestalt
für den Retter des Vaterlandes erklären zu lassen.

Diese Anschauung der gesammten Affaire von
Sarnico, zuerst von den Witzblättern durch zum Theil
höchst ergötzliche und geistreiche Carricaturen portirt,
hatte den seltenen Erfolg, allmälig zur Anschauung
des gesammten Volkes zu werden, auch desjenigen
Theils, welchen man berechtigt war, für den Anhang
Rattazzi's zu halten. Rattazzi trug durch sein Benehmen das Seinige zu diesem Erfolge bei. Wir
haben die Thatsachen ohne Entstellung irgend einer
Art erzählt, wir haben die Regierung Rattazzi's von
vornherein mit den Worten Colletta's beurtheilt und
können es nun füglich dem Leser überlassen, zu beurtheilen, wie viel und wie wenig Wahres in dieser
Anschauung lag.

Die Nachrichten aus der Lombardei machten be-

greiflicher Weise den schönen Tagen von Neapel
ein schnelles Ende. Der König Victor Emanuel
und seine Minister kehrten schleunigst zurück. Am
22. Mai waren sie wieder in Turin. Nach Allem,
was man nun erfuhr, war es nicht mehr nöthig,
„Energie" zu entfalten; desto verlockender war es,
ganz ungefährlich Energie zu zeigen und Albern-
heiten als energische Massregeln ausschreien zu lassen.
Eifrige Präfecten sequestrirten noch Waffen, so
unter Anderm im Toscanischen, und thaten sich auf
ihre Spürkunst etwas zu Gute, oder sie entfalteten
eine ungeheure Macht, um Demonstrationen nieder-
zukämpfen, von denen ausser ihnen und den unnütz
aufgebotenen Nationalgarden, Truppen und Carabinieri
kein Mensch etwas erfuhr, oder sie brachten Loyali-
tätsadressen zusammen, und was dergleichen über-
flüssige Regierungskünste sind, welche in faulen Staa-
ten die Hauptsache machen, welche aber lediglich
nothwendig sind, weil einmal eine Regierung da sein
soll, eine moderne europäische. Wäre das
„Gouvernement" nicht vorhanden, so würde man von
vielen ausserordentlichen Dingen freilich nichts hören,
es würde aber trotzdem Alles ebenso gut, ja wahrscheinlich besser gehen.

Eine der ersten Massregeln des heimgekehrten
Rattazzi war es, schon am 25. Mai alle Anstalten
einstellen zu lassen, welche sich auf die Provinzial-
und Bezirksschiessen in den lombardischen Provinzen bezogen, wegen der besondern Umstände, wie
es hiess, in denen diese Provinzen sich befänden.
In Wahrheit wollte man weiter nichts, als dass Gari-

baldi seine Rundreisen einstelle und somit nicht so
viel Gelegenheit finde, sich aufregen zu lassen und
die angefangenen Dinge zu verfolgen. Garibaldi bewegte sich noch einige Zeit in der Lombardei und
ging dann nach Turin, wo er Rattazzi zur Rede
stellte, diesen sehr still machte, sich aber dafür
bestimmen liess, auf das nunmehrige System des
Advocaten einzugehen: dass die Sarnicoangelegenheit nicht an die grosse Glocke gehängt
werden solle.

Rattazzi arbeitete zu gleicher Zeit unverdrossen
an einem Gesetz gegen die Vereine, liess die
wegen der Sarnicoangelegenheit einstweilen einge-
stellte Bewegung der vierten Bataillone der Infanterieregimenter nach den neapolitanischen Provinzen
wieder aufnehmen und suchte alle möglichen Spitz-
bübereien mit der Sarnicoaffaire in derselben Art in
Verbindung zu bringen, wie dies mit dem Diebstahl
bei dem Banquier Parodi geschehen war, um den
guten Bürger gegen die bösartige Partei aufzubringen,
mit der Garibaldi bei Leibe nichts zu thun haben
durfte.

Wiedereröffnung der Deputirtenkammer.

Am 3. Juni ward die Deputirtenkammer wieder
eröffnet. Man kann sich leicht denken, dass sie sich
zunächst mit den Ereignissen aus der Mitte des Mai
beschäftigen musste. Nachdem einer Aufforderung
der Gemeinde Turin, dass die Kammer sich bei einer
Trauerfeier für Cavour betheilige, die erforderliche
Aufmerksamkeit geschenkt worden war, ward ein

Brief Garibaldi's, datirt von Turin, den 3. Juni verlesen, welcher Aufklärung über die Vorfälle aus der Mitte des Mai geben sollte. Garibaldi hatte als Drehpunkt für die ganze Angelegenheit hier das Verhältniss der genuesischen Carabinieri genommen, er verzichtete also darauf, die Dinge in ihrem vollen Lichte zu zeigen, aber er konnte nicht umhin, Anklagen gegen das Ministerium zu erheben und ernstlich darauf hinzuweisen, dass mit dem Unterlassen jeder Handlung um so weniger etwas erreicht werden könnte, als dasselbe sich bei der herrschenden Erregung des Volksgeistes stets zur Reaction gegen diesen Volksgeist gestalten müsse.

An die Verlesung dieses Briefes knüpfte sich die sehr lebhafte Debatte, welche von Rattazzi mit Erläuterungen begonnen ward und erst am 6. Juni zum Schlusse kam. Aus unserer Erzählung der Thatsachen wird man leicht einen Schluss auf die Gestalt machen können, welche die Debatte annahm. Rattazzi ward nicht blos von der Linken her, insbesondere von Crispi und Nicotera, angeklagt, — wegen seines Einschreitens, wegen der Verletzung von Versprechungen, — es fielen auch Anklagen von der Rechten, dass er sich mit der Linken überhaupt oder zu tief eingelassen, und dass ihm schliesslich die Sache über den Kopf gewachsen sei. Die Gefangenen von Sarnico wurden vielfach vertheidigt. Am unbedingtesten vertheidigte das Verfahren des Ministeriums der Advocat Boggio. Rattazzi, einerseits sicher, dass die Linke theils nicht Alles sagen wolle und werde, theils dass, wenn jeder Einzelne

von der Linken auch sagte, was ihm speciell bekannt
war, eine unentwirrbare Confusion entstehen müsse,
andererseits überzeugt, dass die Majorität eine um
so grössere Furcht vor der wirklichen Ausführung
des Unternehmens von Sarnico gehabt, je weniger
sie von der wirklichen Kraft wusste, die für die Ausführung verfügbar war, überzeugt daher, dass die
Majorität ihn wegen seines Einschreitens nicht ver-
urtheilen könne, trat mit bedeutender Sicherheit auf,
es störte ihn gar nicht, dass er mehrmals, insbesondere durch die Angriffe Crispi's veranlasst ward,
später zuzugeben, was er früher geläugnet. Er erklärte, dass er nur ein unbedingtes Vertrauensvotum anerkennen könne und als solches erkannte
er folgende, von Minghetti eingebrachte Tagesordnung an:

„Die Kammer, nach Anhörung der Erläuterungen
des Ministeriums über die letzten Ereignisse, billigt
dessen Verfahren und geht im Vertrauen, dass das
Ministerium mit der Autorität der Gesetze die Prärogative der Krone und des Parlaments immer aufrecht
erhalten wird, zur Tagesordnung über.“

Das Resultat der Abstimmung über diese Tagesordnung war dem Ministerium ausserordentlich günstig;
sie fand mit Namensaufruf statt. Von 250 anwesenden Deputirten enthielten sich 28 der Abstimmung,
nur 33 stimmten gegen sie, also 189 für sie. Die
parlamentarische Untersuchung, welche insbesondere
Crispi in einer von ihm vorgelegten Tagesordnung
verlangte, ward damit gänzlich beseitigt.

Am 10. Juni wäre die Sarnicoangelegenheit

fast noch einmal zur Sprache gekommen durch eine Interpellation Cuzzetti's über die Vorgänge, welche speciell zu Brescia sich zugetragen hatten. Als Cuzzetti die Interpellation zurückzog, wollte Cairoli sie aufnehmen; die Majorität aber widersetzte sich. In der gleichen Sitzung brachte Brofferio eine Angelegenheit zur Sprache, welche mindestens in nahem Zusammenhang mit der Sarnicoangelegenheit stand. Am 29. Mai ward zu Livorno der Jahrestag des Gefechtes von Curtatone (29. Mai 1848) gefeiert, in welchem bekanntlich die toscanischen Freiwilligen sich unglücklich, aber mit ausgezeichneter Tapferkeit geschlagen hatten. Guerrazzi liess bei dieser Veranlassung eine Broschüre drucken, welche während der Feier selbst vertheilt ward, und in welcher auch auf die letzten Vorfälle in Brescia in der Art Bezug genommen ward, dass die Soldaten, welche bei Vertheidigung des Gefängnisses am 15. Mai von ihren Schiesswaffen Gebrauch gemacht, mit den Croaten verglichen waren.

Die italienische Armee, welche glaubte, ihre Pflicht gethan zu haben, und der man auch wirklich nichts vorwerfen konnte, insofern man nicht jede stehende Armee unmöglich machen will, war durch die letzten Demonstrationen äusserst empfindlich geworden, und die Officiere der Garnison von Livorno bezogen die Aeusserungen Guerrazzi's auf die ganze italienische Armee, erwählten sogleich eine Commission, in welcher auch die Nationalgarde durch einen Officier vertreten war, und beauftragten dieselbe, Guerrazzi zu befriedigenden Erläuterungen zu veranlassen. Diese erfolgten denn auch unter dem Einfluss der höhern Civil- und Militärbehörden, welche sich vernünftiger Weise in's Mittel legten, schon am 31. Mai. Damit nicht genug, erliessen aber auch die Bürger von Livorno noch eine Adresse, in welcher sie der Armee ihre Anerkennung und Huldigung aussprachen, — und dergleichen Huldigungsadressen an die Armée wurden von der Regierungspartei in der Zeit nach Sarnico in vielen andern Städten zu Stande gebracht. Brofferio besprach diese Angelegenheit mit Recht in der Sitzung der Deputirtenkammer vom 10. Juni. In der That, wenn eine Corporation, welche sich durch irgend eine Schrift beleidigt fühlt, oder gerade beleidigt fühlen will oder soll, sogleich commissionsweise dem Schriftsteller auf das Zimmer rückt, was soll eigentlich aus der Pressfreiheit werden? Einzelnen Theilen des Heeres darf gewiss am wenigsten ein solches Verfahren gestattet werden; wer die Praxis der Dinge betrachtet, wird uns darin vollkommen beistimmen und namentlich dürfte sich nicht leicht ein erfahrener älterer Officier finden, der uns nicht beistimmte. Die Kammer hielt es für gut, auf den von Brofferio angeregten Gegenstand jetzt nicht näher einzutreten.

Eine Anzahl der bei Gelegenheit der Ereignisse von Sarnico verhafteten Leute ward schon am 29. Mai von Alessandria entlassen, und als am 23. Juni der Gerichtshof von Bergamo, bei welchem der Process wegen jener Ereignisse anhängig gemacht war, erklärte, dass kein Grund zu gerichtlicher Verfolgung vorliege, erfolgte auch die Freilassung der Uebrigen.

Dagegen liess Rattazzi dem Vorstand der italienischen **Befreiungsgesellschaft** einen Process wegen seiner auf die Sarnicoangelegenheit bezüglichen Proclamen machen, eine Sache, welche **Bertani** am 5. Juni in der Deputirtenkammer zur Sprache bringen musste, da man von dieser die Erlaubniss zu seiner Verfolgung einzuholen noch nicht der Rede werth gehalten hatte, und schon am 3. Juni legte Rattazzi der Kammer sein **Gesetz über die Vereine** vor, welches **speciell gegen die italienische Befreiungsgesellschaft** gerichtet war. In dem Berichte, welcher das Gesetz begleitete, waren nahezu dieselben Ansichten entwickelt, mit denen Rattazzi kurz nach dem Antritt seines Ministeriums vor die Kammer getreten war. Diese überwies das Gesetz an eine Commission, von welcher es erst viel später zur Verhandlung gebracht werden sollte.

Wir aber wollen hier von dem Ereigniss von Sarnico Abschied nehmen und die Zeitpause, welche sich zwischen ihm und dem Ereigniss von Aspromonte findet, benutzen, um in einigen Capiteln theils andere Dinge zu behandeln, theils zu dem letzten Ereignisse vorbereitend hinüberzuleiten.

VII.

Erfolge der Rattazzischen Politik. Kammer-verhandlungen in den Monaten Juni, Juli und August 1862.

Die Anerkennung des Königreichs Italien durch Russland und Preussen. Die polnische Militärschule.

Rattazzi brauchte nothwendig einige Erfolge, um sich in der öffentlichen Meinung zu rehabilitiren, die sich ihm selbst nicht in den Schichten unbedingt ergeben zeigte, welche innerlich am zufriedensten damit waren, dass der Störenfried Garibaldi verhindert worden war, die italienische Tricolore auf das Gebiet des zu befreienden Venetiens hinüberzutragen.

Als einen Erfolg konnte er unbedingt die sogenannte Fusion der Südarmee mit der regulären Armee proclamiren.

Als Crispi am 10. Juni die Fusion unter Anderem damit angreifen wollte, dass man lediglich dabei auf die Menge der Abschiede gerechnet habe, welche die Officiere der Südarmee in der ihnen gestellten dreimonatlichen Frist nothwendig eingeben mussten, konnte Rattazzi siegreich durch den Kriegsminister Petitti darauf antworten lassen, dass in. der seit dem Fusionsdecret nun fast abgelaufenen dreimonatlichen Frist von den 2200 Officieren, die nicht früher ihren Abschied genommen, nur 35, — also $^1/_{63}$ —

ihn eingegeben hätten. Ein wahrer Triumph für Rattazzi's Politik! Aber wer, der die Masse der Menschen und folglich die Masse der Officiere, nicht aus
Büchern, sondern aus dem Leben kennt, hätte an
diesem Triumph der Rattazzischen Politik jemals zweifeln können?

Doch bald konnte Rattazzi andere Erfolge no-
tiren und sie der erstaunten Kammer vorlegen.

Am 10. Juli interpellirte der Abgeordnete Massari den Ministerpräsidenten über eine nach den
Mittheilungen fremder Blätter angeblich erfolgte oder
bevorstehende Anerkennung des Königreichs
Italien seitens Russlands. Weshalb man so
wichtige Nachrichten aus fremden Blättern erhalten
müsse, wenn man die Ehre habe, Abgeordneter des
italienischen Volkes zu sein?

Rattazzi war sehr herablassend; er belehrte
freundlich lächelnd den armen Massari darüber, dass
es sich mit der diplomatischen Correspondenz
ganz anders verhalte, als mit derjenigen zwischen zwei
guten Spiessbürgern, und gab zu verstehen, dass die
Kammer bald noch ganz andere Dinge zu hören
bekommen werde. Mit der Anerkennung Russlands
sei es aber ganz richtig.

In der That theilte dann am 11. Juli General Jacob
Durando, Minister der auswärtigen Angelegenheiten
mit, dass am 10. Juli die Note in Turin von Petersburg eingetroffen sei, durch welche die russische Regierung sich bereit erkläre, einen
ausserordentlichen Gesandten des Königs
Victor Emanuel zu empfangen, welcher dem

Kaiser Alexander II. die Gründung des Königreichs
Italien anzeige. Die Anerkennung Preussens sei
nahe bevorstehend. Ein drittes glückliches Ereigniss
sei die Verlobung der zweiten Tochter Victor Emanuels, der Princessin Maria Pia, geboren am
16. October 1847, mit dem jungen König Ludwig
von Portugal.

Das war viel auf einmal. Das Ministerium war
freudestrahlend, und Rattazzi nahm gar keinen Anstand, alle diese Erfolge auf sein Geschick und insbesondere auf die Entwicklung seiner Energie in der
Sarnicoangelegenheit zu schreiben. Warum sollte er
nicht Recht haben?

Als Rattazzi die Regierung angetreten hatte,
sendete er am 20. März 1862 an die italienischen
Gesandten bei den auswärtigen Höfen eine Note,
welche diese über die Politik der neuen Regierung
aufklären sollte, welche ihnen also deren nach den
Verabredungen mit Napoleon III. festgestelltes Programm mittheilte. Wir kennen dieses Programm. In
der Note waren auch mehrere Sätze der Besprechung
des Wunsches Italiens gewidmet, dass es von den
Mächten anerkannt werde, welche mit der Anerkennung bisher noch gezögert hatten. Napoleon hatte
seine guten Dienste zugesagt, war aber nicht ausserordentlich fleissig gewesen.

Als nun Rattazzi den Sieg von Sarnico davon-
getragen hatte, glaubte er gerechte Ansprüche
auf eine Belohnung zu haben, die insbesondere
der grossmüthige Alliirte nicht verweigern dürfe.

Am 19. Mai richtete Durando eine Circular-

note an die italienischen Gesandten, in welcher er
ihnen auftrug, die Regierungen, bei denen sie accre-
ditirt waren, darauf aufmerksam zu machen, dass, wie
das italienische Gouvernement immer die feste Absicht gehabt habe, keine verborgene Macht neben
sich und keine durch sie herbeigeführten Störungen
des europäischen Friedens zu dulden, — so es nun
auch die Macht gezeigt habe, diesen übernommenen
Verpflichtungen nachzukommen.

Daraus, sowie aus der Aufnahme, welche der
König in den neapolitanischen Provinzen gefunden,
folgte nach der Anschauung der Minister zu Turin,
dass das Königreich Italien nunmehr hinreichend consolidirt sei, und dass folglich diejenigen
Regierungen, welche nur aus Zweifeln an dieser Thatsache bisher mit ihrer Anerkennung zurückgehalten
hätten, keinen Grund mehr dazu finden könnten.

Unter diesen Regierungen waren die russische
und die preussische zu verstehen. Die russische
hatte 1860 in Folge des Einrückens der subalpinischen Truppen zuerst in Umbrien und die Marken,
dann in die neapolitanischen Provinzen, allen
diplomatischen Verkehr mit Turin abgebrochen und
ihren Gesandten von dort abberufen. Von Russland
konnte die italienische Regierung also nur durch die
guten Dienste eines Vermittlers etwas erlangen und
als solcher hatte sich Napoleon erboten, auch schon
lange wirklich Verhandlungen mit Russland gepflogen.
Diese kräftiger wieder aufzunehmen, ward er nun von
Rattazzi wieder gebeten, von Rattazzi, der Italien
wollte sagen können: Sieh Italien! weil ich eine so

grosse Energie gegen die Garibaldiner und Mazzinisten gezeigt habe, wirst du von ganz Europa anerkannt!

Napoleon kam den Wünschen seines Günstlings nach, und schon am 11. Juni konnte Thouvenel an den französischen Gesandten Benedetti schreiben, dass er die Anerkennung Italiens seitens Russlands für nahe bevorstehend halte. Der einzige Umstand, der noch im Wege stände, sei eigentlich die sogenannte polnische Militärschule.

Mit dieser polnischen Militärschule hatte es folgende Bewandtniss. Unter den Abenteurern secundärer Nationen, welche die Ereignisse in Italien seit dem Jahre 1859 nach der Halbinsel gezogen hatten, befanden sich auch Polen oder Leute, welche den Polen zu spielen für angemessen hielten. Verschiedene Wichtigmacher benutzten dies, um sich ein Ansehn zu geben und sich eine Geldquelle zu eröffnen.

So war unter Anderm im November 1860, als der Feldzug in Süditalien zu Ende gegangen, viel die Rede bald von einer polnisch-cosmopolitischen, bald von einer panslavistischen, bald von einer rein polnischen Legion, die errichtet werden sollte. Aus der Legion wurde nichts, da ein Ziel eben gar nicht vorlag; dagegen ward von den Interessenten, die sich jetzt eben so hartnäckig und schmeichlerisch an Cavour drängten, wie vorher an Garibaldi, eine polnische Militärschule zu Stande gebracht. Diese Schule, in welcher junge Polen in den Waffen geübt und theoretisch unterrichtet werden sollten, welche auf ihrem Glanzpunct 200 Mann stark gewesen sein soll, kam zuerst nach Genua und unter die Direction Mieroslawski's. Sie ward theils durch Beisteuern reicher Polen, theils durch einen monatlichen Zuschuss von 3000 Francs, den die italienische Regierung zahlte, unterhalten. Da in der polnischen Emigration die Spaltungen und Zänkereien und Rivalitäten fast noch grösser sind, als in einer andern, so trat Mieroslawski bald von der Direction ab und an seine Stelle der Fürst Lubomirski. Auch dieser gab die Direction schnell ab, angeblich aus Gesundheitsrücksichten, und zwar gerade in der Zeit, da das Ministerium Rattazzi an die Regierung kam. Dies setzte an die Spitze den General Wysocki und entfernte zugleich die Schule von dem bewegten Genua, wo es die jungen Polen dem Einfluss der Mazzinianer für zu sehr ausgesetzt hielt, um sie nach dem abgelegenen Cuneo zu verpflanzen. Dies behagte vielen von den jungen Leuten, die in Genua ein ganz lustiges Leben geführt hatten, schon nicht, und wenn sie nicht gerade an die Unterstützung durch die Schule gebunden waren, traten sie aus. Offenbar hatte bei der erwähnten Massregel das Ministerium Rattazzi schon die Rücksicht, Russland entgegenkommen zu wollen, — obgleich es allerdings im Ganzen richtig ist, dass man kaum einsieht, wie die italienische Regierung dazu kommen konnte, gerade eine polnische Militärschule unter ihre Fittige zu nehmen.

Benedetti theilte die von Thouvenel·erhaltene Depesche dem General Jacob Durando mit, und dieser schrieb darauf am 16. Juni nach Paris an Nigra.

Ueber die Kraft revolutionärer Parteien in Italien könne sich, so sagte er, Russland völlig beruhigen; die letzten Ereignisse bewiesen die Kraft der Regierung, und das Vertrauensvotum, welches dieselbe erst noch am 6. Juni bei Gelegenheit der Verhandlung der Sarnicoaffaire von der Deputirtenkammer eincassirt habe, zeige, wie sehr das ganze Volk die Massnahmen der Regierung billige und diese trage. Die Regierung habe bereits ein Gesetz eingebracht, welches die Ausschreitungen der extremen Parteien verhindern und so die Autorität der Regierung vollends feststellen werde. Die polnische Militärschule sei nicht ein militärisches Corps, sie sei von Seiten der italienischen Regierung niemals anders betrachtet worden, als ein Mittel gastfreundlicher Unterstützung von Verbannten; das gegenwärtige Ministerium habe sie längst nach Cuneo verlegt, seitdem hätten sich auch den Directoren die moralischen und materiellen Schwierigkeiten gezeigt, mit welchen eine derartige Institution zu kämpfen habe. Somit werde die Schule anfangs Juli vollends aufgelöst werden.

Dies geschah in der That; das Ministerium wurde wegen dieser Massregel, — die eine ganz vernünftige war, — vielfach angegriffen, selbst von Denen, die durch ihre Unfähigkeit das Meiste zu diesem Resultate beigetragen hatten.

Russland erklärte sich von den Erläuterungen Durando's vollkommen befriedigt und bereit, eine ausserordentliche Gesandtschaft des Königs von Italien zu empfangen. Diese Nachricht gelangte am 6. Juli nach Paris und von da am 10. Juli nach Turin.

Hier ward nun eine Gesandtschaft für Petersburg unter
der Führung des alten Generals de Sonnaz prächtig
ausgerüstet und bald folgte dieser ausserordentlichen
Gesandtschaft auch die Bestellung der ordentlichen
Gesandtschaften, womit der regelmässige Verkehr
zwischen den Höfen von Petersburg und Turin wieder hergestellt, zwischen dem russischen Kaiserreich
und dem Königreich Italien begründet war.

Das Berliner Cabinet, die Regierung der halben
Massregeln, hatte zwar zu derselben Zeit, als Russland seinen Gesandten aus Turin zurückzog, dem
Turiner Cabinet sein Missfallen darüber zu erkennen
gegeben, dass es die Annexionen nicht auf legalem
Wege, nicht mit Achtung vor den Rechten Dritter
vollzog, dass es also überhaupt auf dem Wege der
Annexion vorging, aber es hatte seinen Gesandten in
Turin gelassen, wie das Turiner Cabinet den seinigen, den Grafen de Launay in Berlin. Obgleich
de Launay für den Berliner Hof nur der sardinische
Gesandte war, war er doch für den Turiner der
italienische, und der preussische Gesandte, Graf
Brassier de St. Simon, war unter allen Umständen
Gesandter am Turiner Hof, mochte nun dieser blos
über das Königreich Sardinien oder über das ganze
Königreich Italien regieren. Der diplomatische Verkehr zwischen den beiden Höfen war also in voll-
ständiger Ordnung und das Königreich Italien
konnte mit Preussen über seine Anerkennung direct
verhandeln. Ueberdiess war aber der preussische
Gesandte, der sich recht wohl in Turin befand, auf
das Königreich Italien sehr gut zu sprechen, viel

besser, als es sich eigentlich für einen loyalen hohen-
zollernschen Unterthan schickte, — was er denn auch
sehr bald fühlen sollte — er arbeitete nach Kräften
in Berlin für die Anerkennung des Königreichs Italien.
Napoleon III. unterstützte ihn.

Dem König Wilhelm I., der seine Krone von
Gottes Tisch genommen und immer und immer wieder
so tröstliche Meinungen über das Recht des Volkes
und der Revolution gezeigt, wollte es schwer in den
Kopf, dass er ein Resultat der Revolution anerkennen sollte. Indessen, wenn sein Freund und Bruder, der russische Kaiser, sich zu solchem Schritte
herbeiliess, warum sollte er es nicht auch thun?

Als es daher bestimmt war, dass Russland das
Königreich Italien anerkennen werde, musste am
4. Juli der preussische Minister der auswärtigen Angelegenheiten, Graf Bernstorff, an Brassier de St.
Simon zur Mittheilung an Durando schreiben:

Es sei von Seiten Italiens der Regierung von
Preussen vorgestellt worden, wie sehr dieses moralisch das Königreich Italien durch seine Anerkennung unterstützen werde, namentlich gegen die
Umstürzler, wie sehr Preussen durch diese Anerkennung zur Erhaltung des europäischen Friedens
beitragen werde. Das Turiner Ministerium habe dabei
zu erkennen gegeben, dass es die Verträge achten
wolle, obwohl in dem Programm des neuen Italiens
theoretisch Ansprüche auf gewisse Landes-
theile ständen, die factisch noch nicht zum Königreich Italien gehörten. Zu diesen Landestheilen gehöre Venetien. Durch die Ansprüche auf dieses,

welches abgesehen von allen militärischen Fragen,
von allen Fragen einer höheren Nothwendigkeit, einmal durch die Verträge Oesterreich zugesprochen
sei, könne die Sicherheit des deutschen Bun-
des bedroht werden, und Preussen müsse deshalb in
Beziehung hierauf vollständig sicher sein; sicher
sein, dass das Cabinet von Turin immer so auftreten
werde, wie im denkwürdigen Mai 1862, wenn der
Friede „durch die Frechheit der revolutionären
Partei" bedroht werde. Wenn Preussen darüber
sicher sei, wenn es Zusicherungen betreffs der Absichten Italiens auf Venetien und Rom (welches
nun auch plötzlich wie aus heiterem Himmel in die
Depesche hineinblitzte) erhalte, so sehe es nicht mehr
ein, weshalb es den neuen Titel des Königs Victor
Emanuel nicht anerkennen solle. Freilich seien da
in dem krausen Italien Rechte Dritter auf eine etwas
ungebräuchliche und unconstitutionelle Weise verletzt
worden, welche der constitutionelle Musterstaat Preussen nicht geradezu billigen könne und auch gemissbilligt habe, aber dieser Musterstaat sehe
freilich auch nicht ein, weshalb er gerade sich die
Finger verbrennen solle, um den vertriebenen italienischen Fürsten wieder zu ihren auf Gottes Tisch
liegenden Kronen zu verhelfen.

Durando antwortete auf diese Note schon am
9. Juli mit den bündigsten Versicherungen, dass das
Königreich Italien ein ganz moralischer Staat sei und
immer nur moralisch zu Werke gehen werde, bei
Leibe nicht unmoralisch, selbst wenn es sich um Venetien handle. Durando verfehlte nicht, zum Exempel

auf das energische Verfahren der Turiner Regierung in der Sarnicoaffaire zu verweisen.

Durch diese Note ward nun der constitutionelle König von Preussen so gerührt, dass er sich bestimmen liess, schon am Sonntag, den 13. Juli, den Gesandten des Königs Victor Emanuel, Grafen de Launay, in feierlicher Audienz zu empfangen und von ihm die Erklärung entgegenzunehmen, dass Victor Emanuel den Titel König von Italien angenommen habe. Damit war die Anerkennung des neuen Königreichs seitens Preussens vollzogen und Durando konnte dies am 18. Juli der Deputirtenkammer anzeigen.

Wir behandeln hier die Geschichte des Königreichs Italien und enthalten uns daher mit Fleiss aller Abschweifungen, welche uns wer weiss wohin führen könnten. Hier indessen dürfen wir doch nicht unterlassen zu bemerken, dass auf die ungefähr gleichzeitige Anerkennung durch Russland und Preussen das Benehmen der römischen Curie in der polnischen Angelegenheit nicht ohne Einfluss war. Die polnische Insurrection gährte seit dem Anfang des Jahres 1862; wenn sie sich auch dieses ganze Jahr hindurch noch auf dem Gebiet melancholischer Demonstrationen hielt, so war es doch nur zu klar, unter welchem Schutze sie zu wachsen strebte und wie sie namentlich das katholische Verdummungsprincip zu ihrer Hülfe herbeirief. Der Papst war von vornherein ein Verbündeter der Polen, und Russland und Preussen, welche nicht mit Unrecht Besorgnisse wegen der polnischen Insurrection hegten, verfeindeten sich darüber nicht wenig mit dem päpstlichen Hof, der sich zu deren Beschützer erklärte. Russland und Preussen traten in dieser Angelegenheit von Anfang an in Rom gemeinschaftlich auf, und dieses gemeinschaftliche Auftreten war die Grundlage zu der berüchtigten Convention vom 8. Februar 1863. Man muss dieselbe vom deutschen Standpunkt aus verdammen, man muss sie verdammen vom Standpunkt einer neuen Politik aus, welche nicht die hohenzollerische Politik ist, — aber nach unserer Meinung gehört zum vollen Verdammen auch immer die volle Kenntniss, und zu unserer entschiedensten Verwunderung — oder auch nicht — haben wir erfahren müssen, dass die grossen Staatsmänner der liberalen Partei in Preussen auch nicht einmal eine Ahnung von dem gehabt haben, was — aller Welt bekannt — das ganze Jahr 1862 hindurch in der polnischen Frage zwischen Russland und Preussen vorgegangen war. So haben sie bei ihrem Sturm auf die Convention vom 8. Februar ihrem Sündenbock Bismarck zuviel Ehre und zuviel Schande zugleich angethan.

Gerade in derselben Zeit, in welcher Preussen, ermuthigt durch Russlands Vorgang mit seiner verspäteten Anerkennung des Königreichs Italien herauskam, begann sich in Sicilien, — wie wir in einem späteren Capital sehen werden, Garibaldi wieder „in unheimlicher Weise" zu regen. Jetzt bekam der constitutionelle König von Preussen Gewissensscrupel, ob er nicht doch mit seiner Anerkennung des neuen Königreiches einen ganz unerlaubten Schritt gethan habe, und obgleich diese Anerkennung ohne die höchste Blamage selbst für eine hohenzollernsche Regierung nicht zurückzuziehen war, musste doch Graf Bernstorff am 21. Juli sich wiederum an den Schreibtisch setzen, um einen Schreibebrief an den Grafen Brassier de St. Simon abzufassen, in welchem auf's Ernstlichste darauf hingewiesen ward, dass die italienische Regierung nicht etwa sich einbilden solle, die preussische Anerkennung sei eine Anerkennung. Preussen billige mit seiner Anerkennung weder Vergangenes, noch unterstütze es Zukünftiges; es behalte sich für jeden Fall freie Hand, — aber dennoch wünsche es, dass seine Anerkennung eine reiche Quelle glücklicher Erfolge für die gegenseitigen Beziehungen zwischen Preussen und Italien werden möge.

Wasch' mir den Pelz, aber mach' ihn nicht nass! — die hergebrachte hohenzollernsche äussere Politik.

Da Rattazzi mit dem Mantel der russischen und preussischen Anerkennung auffallende Sünden zudecken musste, so ist es klar, dass er dafür sorgte, dass diese Anerkennung durch ganz Italien den Jubel der ministeriellen und gemässigten Partei hervorrief, — bis in die Thore Roms hinein unter den Augen Pius IX. und Franz II. zu deren beiderseitigem Aerger. Ueberall sorgten die Turiner Comités für den nothwendigen Jubel. Die democratische Partei, durch Früheres belehrt, benahm sich kühler.

Oesterreich behandelte die ganze Angelegenheit wegwerfend. Als nun Preussen verschämt seinen Fehltritt eingestand und dabei zu verstehen gab, dass es bei seinem Schritte zugleich Garantieen für die Sicherheit Oesterreichs erlangt habe, antwortete Rechberg am 26. Juli in einer Note, in welcher er dem preussischen Cabinet sein Compliment darüber machte, dass es der Verlockung zum Bösen so lange widerstanden, wenn es ihr immerhin schliesslich gefolgt sei, und dann den Wunsch aussprach, dass Preussen seinen Fehltritt nie bereuen möge. Im Uebrigen seien die Garantieen, die Preussen sich rühme von dem sogenannten Königreich Italien er-. halten zu haben, nicht das Stück Papier werth, auf das sie geschrieben wären, und sicherlich theile über diesen Punct Durando vollständig die Meinung des Wiener Cabinets.

Bernstorff erwiderte darauf am 31. Juli empfindlich, dass nach der Erfahrung, welche Preussen so eben gemacht, es sich künftig ersparen werde, irgend eine Rücksicht auf Oesterreich zu nehmen.

Sehr erzürnt über die russische und preussische Anerkennung waren begreiflicher Weise die abgesetzten italienischen Fürsten. Franz II. erliess von seinem Rom einen Protest gegen die russische Anerkennung, in welchem er erklärte, dass ihm dieselbe ganz unbegreiflich sei, und das gegenwärtige Benehmen Russlands zu dessen Nachtheil mit dem schönen Benehmen Neapels zur Zeit des Krimkrieges verglich.' Er sendete ausserdem dem russischen Kaiser alle die Orden zurück, welche er von jenem und dessen Vorgänger erhalten hatte.

Verlobung der Princessin Pia mit dem König von Portugal.
Niederkunft der Princessin Clotilde.

Am 11. Juli, an demselben Tage, an welchem
Durando der Kammer die Anerkennung Italiens
durch Russland verkündete, zeigte er, wie bereits
bemerkt, auch die Verlobung der Princessin
Pia mit dem König von Portugal an. Am folgenden Tage beschloss die Kammer eine Dotation
von 500,000 Francs für die Princessin zu bewilligen
und nahm zu gleicher Zeit eine an den König ge-
richtete Glückwunschadresse an, welche ihm von einer
Deputation überreicht werden sollte. Dasselbe that
der Senat. Die Alliancen am Mittelmeer mehrten
sich; neben Frankreich jetzt Portugal und dieses
eine secundäre Macht, während Frankreich allerdings
eine drückende Grossmacht war. Man erinnerte sich
ausserdem, dass Portugal dem König Carl Albert,
als er nach dem unglücklichen Ausgange des ersten
Versuches, ein Königreich Italien zu constituiren, sich
selbst verbannte, ein Asyl geboten hatte, in dem er
gestorben war. Im Hintergrunde schimmerte über-
dies jetzt wieder die griechische Königskrone
für einen der Söhne Victor Emanuels heller, als es
einige Wochen lang der Fall gewesen.

Und am 18. Juli, an dem gleichen Tage, an welchem Durando der Kammer meldete, dass auch Preussen das Königreich Italien anerkannt habe, zeigte
der biedere Durando zugleich die glückliche Niederkunft der Princessin Clotilde, ältesten
Tochter des Königs Victor Emanuel, Gemahlin des

kaiserlichen Prinzen von Frankreich, Jerome Napoleon, mit einem Sohne an. Wir würden dies hier nicht erwähnen, wenn der General Jacob Durando dabei nicht eine Miene angenommen hätte, als liege auch hier wieder ein diplomatischer Erfolg vor, welchen Italien ihm und dem ehrenwerthen Collegen Rattazzi zu verdanken habe.

Kammerverhandlungen. Finanzielle Verhältnisse.

Indem wir nun eine Uebersicht der Gegenstände, welche in den Monaten Juni, Juli und August von der Deputirtenkammer behandelt wurden, einschalten, schliessen wir nicht blos diejenigen Verhandlungen aus, welche sich auf die Ereignisse von Sarnico und die übrigen von uns bereits behandelten Thatsachen beziehen, sondern auch Alles, was sich auf die römische Frage bezieht, deren Verlauf unter dem Ministerium Rattazzi wir im folgenden Capitel im Zusammenhange erzählen wollen.

Als eben das Geräusch der Interpellationen über die Sarnicoaffaire verhallt war, am 7. Juni, legte der Finanzminister Sella der Kammer einen Bericht über die finanzielle Lage des Königreiches vor. Es ergab sich aus demselben, dass — wenn alle schon angewendeten Auskunftsmittel, einschliesslich der bereits bewilligten 100 Millionen Schatzbons, — berücksichtigt wurden, — doch immer noch für das Jahr 1862 ein zu deckendes Deficit von 224,930,954 Francs übrig bleibe. Bei der sorgfältigen Nachforschung, wo Ersparungen zu machen seien, hatten fast alle Minister in ihren Verwaltungszweigen deren kleine im Ordinarium möglich gefunden, aber sehr kleine, wogegen dann zehnfach und mehr grössere Summen im Extraordinarium als absolut nothwendig verlangt wurden.

Um nun das noch bleibende Deficit von 224 Millionen zu decken, fügte Sella hinzu, werde er nicht zu einer Anleihe schreiten, bevor noch die alte vollständig untergebracht sei, auch zu ausserordentlichen Steuern im weiteren Umfange könne er sich nicht entschliessen, und er lege daher behufs der Deckung den Kammern vier Gesetzentwürfe vor; den ersten über den Verkauf von Domanialgütern, welche für die öffentliche Verwaltung nicht nothwendig seien; den zweiten betreffs der Uebertragung der unbeweglichen Güter der Kirchenkasse (Cassa ecclesiastica) auf die Domänen; den dritten über die Ablösung von Lehnsgeldern und Erbpachten in einigen Provinzen; den vierten über eine Ermächtigung für das Ministerium, noch weitere hundert Millionen Schatzbons auszugeben.

In der Discussion, welche sich an den Bericht des Ministers knüpfte, sprach sich das Verlangen aus, dass doch die Kammer einmal Gelegenheit nehmen möchte, die Finanzlage des Staates im Ganzen ernstlich zu besprechen. Man kam am 7. Juni zu keinem Schluss, und am 11. ward dann auf den Antrag Lanza's beschlossen, dass jene Besprechung statt finden solle, wenn eins der vom Minister angekündigten Gesetze zur Verhandlung gelange.

Noch immer, seit das Königreich Italien bestand, war kein Jahresbudget zur Verhandlung gekommen

und durch dessen Feststellung das Finanzwesen des
Staates einigermassen geregelt. Von Vierteljahr zu
Vierteljahr hatten sich die Minister die Vollmacht zur
Ausübung des Budgets — Erhebung der Steuern,
Verwendung der Staatsgelder — von der Kammer er-
neuern lassen. Mit Ende des Juni lief nun wieder
eine solche provisorische Verwilligung ab und es
hätte in gleicher Weise weiter geschafft werden können. Das sollte auch geschehen; nur dass das Ministerium Rattazzi der Sache weitere Dimensionen
gab. Sella brachte ein Gesetz in drei Artikeln ein:
der erste verlangte die Verwilligung zur Ausübung
des Budgets bis zum Ende des Jahres 1862, also
nicht wie bisher auf ein neues Vierteljahr, sondern
auf ein halbes Jahr; der zweite die Vollmacht zu
den schon verwilligten 100 Millionen Schatzscheinen
noch andere 100 auszugeben und zwar in Anticipa-
tion auf den in Aussicht stehenden Verkauf von Domänen; der dritte Artikel bestimmte, dass wenn sich
aus dem Verkauf der Domänen mehr als 100 Millionen ergäben, um ebensoviel die Ausgabe von Schatzscheinen beschränkt werden solle, als der Ueberschuss
betrüge.

Die Kammercommission stellte diesem Entwurf einen andern in nur zwei Artikeln gegenüber,
deren erster die Verwilligung zur Ausübung des Budgets nur bis zum Ende October, also auf vier
Monate statt der verlangten sechs, ertheilen wollte,
während der zweite die Ausgabe von nur weiteren
75 Millionen Schatzbons statt der verlangten 100,
und ohne Bezugnahme auf den Verkauf von Domänen

zugestand, letzteres weil noch gar kein Gesetz über den Verkauf der Domänen bestände.

Der Finanzminister erklärte, dass die Regierung mit der Redaction der Commission sich einverstanden erkläre, jedoch nur, wenn der materielle Theil nach ihrer eigenen Redaction festgehalten, d. h., wenn die sechs Monate bis zum Ende des Jahres 1862 und die 100 Millionen Schatzbons bewilligt würden.

Das Ministerium hatte starke Angriffe zu erdulden; so sehr der Berichterstatter der Commission, Allievi, erklärte, dass eine politische Frage hier gar nicht vorläge, dass sich die Commission rein an die finanziellen Interessen gehalten, als sie den Gegenstand ihrer Prüfung unterwarf; zeigte sich doch deutlich genug, dass aus Misstrauen gegen die Regierung ihr die sechs Monate und die 100 Millionen nicht verwilligt werden sollten.

Die Gegner der Regierung sagten, dass es der Würde des Parlaments und den Interessen des Landes entspreche, dass endlich einmal ein Budget discutirt und gehörig festgestellt werde, damit man sehe, ob nicht wirklich durch Beschränkung der Ausgaben und Vermehrung der Einnahmen das Gleichgewicht herzustellen sei, ob das vorhandene Deficit beständig wachsen müsse, oder ob es einmal verschwinden könne. Man könne sehr gut dazu gelangen, das Budget für 1862 im October durchzubehandeln und dann habe man zwei Monate mit regelmässigem Budget vor sich, in welchen auch das für 1863 geprüft werden könne. Wozu sei es nöthig,

jetzt die provisorische Ausübung des Budgets auf
6 Monate zu bewilligen? Man werde es dadurch nur
wieder dahin bringen, dass man auch in das Jahr
1863 wieder ohne vorher bewilligtes Jahresbudget eintreten müsse, dass man sich wieder gezwungen sehe, in den letzten Tagen des December
ein provisorisches Budget für die drei ersten Monate
des Jahres 1863 zu bewilligen. Andere Redner gingen
viel weiter: sie sprachen von Staatsstreichplänen
des Ministeriums Rattazzi, dass es die Absicht habe,
die Kammer aufzulösen und sich eine neue ihm
genehme durch Wahlmanöver aller Art zu schaffen.
Für zweckmässige Anordnung dieser Wahlmanöver
aber finde es die Zeit nicht, wenn man die provisorische Ausübung des Budgets auf vier Monate
beschränke; deshalb verlange es sechs Monate.
Deshalb dürfe die Kammer diese sechs Monate nicht zugestehen.

Durch diese und ähnliche Reden sah sich nun
Rattazzi wohl gezwungen, aus der Verwilligung
der sechs Monate und der 100 Millionen Schatzbons
eine Cabinetsfrage zu machen. Er säumte keinen
Augenblick, dies zu thun: er verlangte ein Vertrauensvotum von der Kammer, während Sella die
bündigsten Versprechungen betreffs der rechtzeitigen
Vorlegung des Budgets für 1863 gab.

Die Verhandlung, welche am 27. Juni begonnen
hatte, kam am 29. zum Abschluss. Die Abstimmung
erfolgte mit Namensaufruf. Von 296 Deputirten
stimmten 215 für Rattazzi, 81 gegen ihn. Er hatte

also wieder einmal ein Vertrauensvotum
erbeutet.

Vom 2. bis zum 6. August berieth die Kammer
das Gesetz über die Veräusserung von Domänen-
gütern des Staates, welche nicht zum öffentlichen
Gebrauch bestimmt sind. Die Hauptzwecke dieses
Gesetzes waren, baares Geld in die Staatscassen zu schaffen, die Zahl der Eigenthümer
zu vermehren und dadurch den Volkswohlstand, also
auch wieder den Staatswohlstand zu fördern. Bei
den Verhältnissen Italiens kommt es immer noch darauf an, neue und kleine Eigenthümer zu schaffen.
Durch die Bedingungen, welche das Gesetz aufstellte,
den Versteigerungsmodus, die Zahlungen in kleinen
Raten und Aehnliches, sollte die Erwerbung von
Eigenthum auch minder wohlhabenden, aber streb-
samen Leuten erleichtert werden. Man begreift indessen, dass es mehr als auf die Gesetzartikel auf
die Handhabung derselben ankommt, um diesen
Zweck zu erreichen, und über die Art der Handhabung wird erst die Zukunft entscheiden. Im Ganzen
aber kann man wohl sagen, dass die sehr hervor-
stechende Absicht, bald recht viel Geld in die
Staatscasse zu bringen, der Erreichung des
andern Zwecks nicht sehr günstig ist. Wenn die
Massregel des Verkaufs der Domänen hätte in einer
Zeit ergriffen werden können, in welcher sich die
italienischen Staatsfinanzen in einem etwas erträg-
lichen Zustande befanden, so wäre dies dem Zwecke,
viele kleine neue Eigenthümer zu schaffen, offenbar
günstiger gewesen.

Bei der Verhandlung über dieses Gesetz hätte nun eigentlich nach dem, was am 11. Juni beschlossen worden war, die allgemeine Discussion über die Finanzlage des Königreichs stattfinden sollen. Obgleich ein grosser Theil der Kammer es nicht gern sah, machten auch einzelne Redner, wie namentlich Minghetti und Pasini Gebrauch von der Erlaubniss, die ihnen durch den früheren Beschluss geworden war.

Das Gesetz, nachdem es den Senat passirt hatte, konnte am 21. August 1862 verkündet werden. Ebenso wie mit ihm verhielt es sich mit dem andern ganz ähnlichen, welches den Uebergang der geistlichen Güter, die bisher einer besonderen Kirchencasse durch verschiedene Verordnungen in den einzelnen Provinzen zugeschrieben gewesen waren, in die Staatsdomänen feststellte, und welches am 7. und 8. August von der Deputirtenkammer besprochen ward. Für die geistlichen Güter, welche so zu den Staatsdomänen übergingen und wie diese an Privaten verkauft werden durften, ward eine fünfprocentige Rente in das grosse Buch der italienischen Schuld eingeschrieben. Das Gesetz machte einen wohlthätigen Riss durch die Verhältnisse des Besitzes zu todter Hand und die Macht, die der Geistlichkeit daraus erwuchs. Eine specielle Bestimmung desselben, welche unsere Beachtung verdient, ist diejenige, nach welcher die geistlichen Gebäude, die dergestalt zu Staatsdomänen werden, von den Gemeinden, in denen sie liegen, zu demselben Preise, zu welchem sie als Domänen angenommen sind, — ohne

dass eine Versteigerung stattfinde, erstanden werden
können.

*Organisation der Handelskammern.   Stempel- und
Registergesetz.*

Am 12. Juni ward das Gesetz über die Organisation der Handelskammern, welches den Interessen des Handels eine Vertretung in Beziehung
zum Staate geben, die vorhandenen Institutionen
dieser Art vermehren und sie für ganz Italien auf
den gleichen Fuss bringen sollte, welches nach mehr-
fachen Schicksalen vom Senat bereits durchberathen
war, von der Deputirtenkammer mit 194 gegen 31
Stimmen angenommen. Es ward am 6. Juli verkündet.

Die Gesetze über die Stempel- und Register-
taxen fanden in Süditalien, wo sie Complicirteres
an Stelle des Einfachen und zum Theil ganz neue
Steuern einführten, ohne dass bis dahin für die Ausgleichung der Steuern im Allgemeinen in den einzelnen verschiedenen Provinzen etwas gethan war,
einen heftigen Widerstand; sie hatten völlige
Strikes der Advocaten und einzelne Ruhestörungen
bei den Gerichtshöfen zur Folge. Zwar traten nun
sowohl in Palermo als in Neapel Advocatencom-
missionen, — am letztern Orte der Disciplinarrath —
zusammen, um die Angelegenheit in die Hand zu
nehmen und Ordnung hineinzubringen; indessen, ehe
dies durch Petitionen von jener Seite her an das
Parlament geschah, konnte es nicht fehlen, dass der
Gegenstand mehrfach durch Interpellationen an

die Kammer gebracht ward, Interpellationen, welche
beispielsweise auch dadurch veranlasst wurden, dass
das Ministerium sich veranlasst gesehen hatte, begütigende Mittheilungen nach Süditalien zu senden, — welches wiederum in der Kammer als eine
Verletzung der Rechte des Parlamentes ausgelegt werden konnte, da offenbar das Ministerium nicht
Abweichungen von einem Gesetz zusagen durfte
(wie es das that), welches in regelmässigem Laufe
alle Stadien der Gesetzgebung durchgemacht hatte.

Gesetze über fromme Stiftungen, Recrutirung, Desertion,
Depositen- und Leihcassen.

Vom 17. bis zum 24. Juni ward behandelt und
am letztern Tage mit 168 gegen 55 Stimmen angenommen das Gesetz über die frommen Stiftungen (Opere pie), dessen Zweck war, die Gesetzgebung über diesen Punkt zu vereinheitlichen und
die gedachten Stiftungen mehr, als es in einer grossen
Zahl von Provinzen noch der Fall war, dem Einfluss
der Geistlichkeit zu entziehen und der Staatscontrole
zu unterwerfen.

Am 24. Juni kam dann auch zur Verhandlung und
ward am 25. mit 191 gegen 29 Stimmen gebilligt
das Gesetz über die Ausdehnung des allgemeinen Recrutirungsgesetzes für Italien
auf die neapolitanischen Provinzen, in denen
es bisher noch nicht gegolten, in denen vielmehr noch
letzthin, wie in diesen Blättern erzählt, eine summa-
rische Aushebung nach den älteren neapolitanischen Gesetzen stattgefunden hatte; am gleichen

25. Juni ward die **Aushebung der Classe von
1842** nach dem jetzt allgemeinen Conscriptionsgesetz,
wobei auf die erste Kategorie aus ganz Italien 45,000
Mann ($^1/_5$ Procent der Bevölkerung) gerechnet wurde,
beschlossen.

Am 26. Juni folgte die Berathung des **Gesetzes
über die Desertion.** Die Veranlassung zu diesem
Gesetze haben wir bereits besprochen und man konnte
ihm diese Veranlassung **ansehn**; es war die **Geistlichkeit** darin einer ganz **besondern Aufmerksamkeit** gewürdigt. Weit entfernt davon, Milderungen
anzubringen, glaubte die Kammercommission das Gesetz noch **verschärfen** zu müssen, welches am
3. Juli mit 184 gegen 34 Stimmen angenommen ward.
Ueber den Artikel 9., welcher auch **Civilpersonen,**
die bei einem Desertionsvergehen betheiligt waren,
den **Militärgerichten** unterwirft! musste zum **Namensaufruf** geschritten werden. Mit 191 gegen
nur 49 Stimmen ward er gutgeheissen!

Das **Gesetz über die Depositen- und Leihcassen,** durch welches dafür gesorgt wird, dass
Depositen, welche bei den Staatsbehörden niedergelegt werden müssen, zum Nutzen der Deponenten und
des Landes angelegt werden können, kam zuerst am
4. Juli zur Berathung; diese ward aber schon am
5. Juli ausgesetzt, da sich Zweifel über den Nutzen
der zu grossen in dasselbe eingeführten **Centralisation** erhoben. An die Commission zurückgewiesen,
gelangte das Gesetz erst am 30. Juli von Neuem an
die Kammer und ward dann bis zum 1. August durchberathen.

Eisenbahnangelegenheiten.

Eine Anzahl von Concessionen zu Eisen-
bahnbauten, für die Einrichtung von Seepost-
linien und Aehnliches, können wir als unbedeutend
übergehen; dagegen müssen wir bemerken, dass am
9. Juli das Gesetz über das Strassennetz auf der
so sehr vernachlässigten Insel Sardinien mit grosser Majorität angenommen ward.

Was die neapolitanischen Eisenbahnen betrifft, so haben wir gesehen, wie nach dem Rücktritt
der Compagnie Talabot der Staat selbst die dortigen Bauten in die Hand nahm; indessen bei dem
Stande der Finanzen des Königreichs war es — ganz
abgesehen von der Zweckmässigkeit — unmöglich,
dass er den gesammten Bau durchsetzte, und es lag
daher nahe, dass er sich wieder mit Privatgesellschaften in Verbindung setzte, um den Bau durch
Privatmittel zu Stande zu bringen. Es meldeten sich
nun alsbald zwei neue Gesellschaften, Rothschild-
Talabot und Salamanca, von denen mit der erstern
ernste Unterhandlungen angeknüpft wurden. Unterdessen beschäftigte sich Bastogi damit, eine italienische Capitalistengesellschaft für die neapolitanischen Eisenbahnen zusammenzubringen, und am 31. Juli
ward der Kammer angezeigt, dass ihm dies gelungen
sei. Die Kammer zog nun die beiden Concessionen
an Rothschild und an Bastogi in Betracht, wobei
sich von vornherein eine grosse Vorliebe für die
italienische Gesellschaft kund gab und dieser, der
Compagnie Bastogi, ward dann auch in der Abend-

sitzung vom 9. August die Concession mit 195 gegen nur 25 Stimmen zugesprochen.

Auch die Gesellschaft der calabrisch-sicilianischen Eisenbahnen, — Adami-Lemmi, — hatte ihren Verbindlichkeiten nicht nachkommen können, so dass auch hier der Staat selbst einzutreten gezwungen worden war. Er hatte die Arbeiten auf den beiden Linien Massafra-Reggio und Palermo-Catania begonnen. Wie auf dem neapolitanischen Festland, so kam es auch hier vor, dass insbesondere in den abgelegneren Gegenden und bei den Vorarbeiten die vereinzelten Ingenieurs von den Briganden abgefangen, bisweilen misshandelt, immer aber gestört wurden.

Gesetze über Universitätsgebühren, Cumulirung der Aemter, verschiedene Steuern, Münzangelegenheiten.

Die Ungleichheit der Gebühren an den verschiedenen Universitäten des Königreichs Italien sowohl für die Immatriculation als für die Erlangung der Doctorwürde (Laurea) hatte in letzter Zeit, in Verbindung gebracht mit politischen Zwistigkeiten, an mehreren Universitäten zu bedauerlichen Bewegungen geführt, welche zu Pavia soweit gingen, dass diese Universität am 24. Juni geschlossen werden musste. Um dem Schaden aber gründlich abzuhelfen, legte die Regierung der Kammer ein Gesetz über die Ausgleichung der Gebühren an den italienischen Universitäten vor, welches die Deputirten, da hier die Professoren Gelegenheit fanden, Reden, theils pro domo, zu halten, ganz unverhält-

nissmässig lange beschäftigte und erst am 17. Juli
mit 154 gegen 67 Stimmen angenommen ward.

Das vom Senat verändert zurückgekommene Gesetz über die Cumulirung der Aemter ward
von der Kammer am 19. Juli ohne weiteres gutgeheissen; das gleichfalls vom Senat zurückgekommene
Gesetz über die Steuer auf verschiedene vom
Staat zu bewilligende Concessionen ward dagegen von der Deputirtenkammer am 21. Juli abermals verändert; dasselbe Schicksal hatte das Gesetz
über den Rechnungshof (Corte de' Conti) in den
Sitzungen vom 26. bis 30. Juli. Geringere Aenderungen hatte der Senat an dem Gesetz über das
Salz- und Tabaks-Monopol vorgenommen,
welches am 9. Juli schon wieder vor die Kammer kam.

Am 23. Juli nahm die Kammer ein Gesetz an,
welches den zehnprocentigen Kriegssteuer-
aufschlag auch auf die erst durch neuere Gesetze besimmten Steuern ausdehnte, und ein
weiteres, durch welches eine gleichmässige Steuer
auf die Spielkarten gelegt ward. Am 6. August
ward ein Gesetz über die Stempelmarken angenommen.

Am 12. Juli bewilligte die Kammer die nothwendigen Mittel zur Ausprägung von Kupfermünzen
und Zurückziehung der alten verschiedenartigen, noch
in Curs befindlichen, und nahm dann am 9. August
das Gesetz über das einheitliche Münzsystem des
Königreichs an.

Gesetze über die Ausdehnung der Urtheile, die geistlichen
Güter auf Sicilien, Administration und Civilliste.

Am 24. Juli gelangte ein Gesetzvorschlag über
die Ausdehnung der Urtheile in den Südprovinzen zur Verhandlung. Nach den Gesetzen für
Neapel und Sicilien muss das Urtheil eine summa-
rische Angabe der Thatsachen enthalten. Durch verschiedene weitere Bestimmungen war es aber dahin
gekommen, dass diese Angabe sich zu einer vollständigen weitläufigen Geschichtserzählung er-
weiterte, durch deren Nothwendigkeit für die Parteien
die Processe enorm vertheuert wurden. Es ward nun
der Vorschlag gemacht, diesen Missbrauch abzube-
stellen. Am 23. Juli ward die Berathung ausgesetzt,
da man den Gesetzentwurf in Verbindung mit den
Aenderungen gebracht hatte, welche an dem drücken-
den Stempel- und Registergesetz namentlich von den
Südprovinzen her gewünscht wurden. Am 25. Juli
hatte die Commission ihre Revisionsarbeiten vollendet
und das von ihr vorgelegte Gesetz ward nun mit 198
gegen 30 Stimmen angenommen.

Am 23. und 24. Juli kam vor die Kammer und
ward am letztern Tage von ihr gebilligt ein Gesetz,
welches, obwohl nur auf Sicilien bezüglich, doch
von grosser allgemeiner Wichtigkeit ist. Man
konnte sich nicht verhehlen, dass eines der grössten
Hindernisse des Anbaues dieser gesegneten Insel die
umfangreichen geistlichen Güter seien, welche
theils unter königlichem Patronat, theils unter den
Bischöfen, Aebten u. s. w. standen. Garibaldi hatte

daher schon durch eine Dictatorialverfügung verordnet, dass diese Güter in Erbpacht gegeben werden sollten. Die Verfügung war nicht zur Ausführung gekommen, ward aber jetzt, wie so vieles, was man zuerst für unvernünftig ausgeschrieen, wieder aufgenommen. Die Ausgabe in Erbpacht in mässigen Loosen war dem Verkauf vorgezogen worden, weil man den armen Mann begünstigen wollte, der die Mittel zum Kauf von Gütern nicht hätte. Damit er sich aber aus dem Stande des Erbpachters in den des Eigenthümers erheben könne, ward durch das Gesetz die Ablösbarkeit ausdrücklich verordnet. Der Grundgedanke des Gesetzes war gut, aber, wie wir es schon bei dem Gesetze über die Veräusserung der Staatsdomänen gesagt haben, es kommt hier Alles auf die Handhabung an. Immerhin ist es ein Schritt zum Guten, wenn soviel als möglich Boden dem Besitz der todten Hand entzogen wird.

Die allgemeine Administration des Königreichs war, wie wir davon im vorigen Buch geredet, noch immer nicht durch gemeinsame Gesetze auf gleichen Fuss gestellt. Alles war hier noch Stückwerk und Nothbehelf. So waren allerdings, wie bekannt, die persönlichen Verhältnisse und Stellungen der Präfecten und Unterpräfecten gesetzlich und gleichförmig geordnet; doch fand dies noch keine Anwendung auf das subalterne Personal der Administration. Am 25. Juli ertheilte nun die Kammer dem Ministerium die gesetzliche Vollmacht, auch dieses Personal nach gleichförmigen Normen für ganz Italien zu ordnen.

Am 2. August nahm die Kammer ein Gesetz über die Erhöhung der Civilliste entsprechend der Erweiterung des alten subalpinischen Reiches zum Königreich Italien, und am 9. August mit 211 gegen nur 14 Stimmen über Aenderungen in dem bisherigen Recrutirungsgesetz an, welches unter Anderm auch die Zahl der Ausnahmen von der Verpflichtung zum Eintritt in den Dienst vermehrte.

Wir schliessen hiermit vorläufig unsere Uebersicht über denjenigen Theil der Kammerverhandlungen ab, welchen man füglich den laufenden nennen kann, um nun wieder zurückgreifend in den Gang der schwebenden und entscheidenden Frage einzutreten.

VIII.

Die römische Frage und die römischen Angelegenheiten unter dem Ministerium Rattazzi bis Mitte Juli 1862.

Lavalette und Goyon; ihr Streit.

Wir haben gesehen, wie der französische Versuch — ob nun ernstlich gemeint oder nicht, kann nach den von uns immer festgehaltenen Anschauungen ziemlich gleichgültig sein — die päpstliche Regierung zu directen Verhandlungen mit dem Königreich Italien zu bestimmen, im Januar 1862 glänzend gescheitert war. Wir wissen auch, dass sich zu Rom zwei Vertretungen des französischen Kaiserreichs neben einander befanden, die eine repräsentirt durch den Ober-

commandanten der Truppen, General G o y o n, die
andere durch den eigentlichen Gesandten L a v a l e t t e.

L a v a l e t t e wirkte mässig in einem Italien freundlichen Sinne; G o y o n erwiess sich als den ergebensten
Anhänger des P a p s t e s. Wenn das für Victor Emanuel
arbeitende r ö m i s c h e N a t i o n a l c o m i t é die Römer
aufforderte, sich nicht bei der Carnevalsfeier auf den
hergebrachten Plätzen zu betheiligen, sondern sich
auf andern Puncten zu versammeln, wenn nun die
Römer diesen Anweisungen folgten, so rasselte G o y o n
mit dem Säbel, consignirte die Truppen in den Casernen, oder verdoppelte die Wachen und besetzte
die Plätze, während die päpstliche Polizei, oder die
beiden päpstlichen Polizeien, nämlich die eigentliche
vom Cardinal M a t t e u c c i geleitete, und die andere
militärische des Cardinal Kriegsminister M e r o d e Verhaftungen von Liberalen vornahmen, um den ver-
meintlichen Verschwörungen auf die Spur zu kommen.
Aber den B r i g a n d e n that der französische General
trotz der Mahnungen des Gesandten nichts, und war
sogar sehr unzufrieden damit, wenn er einmal ein
wenig einschreiten m u s s t e, da dieser oder jener
seiner Untercommandanten nicht eben so gedacht
hatte, als er.

L a v a l e t t e konnte keine Verhandlungen mehr
führen, er hatte mit A n t o n e l l i gegenwärtig nur
noch U n t e r h a l t u n g e n, diese hatte aber G o y o n
auch und nicht blos mit Antonelli, sondern auch
mit dem P a p s t und mit F r a n z II., und bei jeder
Gelegenheit, bei jeder Feierlichkeit trat er mit offi-
cieller Miene auf und machte Versicherungen und Ver-

sprechungen, wie sie Lavalette seiner Ueberzeugung und seinen Instructionen nach nicht machen durfte, Lavalette sah sich nicht blos ganz zurückgedrängt, sondern auch in jedem vernünftigen Wirken, welches noch etwa als möglich gedacht werden konnte, be-. schränkt.

Lavalette sprach mit Goyon selbst über diese eigenthümliche Lage; er stellte ihm vor, der General müsse vom Gesandten abhängen, der General dürfe daher nicht über Geschäfte mit dem Papst und Antonelli direct verkehren, er müsse sich über die Massregeln, die er zum Schutz der Ruhe in der Stadt wie gegen die Brigandage ergreifen wolle, zuvor mit dem Gesandten verständigen; der General dürfe auch keinen Verkehr mit Franz II. unterhalten.

Goyon antwortete hierauf, er habe seit dem Neujahr keine Audienz bei dem Papste gehabt und am Neujahr habe er als der Repräsentant von 300 französischen Officieren in deren Gegenwart geredet; mit Antonelli müsse er officiell verkehren, seit er aus bekannten Gründen keine Beziehungen mehr zu Marode haben könne; mit Franz II. habe er nur verkehrt, um ihm anzuzeigen, dass den französischen Truppen Briganden in die Hände gefallen seien, welche ins Römische hinüberwollten und seinen Namen missbrauchten; dann etwa habe er dem König Franz noch einmal einen Gegenbesuch für einen Besuch gemacht, mit dem ihn dieser beehrte. Jede Abhängigkeit vom Gesandten, überhaupt von einem andern als dem Kriegminister, Marschall Randon lehnte Goyon ab. Nicht zufrieden damit, dem

Gesandten dies alles mündlich gesagt zu haben, entwickelte er ihm dasselbe auch noch einmal schrift-
lich und hob insbesondere hervor, dass er sich durch
seine Ehre, seine politischen und religiösen Ueberzeugungen für gebunden halte, die weltliche Herrschaft des Papste's zu vertheidigen, möge Lavalette darüber Ansichten haben, welche er wolle.

Mit diesem Briefe in der Tasche und im Einverständniss mit Thouvenel reisete nun Lavalette
am 23. März von Rom nach Paris ab, um dort
selbst seine Sache zu führen und namentlich auf eine
Entscheidung der Frage zu dringen, ob Frankreich
in Rom eine politische Vertretung haben solle oder
zwei, ob also der General vom Gesandten abhängen
solle oder nicht.

Goyon berichtete über den Vorfall nicht blos sogleich an den Kriegsminister, sondern um in Paris
dem Marquis auch einen persönlichen Kämpen
entgegenzustellen, sendete er dorthin seine Frau.

Ausserdem um zu zeigen, wie ungerecht die Klagen seien, die gegen ihn als Begünstiger der Brigandage erhoben würden, schwang er sich zu einer ganz
ausserordentlichen That auf. Franz II. hatte jeden
Zusammenhang mit der Brigandage, wie sich von
selbst verstand, abgeläugnet; Franz II. Name war
also „gemissbraucht" worden, und alle Klagen blieben
auf dem General Clary, den man als den Kriegsminister für die Brigandage bezeichnen kann,
sitzen. Goyon drang nun darauf, dass dieser Mann
aus Rom ausgewiesen werde und zwar — nach Civitavecchia, wo er den Vortheil hatte, mit den aus-

wärtigen Brigandencomités, namentlich mit dem von Marseille noch bequemer verkehren und das Speditionsgeschäft noch unbehinderter betreiben zu können.

In Paris erhob sich nun zwischen Lavalette und Frau von Goyon ein lebhafter und langdauernder Kampf, der je nach den Stimmungen Napoleons III. und den Vorfällen in Rom und Italien hin und her schwankte. Auf der ersten Seite standen Thouvenel, Persigny, Pietri, Billault, auf der letztern Seite die Kaiserin Eugenie, der Marschall Randon, Walewski, Baroche. Nicht lange war Frau von Goyon in Paris, als sich die Sachen für sie so günstig gestalteten, dass sie schon glaubte, ihrem Manne jene berühmte Depesche nach Rom senden zu können: Sieg auf der ganzen Linie! Aber der Gang der Dinge wollte, wie wir sehen werden, dass sie sich getäuscht hatte.

Das Maiconcil. Vorbereitungen dazu.

Wir haben bereits von der Einladung geredet, welche von Rom aus an die Bischöfe der gesammten katholischen Christenheit erging, in deren Hauptstadt sich zu einem grossen Concil zur Feier der Canonisation von 27 Märtyrern zu versammeln, die in Japan ihren Tod gefunden. Die französische Regierung forderte Aufklärungen darüber, wie diese Einladung gemeint und wesshalb sie ihr nicht vor der Veröffentlichung in Frankreich zur Billigung vorgelegt sei. Da nun Antonelli antwortete, die Einladung sei eine rein freundschaftliche, so sprach die Regierung den Bischöfen gegenüber die Erwartung aus, sie würden ihre Diöcesen nicht ohne besondere Veranlassung verlassen und die Erlaubniss dazu nicht ohne eine solche einholen. Die französischen Bischöfe indessen schickten sich gerade an, in Massen theils mit, theils ohne Erlaubniss aus ihren Diöcesen nach Rom zu gehen und schon von Mitte März ab fanden sie sich dort ein, obgleich doch das Concil selbst ursprünglich erst auf den Mai angesetzt war und thatsächlich noch später stattfand.

Wie wenig das Maiconcil, wie wir es vorläufig nennen wollen, eines politischen Characters entbehren sollte, das konnte man aus verschiedenen Erscheinungen sehen, insbesondere aber aus der Regsamkeit der Geistlichkeit in Italien erkennen.

Am 25. März hatte in Rom gleichsam ein Vorspiel zu der verkündeten Massencanonisation statt, indem ein Decret über die Canonisation von drei Jesuiten, die in Japan getödtet waren, verlesen wurde. Dabei nahm der Papst Gelegenheit, eine Rede an den Jesuitengeneral zu richten, in der er erklärte, dass die Kirche die weltliche Herrschaft zwar nicht als ihr Dogma verkünden, aber allerdings an ihr als einer Nothwendigkeit festhalten werde.

Wenn es auf der einen Seite nicht an liberalen und nationalen Bewegungen der niederen Geistlichkeit in Italien fehlte, welche sich auch auf dem Gebiete der Association bemerkbar machten, so beschränkten sie sich doch ganz wesentlich auf die Unterzeichnung unfruchtbarer, insbesondere von dem

gelehrten Pater Passaglia angeregter Adressen
an den Papst, er möge die weltliche Herrschaft
aufgeben. Und die höhere Geistlichkeit wüthete
selbst gegen diese unschuldigen Spiele mit Amts-
suspensionen und sonstigen Scheerereien, die ihr zu
Gebot standen, und sie war dabei keineswegs verlassen von dem niedern Clerus; vielmehr, wenn man
vom letzteren denjenigen Theil abzählte, welcher
blind den Bischöfen folgte und in ihrem Sinne arbeitete, und den andern, welcher sich eines unschuldigen Liberalismus schuldig zu machen wagte, so
war die Majorität weitaus bei dem ersteren Theil.

Besonders verderblich zeigte sich der Einfluss des
reactionären Clerus, wie wir schon gesehen haben,
durch die Verleitung von Soldaten zur Desertion. Gezwungen zum Einschreiten ermittelte die
italienische Regierung, dass es nicht Einfälle ein-
zelner blödsinniger Geistlicher niederen Ranges gewesen waren, welche sie bestimmten, die Desertion
den Soldaten als Bedingung der Absolution aufzuerlegen, oder aufreizende Predigten gegen das Gouvernement zu halten, — sondern dass alles dies
durch Befehle von Bischöfen angeordnet war,
die wieder ihre Instructionen von Rom im Sinne
eines grossen Reactionsplanes erhielten, welcher
sich sehr wenig auf geistlichem Gebiete
hielt, in welchem vielmehr das Weltliche entschieden überwog.

Am 8. April musste der Capitelsvicar von Bologna, Monsignor Canzio, verhaftet werden; in der
Nacht vom 16. auf den 17. April fand eine Haus-

suchung beim Secretär des Erzbischofs von Pisa
statt, am 16. beim Bischof von Pesaro, unmittelbar
darauf musste der Bischof von Fano, Vespasiani,
verhaftet werden, welcher eben so wie Canzio Hir-
tenbriefe erlassen hatte, durch welche die Geistlichen
angewiesen wurden, die beichtenden Soldaten zur
Desertion zu verpflichten.

Dergleichen Dinge kamen alle Tage und überall
vor; und Alles, was bekannt wurde, musste schliessen
lassen, dass das Maiconcil nur die Stelle einer Haupt-
schlacht in dem ganzen Treiben einnehmen würde,
welches von Rom ausging und sich als unversöhn-
liche Feindschaft gegen das neue Italien
characterisiren liess. Die Turiner Regierung konnte
unter solchen Umständen die Reise italienischer Bischöfe nicht begünstigen, und in der That als verschiedene Bischöfe Pässe zur Reise nach Rom verlangten, ward ihnen geantwortet, dass die Regierung
im Interesse der Kirche selbst, da die öffentliche
Meinung sich durchaus gegen das Concil ausspreche, glaube, diese Pässe verweigern zu müssen.

Das Lager von Porto d'Anzio. Abberufung Goyons von Rom.
Rückkehr Lavalettes. Seine neuen Instructionen.

Während Victor Emanuel seine Reise nach
Neapel machte, zog der Papst ein grosses Lager
seiner getreuen Truppen zu Porto d'Anzio an der
Meeresküste zusammen und begab sich selbst dahin,
um in aller Sicherheit gegen einen Handstreich seitens der Italiener die Meerluft zu geniessen. Es

kamen hier verschiedene Scenen vor, welche man im 19. Jahrhundert für unglaublich halten sollte; wir begnügen uns nur von dem „heiligen Tornister" zu reden. Es war dies nämlich ein Tornister eines Soldaten, auf welchem der Papst im Lager umherwandelnd den Fuss gestellt hatte, damit er bequemer geküsst werden könne, und der nun sogleich vom Kriegsminister Merode zur Reliquie erklärt, allen Truppentheilen zugesendet ward und, wie man sagt, später auch in andere katholische Länder versendet worden ist, um dort den Truppen vorgezeigt zu werden.

Pius IX. hatte ursprünglich die Absicht gehabt, recht lange in der Mitte seiner Getreuen zu verweilen; doch kehrte er schon am 3. Mai und sehr plötzlich nach Rom zurück. Es waren nämlich Depeschen von Paris eingetroffen, welche verkündeten, dass nicht Goyon, sondern Lavalette „auf der ganzen Linie gesiegt habe." Es war entschieden, dass Goyon von Rom abberufen werde und Lavalette wieder in die Hauptstadt der katholischen Welt zurückkehre.

Es war ganz entsprechend dem Schaukelsystem, welches Napoleon III. gegenüber dem Papst und dem Königreich Italien immer beobachtet, wobei er natürlich das Zünglein der Waage mit seiner römischen Besatzung beständig festhielt, dass er jetzt wieder einmal den über die päpstliche Wirthschaft entrüsteten Italienern neue Hoffnungen, die zu hegen sie sehr bereit waren, auf eine baldige Lösung machte, und dem Papst zeigte, dass er ihn auch

ärgern könne. Es kam dazu noch das Bedürfniss
des Kaisers von Frankreich, sich in einer oder der
andern Weise England gefällig zu erweisen, welches, wie man annahm, an neuen, Frankreich nicht
freundlichen Alliancen arbeitete. Alles dies zusammen bestimmte Napoleon III., Goyon von Rom zu-
rückzuberufen und Lavalette wieder dorthin zu
senden. In der gleichen Zeit hatte er sich dazu verstanden, den König Victor Emanuel durch den Prinzen
Jerome Napoleon in Neapel becomplimentiren zu
lassen. Es war ein nicht übler Witz Lavalette's
gewesen, dass er darauf aufmerksam gemacht hatte,
wie es passend sei, dass während Victor Emanuel
sich in Neapel befinde, der so nahe Commandant
der französischen Truppen in Rom sich dorthin begebe, um den befreundeten Monarchen zu begrüssen.
Goyon, sobald er nur von dieser Idee hörte, that
sehr respectwidrige Aeusserungen, unter anderm auch
die, dass er, insofern er einen derartigen Befehl er-
hielte, es von der Entscheidung des Papstes
abhängig machen werde, ob er demselben folgen solle
oder nicht. Wenn man nun Goyon abberief, wenn
dessen Abreise sich verzögerte, wenn dagegen der
neue Truppencommandant erst nach Victor Emanuels
Abreise von Neapel in Rom eintraf, so ersparte man
nicht blos Goyon ein tiefes Herzeleid, man machte
auch so, dass überhaupt kein Commandant der französischen Truppen zu Rom sich zur Begrüssung des
Freundes und Nachbars nach Neapel begab. Und
dieses Nichterscheinen des benachbarten französischen
Commandanten blieb immer und immer eine Thatsache,

wenn auch die gläubigen Gemüther es endlich für
einen viel höheren Freundschaftsbeweis des Kaisers
Napoleon erklärten, dass er — wir hätten beinahe
gesagt seinen eingebornen Sohn, — dass er also den
Prinzen Jerome Napoleon nach Neapel schickte
oder nach Neapel gehen liess.

Die Wiederkehr des Nationalfestes Italiens,
welches diesmal auf den 1. Juni fiel, gab der Geistlichkeit neue Gelegenheit, ihre Feindschaft gegen das
Königreich zu bethätigen. Rattazzi hielt es für
nöthig, am 10. Mai von Neapel ein Circular an die
Präfecten und die Unterbehörden zu erlassen, in welchem er daran erinnerte, dass durchaus kein Zwang
oder nur der Schein eines solchen angewendet werden dürfe, um die Geistlichkeit zur Betheiligung am
Nationalfest zu bestimmen, und dennoch gab er zugleich zu erkennen, dass es sehr erfreulich sein
würde, wenn die Geistlichkeit sich an diesem Feste
betheilige, und wies die Behörden an, sich auf freund-
lichem Wege über die etwaige Theilnahme der Geistlichkeit mit derselben zu verständigen. Dies hatte
nun zur Folge, dass vieler Orten die Bischöfe dem
niederen Clerus die Betheiligung an dem — „rein
bürgerlichen“ — Feste geradezu verboten und zwar
obenein unter Androhung von Strafen. Bemerken wir hier beiläufig, dass das Dazwischenkommen
der Ereignisse von Sarnico die Feier des Nationalfestes diesmal sehr herunterdrückte, so dass die meiste
Erregung durch seine Wiederkehr noch in denjenigen italienischen Ländern hervorgerufen wurde,
welche nicht zum Königreich Italien ge-

hörten, also in Venetien und Rom. Immerhin blieb das Factum bestehn, dass auch bei dieser Gelegenheit die Geistlichkeit ihre Feindschaft gegen das neue Königreich zu beweisen trachtete.

Unmittelbar nachdem das Ministerium Rattazzi sich überzeugt hatte, dass der Sturm von Sarnico unschädlich an ihm vorübergerauscht sei, und während der Prinz Jerome Napoleon sich in Neapel befand, entsandte Durando an den italienischen Gesandten zu Paris, Nigra, eine Note, in welcher er behauptete, dass der Aufenthalt des Königs im Neapolitanischen den Beweis geliefert habe, wie unmöglich die Einrichtung eines andern Regimentes als desjenigen Victor Emanuels, in seinen Provinzen sei, dass allerdings die Brigandage dort noch etwas störe, aber immer mehr sich auf nichtige Verhältnisse beschränke und alsbald ganz verschwinden würde, wenn Franz II. Rom verliesse. Wie neuerdings die italienische Regierung die „Emigrirten" von der venetianischen Grenze entfernt habe, um alle Störungen zu vermeiden, so möge doch jetzt auch der Kaiser Napoleon den Emigranten Franz II. aus den gleichen Gründen von Rom entfernen.

Diese mit liebevollem Vertrauen geschriebene Note war vom 20. Mai. An demselben Tage vollzog sich zu Paris ein grosser Act. Am 18. Mai, Sonntags, hatte Papa Goyon das liebe Rom geräumt, um sich nach Paris zu begeben, wo er zum Senator ernannt und überhaupt in jeder Weise geliebkoset werden sollte. Unterdessen packte in Paris Lavalette, der Gesandte, welcher bestimmt war, nach Rom zu-

rückzukehren, seine Koffer. Was sollte der Mann
eigentlich dort? Darüber zerbrachen sich nicht bloss
andere Leute, darüber zerbrach sich auch der Mann
den Kopf, welcher darüber nothwendig entscheiden
musste. Das heisst, darüber zerbrach sich Napoleon den Kopf nicht. Er wusste recht gut, dass er
eigentlich keinen andern Gesandten, als Papa Goyon
oder sonst einen beliebigen spasshaften General in
Rom brauchte. Indessen, er hatte sich einmal dazu
herbeigelassen, der Welt, und den gläubigen Italienern
zumal, eine Farce vorzumachen, und darüber zerbrach er sich nun allerdings den Kopf, wie er es an-
stellen solle, dass diese Farce gut gespielt werde,
dass er, der Mann des Jahrhunderts, nicht als schlechter Schauspieler dastehe. Und unter diesem Eindruck,
bei diesen erschwerenden Umständen, widmete er den
20. Mai der Abfassung eines Briefes an seinen
Minister des Auswärtigen, Herrn Thouvenel;
eines Briefes, dem man es wohl ansieht, dass er
leichter zu lesen ist, als er geschrieben wurde.

Napoleon stellt in seinem Briefe den Satz auf,
dass eine Versöhnung zwischen Italien und dem
Papstthum nicht blos beiden Theilen nützlich, sondern auch möglich sei, — was wohl richtig ist,
wenn beide Theile sich auf einem nichtssagenden
Standpunkte halten wollten oder könnten, oder wenn
sie genau befolgen wollten, was Napoleon ihnen vor-
schreibt.

Frankreich, sagte Napoleon, dürfe seine Versuche, die Versöhnung zu bewerkstelligen, nicht aufgeben, es müsse der Politik treu bleiben, die

es seit 1849 in der römischen Frage be-
folgt.

Auf die allgemeinen Andeutungen hin, welche der
Kaiser in diesem Schreiben machte, und auf genauere
hin, welche er mündlich machte, verfasste der Minister des Auswärtigen am 30. Mai die Instructionen, welche Lavalette bei seiner neuen Sendung
mit sich nach Rom nehmen sollte. War es an der
Scheide der Jahre 1861 und 1862 der Auftrag Lavalette's gewesen, auf directe Verhandlungen zwischen Rom und Turin hinzuarbeiten, so ward ihm
nun die neue Angabe, dem römischen Stuhl
directe Anträge Frankreichs zu machen,
welche, wenn sie in Rom angenommen wurden, der
Kaiser Napoleon sich verpflichtete, auch den Turinern
und andern Leuten genehm zu machen.

Die neuen Vorschläge, welche Lavalette in
Rom vortragen sollte, liessen sich nach der eigenen
sehr richtigen Anschauung des Gesandten materiell in
vier Punkte zusammenfassen, nämlich:

1. Frankreich hält an dem gegenwärtigen
Territorialbestande des Kirchenstaats fest;
der Papst mag alle möglichen Rechtsvorbehalte aufstellen, aber er soll sich dazu verstehen, seine Herrschaft auf die Provinzen zu beschränken, die man
ihm thatsächlich bis jetzt gelassen hat; Frankreich
wird dagegen darauf hinarbeiten, dass das Königreich
Italien sich verpflichte, dieses Gebiet des Papstes
nicht anzugreifen. Frankreich würde ausserdem
die Mächte, welche den Wiener Vertrag von 1815
unterzeichnet haben, dazu zu bestimmen suchen, dass

sie in Gemeinschaft dem Papste das ihm verbliebene
Gebiet garantirten.

2. Italien würde, wenn nicht die ganze, so doch
den grössten Theil der Schuld des ehemali-
gen (weiteren) Kirchenstaats übernehmen.

3. Der Kaiser würde den europäischen Mächten, und insbesondere den katholischen, die Zusam-
menbringung einer Civilliste vorschlagen, Frankreich würde sich dabei mit 3 Millionen Francs betheiligen.

4. Der Papst würde die geeigneten Reformen
bewilligen, so die Liebe seiner Unterthanen gewinnen und den äusserlich von den Mächten
garantirten Stand der Dinge auch innerlich be-
festigen.

*Die Canonisation der Märtyrer von Japan und die Er-
klärungen der Bischöfe über die weltliche
Herrschaft des Papstes.*

Am 6. Juni kam Lavalette in Rom an; nicht
ohne Besorgniss von Antonelli erwartet, der be-
fürchtete, dass der siegreiche Gesandte mit italienischen Demonstrationen empfangen werden würde, und
sich darauf rüstete, solchen Falles mit Waffenge-
walt einzuschreiten. Lavalette musste den Beginn
seiner neuen diplomatischen Thätigkeit einige Zeit
hinausschieben, denn jetzt gerade hatte man für
nichts Sinn und Zeit als für das Maiconcil. Die
zahlreich herbeigeströmten Bischöfe wiesen Rom jetzt
wahrhaft als die Hauptstadt der katholischen Welt

auf. Die französischen Bischöfe machten sich ganz besonders bemerkbar.

Am 15. Mai hielt der Papst ein glänzendes Vorbereitungsconsistorium; die Geschichte der neuen siebenundzwanzig Heiligen und ihr Lob ward hier verkündet und der Papst zeigte an, dass er die Canonisation am 8. Juni, am Pfingstsonntage vornehmen werde.

Am 22. Mai ward abermals ein Consistorium gehalten; die fremden Bischöfe predigten übrigens in allen Kirchen umher, veranstalteten kleine Demonstrationen und trieben dergleichen Spiele; die Franzosen haranguirten bei verschiedenen Gelegenheiten auch ausserhalb der Kirchen das römische Volk, ohne sich im Geringsten darum zu kümmern, dass dieses kein Wort französisch verstand. Die Hauptrolle spielte der berüchtigte Monsignor Dupanloup, welcher sich überall sehen liess, auch die Lager und die Casernen der Truppen besuchte und von seinen Collegen mit der Abfassung der Monstreadresse beauftragt ward, welche am 9. Juni dem Papste überreicht werden sollte.

Am Pfingstsonntag nun ward mit allem Pompe der Kirche in St. Peter der feierliche Act der Canonisation der 27 Märtyrer vollzogen. Bemerkenswerth ist es, dass in derselben Zeit, in welcher dieses zu Rom vorging, die Engländer Nachforschungen in Japan anstellten, um zu ermitteln, dass die neuen Heiligen, welche dort den Tod gefunden, ihn redlich verdient hätten, weil sie sich, Unruhe stiftend, in die politischen Verhältnisse des Landes einmengten.

Am 9. Juni, dem Pfingstmontag, fand dann
das grosse Consistorium statt, welches sich an
die Canonisationsfeier knüpfen sollte. Der Papst hielt
hier an die Bischöfe eine jener wüthenden Allocu-
tionen, welche, aus finstern frühern Jahrhunderten
stammend, allen Fortschritt der Weltgeschichte, allen
Gewinn moderner Cultur und Civilisation verdammen.
Modern aber war es, dass die Versammlung der Bischöfe ihren Beifall über diese Allocution durch ra-
sendes Händeklatschen zu erkennen gab. Als der
Sturm sich gelegt, wurde von der dazu erwählten
Commission die Adresse der Bischöfe, von Dupanloup verfasst, dem Papste überreicht und verlesen. Sie war unterzeichnet von 265 Erzbischöfen
und Bischöfen, unter denen 40 italienische. Von den
40 italienischen waren 10 Cardinalbischöfe, die übrigen auch nur zum Theil Diöcesanbischöfe. Der we-
sentliche Inhalt der Adresse war der: dass Rom
der Kirche gehöre und dass die weltliche
Herrschaft des Papstes eine Nothwendigkeit
für die katholische Kirche sei.

Am 14. Juni ward in Turin die Bischofsadresse
bekannt und am gleichen Tage gelangte an den Präsidenten der Deputirtenkammer, von vielen Abgeordneten unterzeichnet, der Antrag, eine Adresse an
den König zu richten und ihn zu bitten, dass er
feierlich erkläre, Rom sei die Hauptstadt seines
Reiches.

Audinot entwickelte den Antrag: der offenbaren
Reaction der Bischöfe gegenüber müsse Italien dem
König Victor Emanuel sagen: Sire, Italien ist mit

Ihnen, und mit Italien ist das Recht und die Gerechtigkeit.

Obgleich Rattazzi die Adresse für vollkommen überflüssig erklärte, obgleich dasselbe von der Linken geschah, welche theils wollte, dass man bewaffnet nach Rom ziehe, um zu protestiren, theils wollte, dass man den Clerus secularisire, um ihm die Macht des weltlichen Reichs und die Macht der Ideen zu zeigen, ward die Adresse dennoch beschlossen und nach dem Entwurf der Commission am 18. Juni angenommen.

Am 22. Juni überreichte eine Deputation der Kammer, den Präsidenten Tecchio an der Spitze, dem Könige die Adresse. Victor Emanuel bemerkte zuerst lächelnd, als er von der Absicht der Kammer, unter den gegenwärtigen römischen Verhältnissen eine Ansprache an ihn zu richten, gehört, habe er unwillkürlich gedacht, die Kammer fürchte, dass er sich vor der Politik der Bischöfe beugen könne. Dann drückte er die Hoffnung aus, dass Italien sein Ziel bald erreichen werde, mahnte zu ruhiger Auffassung und Arbeit, warnte vor dem Ueberstürzen der extremen Parteien und versprach mit seinem Ministerium kühn auf dem Wege zum Ziele Italiens vorgehn zu wollen; wobei er auf die Unterstützung der ganzen Nation rechne.

Dort also steht die heilige Versammlung der Bischöfe und erklärt, dass Rom für alle Zeit der Kirche gehöre, dass für die Kirche die weltliche Herrschaft eine Nothwendigkeit sei, dass durch keinen Vertrag, durch kein Recht, nur durch Raub, thatsächlich von dieser weltlichen Herrschaft etwas genommen werden könne, dass **Rom mit dem weltlichen Königreich Italien nicht das Mindeste zu schaffen habe.** Und hier stehn die Vertreter des italienischen Volkes und sagen, dass Rom ebenso nothwendig zum weltlichen Königreich Italien gehöre, wie das Haupt zum lebendigen Körper.

Und zwischen den beiden einander feindlichen Parteien steht Vater Napoleon, ringt sorgenvoll die Hände, ruft einmal über das Andere: **wenn die Leute doch nur vernünftig wären!** und predigt Vernunft. Aber **welche Vernunft?** Der Papst soll zwar die weltliche Herrschaft behalten, aber nur über das Stück Land, welches ihm die weltliche Macht bisher gelassen hat, und er soll die Herrschaft über dieses Stück auch noch durch „Reformen" verweltlichen. Er soll das, was er Raub nennt, **anerkennen. Italien** dagegen soll für **alle Zeit** auf **Rom, seine Hauptstadt, verzichten** — und dafür sehr viel **Geld bezahlen!**

Die neuen Verhandlungen Lavalette's mit Antonelli und deren Ergebniss.

Als die Wogen der grossen Märtyrerfeier ein wenig verrauscht waren, ging Lavalette an sein unfruchtbares Werk, zunächst Antonelli zur Vernunft zu bringen. Vier Conferenzen folgten einander in ununterbrochener Reihe, und **am Ende der vierten standen die Dinge ganz ebenso, wie vor dem Beginne der ersten.** Auf den Fels Petri gestützt, erwiderte Antonelli das ewige: **non possumus!**

Der heilige Vater, sagte Antonelli, könne den
Raub, der an ihm begangen, nicht gutheissen, indem
er sich einen Theil des Kirchenstaats, denjenigen,
welcher ihm äusserlich bisher geblieben, von den
Mächten garantiren lasse. Warum man übrigens
diese Vorlagen statt zuerst dem heiligen Vater, nicht
zuerst Piemont gemacht, dem einzigen Urheber aller
Unordnung?

Aus Ehrfurcht vor dem heiligen Stuhl, erwiderte
Lavalette. Ob übrigens der Papst die vorliegende
Proposition annehmen würde, wenn zuerst das König-
reich Italien ihr die Zustimmung gegeben?

O Nein! antwortete Antonelli, die Sache und
ihr Wesen blieben immer dieselben. Es sei eine
sonderbare Idee, fügte der Cardinal hinzu, dass dieselben Mächte, welche 1815 dem Papste den ganzen Kirchenstaat garantirt hätten, ihm nun wieder
ein kleines Stück garantiren sollten. Warum sie
denn ihre erste Bürgschaft nicht aufrecht erhielten?
Was solle man von dieser zweiten hoffen und erwarten?

Lavalette erwiderte auf diese kitzliche Frage,
dass die Wiener Verträge thatsächlich an verschiedenen Punkten angefressen seien, dass die Welt-
lage seit 1815 eine andere geworden sei und dass
daher allerdings eine Garantie von heute einen höheren materiellen Werth haben würde, als die Berufung auf die Garantie von 1815.

Vergebens!

Dass das Königreich Italien, — oder Piemont, —
die Schulden des Kirchenstaats übernehme, könne

der Papst auch nicht zugeben, sagte Antonelli; auch darin würde eine Anerkennung der Ursurpation liegen; der Papst rechne auf den Beistand der Gläubigen, um seinen Verpflichtungen nachzukommen; damit falle denn auch der Vorschlag wegen Aussetzung und Garantie einer Civilliste dahin. Die Reformen seien bereits verheissen, aber der Papst würde sie nicht eher verkünden, als bis auch die von Victor Emanuel geraubten Theile des Kirchenstaats ihrem legitimen Herrscher zurückgegeben seien.

Lavalette suchte dem Cardinal begreiflich zu machen, dass schliesslich der Peterspfennig nicht lange vorhalten würde und dass, wenn der Papst die Anerbietungen Napoleons nicht annehme, der Staatsbankerott Roms nicht allzufern sein werde; er machte ihn auch darauf aufmerksam, wie unmoralisch es sei, mit den doch für gut erkannten Reformen bis zu einem unbestimmbaren Zeitpunkte zuwarten zu wollen und so die jetzigen Römer büssen zu lassen für das, was Andere verbrochen. Alles umsonst!

Am 24. Juni musste Lavalette an Thouvenel berichten, dass der neue Verhandlungsversuch ganz und gar dasselbe Ende gefunden, wie der frühere im Januar 1862.

Goyon wird durch Montebello ersetzt.

Als Goyon im Mai Rom verliess, war es vielen Leuten, welche sich an frühere Vorgänge erinnerten, noch sehr zweifelhaft gewesen, ob er nicht doch wieder zurückkommen werde. Indessen die Zweifel

wurden diesmal bald gelöst. Am 1. Juni schon verkündete der Moniteur, dass die Stärke des römischen
Occupationscorps fortan auf drei Brigaden festgestellt
und zu seinem Oberbefehlshaber der Graf Montebello, jüngere Sohn des Marschalls Lannes ernannt sei. Der Graf Montebello war Oberst in der
französischen Armee, als der Prinz Bonaparte zum
Präsidenten der Republik erwählt ward. Louis Bonaparte ernannte ihn zu seinem Adjutanten, gab ihm
später eine Brigade in der Kaisergarde, schickte ihn
mit einer besondern Mission im Jahre 1855 nach der
Krimm und ernannte ihn darauf zum Divisionsgeneral.
Den Feldzug von 1859 machte Montebello im Ge-
folge des Kaisers und im Jahre 1861 ging er als
ausserordentlicher Gesandter nach Constantinopel. Jetzt
erhielt er, ein unbedingt ergebener Anhänger, ein Ver-
trauensmann Napoleon des III., das Truppencommando
zu Rom. Die Gemahlin Montebello's, eine geborene
Villeneuve-Bargemont, von Geburt Legitimistin,
war zugleich Palastdame der Kaiserin Eugenie. Wer
wollte also nicht die Wahl des neuen französischen
Truppencommandanten zu Rom, wo soviel durch die
Weiber gemacht wird, für eine äusserst gelungene
halten! Am 20. Juni landete Montebello in Civitavecchia und am 26. Juni trat er sein Commando mit einem ziemlich nichtssagenden Tagesbefehl an.

Mit dem Abschied der Bischöfe von Rom kehrte
Alles so ziemlich wieder in das alte Geleise zurück.
Napoleon wollte sich einige Ruhe gönnen und sagte
nach allen Seiten hin, man solle ihn vorläufig mit der

ewigen römischen Frage verschonen. Franz II. blieb
in Rom sitzen und sprach sogar die Ansicht aus,
dass alle vertriebenen Fürsten sich dort um den heiligen Vater versammeln sollten. Dagegen verliess
ihn am 30. Juni seine Gattin, die Königin Maria
Sophie, um mit dem Grafen und der Gräfin von
Trani über Marseille nach Deutschland zu reisen. Dass sie den Wunsch hatte, sich einmal gänzlich von dem körperlich wie geistig widerlichen Franz
zu trennen, war lange bekannt; indessen in neuerer
Zeit mochte ein besonderer Umstand, welcher viel
Aufsehen erregte, zur Beschleunigung der Abreise
beigetragen haben. Es war der plötzliche Tod einer
jungen Kammerdame der Königin in deren Gemächern,
am Schlage, wie ausgesprengt wurde, von der Hand
eines Zouavencapitäns in Wahrheit, den sie bei der
Königin traf, als sie einst ihre Consigne brach, um
Franz II. anzumelden.

IX.

Garibaldi in Sicilien. Rom oder Tod.

Garibaldi's Reise nach Palermo.

Während mit dem Juni auf der einen Seite die
römische Frage einzuschlafen schien, ward sie auf
einer andern alsbald und in anderer als diplomatischer Weise wieder aufgenommen.

Garibaldi, nachdem er im Juni noch einige Zeit sich in der Lombardei und im Canton Tessin aufgehalten, ging nach Turin, hatte dort noch verschiedene Conferenzen und begab sich dann am 20. Juni mit einer Anzahl seiner Getreuen nach Genua. Hier machte er am 21. noch dem immer verhafteten Cattabene einen Besuch im Gefängniss und schiffte sich dann mit seinen Begleitern am Nachmittage desselben Tages auf dem kleinen Dampfer Tortoli, welchen er gemiethet hatte, nach Caprera ein. Aber er berührte Caprera nur; denn schon am 28. Juni landete er zu Palermo, in Sicilien, empfangen von dem Jubel des Volkes.

Was wollte er in Sicilien?

Die Insel war nicht minder bewegt, als das neapolitanische Festland. Auch die Sicilianer fragten, was ihnen denn eigentlich die neue Herrschaft gebracht habe? Das Brigandenthum wüthete auf der Insel, wie auf dem Festland, nur dass dort weniger davon gesprochen ward, als hier; die öffentliche Sicherheit war in einem schauderhaften Zustande, eben so der Unterricht; die öffentlichen Bauten, von denen man mit Recht zum grossen Theil die Besserung der Verhältnisse erwartete, waren auf der Insel weit mehr vernachlässigt, als auf dem Festland. Wie viel in Sicilien nothwendig zu thun war, wie schauderhaft vernachlässigt das Volk, mag man unter Anderem auch aus dem Umstande entnehmen, dass sich unter den ausgehobenen Truppen acht Zehntel Syphilitische befanden.

Pallavicino, Präfect von Palermo.

Präfect von **Palermo**, der ersten der sieben sicilianischen Provinzen, war zur Zeit, da das Ministerium Rattazzi an's Ruder gelangte, **Torelli**. Er war ein guter Verwalter und im Allgemeinen waren die Sicilianer mit ihm zufrieden; die Einsichtigen gaben zu, dass er thue, was er thun **könne**; im Handumdrehen aus der vernachlässigten Insel oder nur aus der Provinz **Palermo** ein Paradies zu machen, war keinem möglich. Nun war es aber eine der ersten Handlungen, die das Ministerium Rattazzi vornahm, dass es **Torelli** versetzte und an seiner Statt den Marchese **Georg Pallavicino-Trivulzio** zum Präfecten von **Palermo** ernannte.

Pallavicino galt allgemein für einen Anhänger und Freund **Garibaldi's**, und er war es auch, obwohl er im Herbst 1860 eines der Hauptwerkzeuge war, durch welche **Cavour** die **sofortige Annexion** der neapolitanischen Provinzen, das Plebiscit durchsetzte, obwohl er also die Politik Garibaldi's entschieden durchkreuzte und in unheilvolle Bahnen lenkte. Dies geschah mehr aus Mangel an politischem Verstande, als aus Mangel an Freundschaft für Garibaldi.

Die Ernennung Pallavicino's zum Präfecten von Palermo war eine **Concession an Garibaldi**. Wer hätte daran zweifeln wollen, dem sagte es der Marchese **selbst** in dem Proclam, welches er sofort erliess, als er am 15. Mai den Boden **Siciliens** be-

treten hatte. **Er sagte den Sicilianern: er komme
zu ihnen unter den Auspicien ihres Garibaldi.**

**Warum aber eben die se Concession an Garibaldi?
War es blos eine allgemeine Concession?** lag das
Zugeständniss bloss darin, dass überhaupt Freunde
und Anhänger Garibaldi's in die Verwaltung kamen?
Wenn es so war, konnte denn nicht Pallavicino ebenso
gut zum Präfecten von Pis a ernannt werden? War
es nothwendig, Torelli nach Pisa zu versetzen, um
für Pallavicino in Palermo, in Sicilien Platz zu
machen?

Hatte also die Sache nicht ihr speciellere Bedeutung?

Von Sicilien sollte die bekannte Rattazzische
„Auswanderung", die Expedition nach Griechenland ausgehen; auf Sicilien sollte sie sich organisiren. Das Ministerium brauchte dort einen Freund
Garibaldi's, der ihm freie Hand liess, der ihn unter
der Hand unterstützte, ohne dass die Regierung nothwendig hatte, sich durch directe Befehle in solchem
Sinne geradezu zu compromittiren. Gerade zu
der Zeit, wo in Oberitalien — nach Rattazzi's Meinung — an der „Auswanderuug" gearbeitet ward,
gegen die Mitte Mai, schiffte sich auch Pallavicino,
der schon am 6. April ernannt war, in Genua
nach Sicilien ein, wo er, durch widrige Winde
unterwegs eine Zeitlang aufgehalten, wie schon bemerkt, am 15. Mai ankam, einen Tag nach den
Verhaftungen von Sarnico.

Kaum war Pallavicino in Palermo eingetroffen,
als auch der Prinz Napoleon, nachdem er Victor

Emanuel in Neapel begrüsst hatte, der Insel einen
Besuch machte. Pallavicino forderte die Palermitaner
auf, den kaiserlichen Prinzen, den Freund Italiens,
der sich der Sache Italiens erst neuerdings im französischen Senat wieder so warm angenommen habe,
angemessen zu empfangen. Wo es etwas zu schreien
gibt, lassen sich die Sicilianer nie zweimal bitten,
und so ward denn dem Prinzen der enthusiastischste
Empfang der Welt zu Theil.

In seinen Berichten an das Ministerium hatte Pallavicino sehr bald über verschiedene Demonstrationen und Unruhen zu klagen. Er fand, man
könne auf der Insel nur mit der Actionspartei
oder mit Gensdarmen regieren und zeigte dem
Ministerium an, er zöge das erstere vor; er stütze
sich durchaus auf die Actionspartei, die in Sicilien
regierungsfreundlich sei, während die Bourbonisten und
die Muratisten, die sich seit dem Besuche des Prinzen
Napoleon ansehnlich gemehrt und an Thätigkeit zu-
genommen, der Regierung feindlich aufträten und die
Anstifter der Unruhen wären. Das Ministerium empfahl „Energie", ohne im Geringsten etwas dagegen
einzuwenden, dass Pallavicino sich ausschliesslich auf
die Actionspartei stützen wolle. Pallavicino berichtete,
er habe gehofft, von der Nationalgarde Beistand
und Hülfe zu finden; aber da habe er sich sehr getäuscht; die Nationalgarde gehe ganz auseinander und
es thue dringend noth, ihr einen ordentlichen Commandanten zu geben, der im Lande beliebt, nicht
sofort mit Misstrauen empfangen werde. Das Ministerium ernannte Medici zum Commandanten der

Nationalgarde von P a l e r m o und zeigte dies am 16. Juni
telegraphisch dem Präfecten Pallavicino an. Medici
galt wenigstens bei der grossen Menge für einen
Freund und Anhänger Garibaldi's. Und als diese Ernennung erfolgte, war die V e r s ö h n u n g R a t t a z z i's
mit G a r i b a l d i wegen Sarnico, — damit wir uns
eines gebrauchten, obwohl nicht ganz richtigen Aus-
drucks bedienen, schon wieder da, und durch ganz
Oberitalien ging das Gerücht, nun werde die bekannte
„A u s w a n d e r u n g“ beginnen und überall ward von
Werbungen für die Auswanderung gesprochen, obwohl
Garibaldi und der Oberst A c e r b i, der Intendant der
Südarmee im Jahre 1860, dagegen protestirten, ob-
gleich die B e f r e i u n g s g e s e l l s c h a f t vor dem Glauben an solche Werbungen warnte, obgleich selbst in
der Deputirtenkammer d e B o n i das Ministerium wegen dieser Gerüchte interpellirte.

Von der Unzufriedenheit, welche das R e g i s t e r -
u n d S t e m p e l g e s e t z auch in Sicilien erregte, ist
bereits die Rede gewesen. In Folge der Unruhen,
welche es hervorrief, war es, dass der Minister S e l l a
jene begütigende Depesche nach Palermo sendete, in
welcher er versprach, man werde bei der Handhabung
des Gesetzes mit aller möglichen Rücksicht verfahren.
P a l l a v i c i n o liess diese Ministerialdepesche einfach
bekannt machen. Vom Ministerium aus ward ihm
dies zum Vorwurf gemacht: P a l l a v i c i n o, so meinte
S e l l a, hätte die Depesche in einer Umschreibung
v o n s i c h a u s den Sicilianern zu Gemüthe führen
sollen.

Von da ab beginnt sich nun Pallavicino in seinem

Verkehr mit dem Ministerium einer ganz eigenthüm-
lichen Sprache zu bedienen.

Ungezogene Knaben unterhalten sich mit älteren
Leuten bisweilen dadurch, dass sie ihnen die Zunge
herausstrecken.

Die Depeschen Pallavicino's an das Ministerium
kann man füglich mit nichts anderem als mit dieser
Art Unterhaltung vergleichen.

Am 22. Juni landeten nun die königlichen
Prinzen in Palermo. Was sollten auch sie in
Sicilien? Sie sollten eine „Instructionsreise" in den
Orient machen. Zuerst hatten sie die Insel Sardinien besucht, um der Bevölkerung, die neuerdings
wieder durch Gerüchte von einer Abtretung der Insel
an Frankreich, wie einige wissen wollten, für den
Papst, allarmirt worden war, Gerüchte, welche sogar zu Interpellationen im Parlament und durchaus
abweisenden Erklärungen Rattazzi's führten, Beruhi-
gung zu gewähren. Dann kamen sie nach Sicilien.
Sollten sie hier nicht bloss dem wieder aufkeimen-
den Muratismus und Bourbonismus ein Paroli
biegen? sollten sie den gleichen Beifall ernten, wie
der Prinz Napoleon? sollten sie dem Missvergnü-
gen ein Ende machen? den Abfall der Insel vom
Königreich Italien, welchen Pallavicino im Hintergrund zeigte, abwehren? Oder lagen auch dieser Reise
nach dem Orient über Sicilien tiefere Motive zu
Grunde? Die Frage trat nun vor allen Dingen nahe,
als den königlichen Prinzen auf dem Fusse Garibaldi nach Sicilien folgte, der, wie schon erwähnt,
am 28. Juni in Palermo ankam.

Drei Tage vorher hatte in der sicilianischen Hauptstadt eine grosse und höchst merkwürdige Demonstration stattgefunden; man rief durch die Gassen: es
lebe Amedeus, König von Griechenland! und
Proclame wurden in den Strassen vertheilt, in denen
ein greco-slavisches Comité zu einer grossen
Versammlung in der Villa Giulia aufforderte, um das
Haus Savoyen als neues griechisches Herrscher-
haus zu begrüssen.

Mit der ganzen Wärme Siciliens von dem Volke
von Palermo empfangen, dankte Garibaldi ebenso
warm; er nannte die Palermitaner das „Volk der
grossen Initiativen" und versprach, sich nicht so bald
wieder von ihnen zu trennen. Mit den Prinzen, mit
dem Präfecten, mit dem Nationalgardecommandanten,
mit allen Behörden stand der grosse Volksführer in
freundlichstem, gesellingen Zusammenleben, auf dem
besten Fusse. Und bald ging es wie ein Lauffeuer
durch die Massen: Garibaldi, der König, Rattazzi sind ein Herz und eine Seele; mit dem Einverständniss des Königs und des Ministeriums ist Garibaldi nach Sicilien gekommen, um hier die grosse
Expedition vorzubereiten, welche das Haus Savoyen
auf den Thron nicht bloss des gegenwärtigen
Königreichs Griechenland, sondern des grossen,
neuen, zukünftigen erheben soll. Wie das Haus
Savoyen Italien einen Victor Emanuel gegeben, so
wird es der Balkanhalbinsel einen Amedeus geben.
Durch den Senator Plezza ist Garibaldi in bestän-
digem Verkehr mit dem König. Zehntausend rothe
Hemden und zehntausend Gewehre sind ihm verspro-

chen; sobald es Zeit ist, wird er sie in Messina in Empfang nehmen. Auch an der längst verprochenen Million Franken, an Schiffen zur Ueberfahrt wird es nun nicht fehlen. Vorläufig wird Garibaldi unter dem Vorwand, die nationalen Schützenvereine einzurichten in Sicilien werben; seine Getreuen sind unter der Hand auch in Oberitalien, ja über die Grenzen Italiens hinaus für ihn thätig.

Aber würde England ein Unternehmen Garibaldi's dulden, welches bestimmt war, die Balkanhalbinsel in Feuer und Flammen zu setzen und alle die Völkerelemente aufzuregen, welche dort wild durcheinander gewürfelt leben? England, welches mit der zärtlichsten Sorgfalt für das Bestehen der Türkei wacht? Das war nicht anzunehmen. Und Nachrichten liessen auch nicht lange auf sich warten, das Londoner Cabinet habe der italienischen Regierung angezeigt, es werde einigen seiner Kriegsschiffe im adriatischen Meer den Auftrag geben, jeden Versuch Garibaldi's auf die Balkanhalbinsel zu verhindern.

Garibaldi in Palermo und Marsala.

Indessen in den verschiedenen Reden, welche Garibaldi in Palermo hielt, deutete auch gar nichts auf seine Absicht, sich nach Griechenland zu begeben; vielmehr entwickelte sich in ihnen nach und nach eine ganz andere Absicht, ein ganz anderer Plan.

Die königlichen Prinzen hatten Palermo am 30. Juni verlassen, um sich zunächst in den Osten der Insel zu begeben. Bald darauf kam Medici in Palermo an und übernahm das Commando der sich

neu constituirenden Nationalgarde. Am 6. Juli
leistete dieselbe dem Könige den Eid und es fand
eine Revue statt. Garibaldi, der in früheren Reden
als die Krebsschäden Italiens den Bourbonismus, den
Muratismus und das Papstthum bezeichnet hatte, hatte
auch am 6. Juli wieder Gelegenheit, zum Volke zu
reden, und unter Anderem sprach er hier so: „Der
Herrscher Frankreichs, der Verräther vom zweiten December, er, der das Blut der Brüder von
Paris vergoss, hält Rom besetzt unter dem Vorwand,
die Person des Papstes, die Religion, den Katholicis-
mus zu schützen. Lüge! Lüge! er ist bewegt von
Begier, Raubsucht, infamer Herrschgier; er ist es
zuerst, der die Brigandage nährt. Er hat sich
zum Haupt der Räuber, der Meuchelmörder gemacht.
Volk der Vesper, Volk von 1860, Napoleon muss
Rom räumen. Wenn es nicht anders sein kann,
so gilt es eine neue Vesper!“
Bei dieser Rede waren der Präfect, verschiedene
andere Magistrate zugegen.

Garibaldi machte mehrere kleine Reisen auf der
Insel und sprach sich dort ebenso aus. Sein Geburts-
tag fällt auf den 19. Juli; derselbe ward in Palermo
durch ein Bankett beim Präfecten gefeiert; Garibaldi
selbst aber war nicht zugegen; er befand sich an
diesem Tage zu — Marsala! War dies nicht an
und für sich eine Demonstration. Von wahnsinnigem
Jubel der Bevölkerung empfangen, begab Garibaldi,
kaum angekommen, sich in den Dom, um seine An-
dacht zu verrichten. Ein Priester improvisirte eine
Rede. Aus dem Dom begab sich Garibaldi in das

für ihn hergerichtete Haus. Natürlich musste er auf dem Balkon erscheinen und reden.

Er redete Krieg: „Alle die Priester, die nichts anderes thun, als sich mit fremdem Gute mästen, dem Armen das Blut aussaugen, sich so ein reiches Erbtheil zusammenscharren, das sind die schlechten Priester. Ich habe niemals gehört (und dabei deutete er auf den nahen Palast des Bischofs), dass ein Apostel Jesu Christi 14,000 Unzen Jahresrente gehabt und sich Kutschen und Pferde und sonst was gehalten hätte. An den König von Rom sind nachgerade Millionen von Petitionen abgegangen: er möge die weltliche Herrschaft lassen. Aber Alles war vergebens. Napoleon ist ein Spitzbube, ein Schelm; er kann nichts anderes als lügen, betrügen und stehlen. Jetzt bleibt uns nichts als das Eisen. Wir werden unsere Rechte mit dem Eisen geltend machen. (Dazwischen Rufe: Ja ja! mit dem Eisen; nach Rom! nach Venetien!) Ja Rom und Venetien! zuerst Rom! und dann Venetien! (Hier stiess das Volk zuerst — und der Ruf war wie Meeresbrandung — den Schrei aus: Rom oder Tod!) Ja Rom oder Tod! Jetzt grüsse ich dich, mein Volk von Marsala. Du bist mir theuer! Auf Wiedersehn und lebt wohl!"

Und damit nicht genug: am 20. Juli, einem Sonntag, ward in der Kirche der Madonna von Pater Pantaleo, dem als Caplan Garibaldi's aus dem Jahre 1860 her bekannten Capuziner, eine Messe celebrirt, welcher Garibaldi und eine unzählige Masse Volkes aus der ganzen Gegend beiwohnten, und hier forderte zuletzt Pantaleo Garibaldi und das Volk feierlich auf, die Hände zu erheben zu dem Schwure: Rom oder Tod!

Das neue Feldgeschrei war gegeben und Garibaldi hatte eine Verpflichtung übernommen. Diese Verpflichtung aber war keine andere als die: dass er sich an die Spitze des italienischen Volkes, welches sich überzeugt hatte, dass auf dem diplomatischen Wege nichts zu erreichen sei, stellte, um es wieder auf den Weg der Revolution zurückzuführen, um auf diesem Wege, wenn nothwendig mit der Gewalt der Waffen, Italien seine Hauptstadt zu erobern.

Und es konnte keinem Zweifel unterliegen, dass Garibaldi sogleich handeln musste. Gewöhnliche Schreier dürfen Schwüre dieser Art leisten, ohne dass irgend ein vernünftiger Mensch den geringsten Werth darauf legt. — Ein Anderes ist es, wenn Garibaldi schwört: Rom oder Tod!

Die Handlung folgte nun auch auf dem Fusse oder vielmehr sie war schon im Gange. Aber ehe wir diesem Gange nun folgen, werfen wir doch noch einige Blicke zurück auf Palermo, auf Turin, auf Paris und auf Rom, — das Ziel der neuen revolutionären Bewegung.

In Palermo war Alles in Aufregung und es war schwer zu begreifen, dass diese Stadt noch dem Königreich Italien angehöre, dass sie von Turin her beherrscht werde. Aus der grossen Reihe der Thatsachen, welche diese Behauptung rechtfertigen, wollen wir hier zunächst nur eine hervorheben, welche geeignet ist, die ganze herrschende Anarchie zu zeigen.

Der König von Sicilien hat nach alter Uebung einige besondere Privilegien als apostolischer Legat auf der Insel, und muss in dieser Eigenschaft auch bei verschiedenen kirchlichen Feierlichkeiten auftreten, entweder in Person oder durch einen Delegaten, wenn er in Person zu erscheinen verhindert ist. Jetzt war König von Sicilien Victor Emanuel. So lange die königliche Statthalterschaft auf der Insel existirte, verstand es sich wohl von selbst, dass der Statthalter den König auch als apostolischen Legaten vertrat; mit dem 1. Februar hatte aber die General-statthalterschaft aufgehört und Ricasoli hatte be-stimmt, dass durch ein besonderes Decret für die Vertretung des Königs als apostolischen Legaten ge-sorgt werden solle. Der Minister des königli-chen Hauses hatte nun kürzlich Pallavicino mit dieser Vertretung beauftragt; zwei Tage darauf aber erschien ein neues Decret des Staatsministeriums, Rattazzi's, welches die Vertretung vielmehr dem Senator Prinz Romuald Trigona di Sant' Elia, aus einer der ältesten und reichsten sicilianischen Familie übertrug. Darüber Tumult in der Stadt Palermo, Demonstrationen für Pallavicino, gegen Sant' Elia; die Nationalgarde, weit entfernt sich gegen die Demonstration verwenden zu lassen, betheiligte sich bei ihr. Der Präfect, Pallavicino, weicht der Demonstration und beauftragt mit der Vertretung des Königs als apostolischen Legaten denselben Medici, der sich eben unfähig gezeigt hat, die Nationalgarde

zu regieren: vielleicht in der Meinung, dass man ein
sehr schlechter General und doch bei bedeutendem
Körperumfang noch ein sehr guter apostolischer
Legat sein könne.

Gegenüber diesem Scandal gibt nun der ganze
Gemeindevorstand von Palermo, den Bürgermeister
an der Spitze, seine Entlassung, und Pallavicino nimmt
sie an und beruft den Gemeinderath, um neue Wahlen
vorzunehmen.

Obgleich Werbungen für Garibaldi von allen
Seiten abgeläugnet wurden, obgleich von den Prov-
vedimentocomité's an vielen Orten die Jugend
gemahnt ward, Werbern für Garibaldi nicht zu trauen,
so fanden doch Werbungen für Garibaldi in der That
statt, nicht blos auf der Insel Sicilien. Werbungen
sagen wir, um der Sache einen Namen zu geben,
die wir kurz nicht anders bezeichnen können, wenn
gleich der Name nicht vollständig passt. In Oberitalien und Centralitalien z. B. beschränkten die
Werbungen sich darauf, dass die Vertrauten des Generals diejenigen aufforderten, sich nach Palermo zu
begeben, welche dies aus eigenen Mitteln thun,
auch eine Zeitlang aus eigenen Mitteln dort und in
Sicilien leben könnten. Diese Art von Werbungen
ging von der Mitte des Juli ab. Von ihrem Erfolge
werden wir erst später reden.

Eindruck von Garibaldi's Reden in Turin.

Jetzt nach Turin! Hier hatte Garibaldi's Rede
vom 6. Juli, die Beleidigung des hochherzigen Verbündeten, in den ministeriellen Kreisen die höchste

Bestürzung erregt. Rattazzi telegraphirte am 10. Juli
sofort an Pallavicino: er begreife nicht, wie die Behörden bei solchen Reden ruhig zusehen könnten, er
verlange genaue Auskunft. Betreffs der Werbungen,
von denen man rede, seien besondere Instructionen
nicht nöthig. Nur der S t a a t habe das Recht zu
Werbungen; und wenn ein a n d e r e r werbe, sei es
die Pflicht der Behörden einzuschreiten. Am 14. Juli
wies Rattazzi den Präfecten von Palermo an, a l l e
J o u r n a l e confisciren zu lassen, welche die b e l e i -
d i g e n d e Rede Garibaldi's brächten, und in einer
zweiten Depesche forderte er ihn auf, gegen vor-
kommende, erwartete D e m o n s t r a t i o n e n dem Gesetze Achtung zu v e r s c h a f f e n.

Am gleichen Tage kündigte B o g g i o, der ministerielle Advocat, eine Interpellation über G a r i b a l d i's
aufrührerische Rede in der Kammer an. Rattazzi war
eben abwesend; als er eintrat, nahm A l f i e r i die
Frage wieder auf. Rattazzi erklärte die Sache für
so wichtig, dass es am besten sei, s o g l e i c h auf sie
einzutreten.

B o g g i o fragte nun: 1. ob das Ministerium ge-
wusst habe, mit w e l c h e r A b s i c h t G a r i b a l d i s i c h
nach S i c i l i e n b e g e b e; 2. ob das Ministerium das
Benehmen P a l l a v i c i n o's billige; 3. ob das Ministerium vorgesorgt habe, dass k e i n V e r s u c h e i n e r
u n g e s e t z l i c h e n I n i t i a t i v e vorkommen könne.

Rattazzi, indem er — wie er sagte, im Namen
des italienischen V o l k s — gegen die B e l e i d i g u n -
g e n protestirte, die Garibaldi über den Kaiser N a -

poleon ausgestossen, erwiderte, das Ministerium habe
allerdings gewusst, dass Garibaldi von Caprera
sich nach Sicilien begebe; hindern habe es ihn
daran nicht können, da der General als italienischer
Bürger ebensogut wie ein anderer des Rechts der
Ortsveränderung geniesse. Ueber Absichten
Garibaldi's habe das Ministerium gar nichts gewusst; jedes Einverständniss mit dem General
müsse es ablehnen. Dass Pallavicino zugegen
gewesen sei, als Garibaldi die bekannten Beleidi-
gungen ausgestossen, beklage der Minister sehr;
Pallavicino habe versprochen, sich brieflich über die
Sache zu erklären; man müsse also warten.
Wenn der Präfect sich nicht genügend ausweisen
könne, werde die Regierung ihre Schuldigkeit thun.
Nichts beweise dem Gouvernement, dass Garibaldi
feindlich gegen dasselbe vorgehen wolle. Aber
alle Vorkehrungen seien getroffen, um verbreche-
rischen Attentaten zu begegnen. — Crispi
übernahm die Vertheidigung nicht bloss Garibaldi's,
sondern auch Pallavicino's, des letztern wohl nur,
um denselben, der ihn nicht ausstehn kann, zu ärgern.
Er bemerkte dabei, das Ministerium könne Pallavicino gar nicht abrufen, ohne den Bürgerkrieg her-
aufzubeschwören, — was Rattazzi sehr entschieden
zurückwies. — Die Kammer ging einfach zur Tagesordnung über.

Am 20. Juli kam in der Deputirtenkammer eine
Interpellation Petruccelli's della Gattina an
das Ministerium über seine auswärtige Politik
zur Verhandlung. Petruccelli griff das Ministerium

hier von der Rednerbühne der Kammer, wenn auch mit feineren Worten, doch im Wesentlichen ebenso, wie Garibaldi zu Palermo und Marsala wegen seiner römischen Politik an. Durando sprach von „vorbereitenden Unterhandlungen" mit Frankreich, ermahnte aber im Grunde nur, die grosse Tugend der Geduld zu üben. Bei Gelegenheit dieser Interpellationen war es auch, dass Durando eine Bemerkung über die mögliche dereinstige Annexion des Cantons Tessin an das Königreich Italien machte, welche im Canton Tessin und dann in der ganzen Schweiz einen Sturm von Protesten hervorrief. Wir werden im folgenden Buche noch Anlass kaben, auf gewisse voreilige Annexionsdrohungen der Italiener zurückzukommen. Der Minister Durando hatte im vorliegenden Falle die Sache gewiss nicht so übel gemeint und die Gerechtigkeit erfordert, zu erwähnen, dass gerade die gebildetsten Männer Italiens von diesen Annexionsdrohungen gar nichts wissen wollen, sie nicht bloss für unklug, sondern für mehr als das halten. Einer der grössten Gelehrten Italiens, als ihm einige junge Heisssporne von der absoluten Nothwendigkeit sofortiger Eroberung aller möglichen, eigentlich italienischen Länder, und dabei auch des Cantons Tessin redeten, erwiderte mit Seelenruhe, gerade in Bezug auf das letztere Land: „Wollt ihr eine Lerche schlachten, um eine Gans damit zu mästen?"

Dies nur beiläufig. Kehren wir zu den sicilianischen Angelegenheiten zurück!

Werbungen. Entlassung Pallavicino's.

Nach der Marsalareise Garibaldi's wurden die Dinge immer ernster; Freiwillige begannen sich in den Wäldern beim alten bourbonischen Jagdschloss Ficuzza, an der Strasse, die von Palermo über Corleone nach Girgenti führt, zu sammeln; in Palermo ward geworben; Nationalgarden, welche den Feldzug von 1860 mitgemacht hatten, verliessen ihre Compagnieen und schaarten sich heimlich zu einem Corps zusammen, welches sich, wie das Gerücht wollte, unter dem Befehl Menotti Garibaldi's bildete. Auch aus Oberitalien kamen junge Leute, alte Freiwillige Garibaldi's an; manche Reiche, noch mehr Arme, die es dennoch fertig gebracht hatten, soviel hundert Francs zusammenzuscharren, um die Ueberfahrt nach Sicilien bewerkstelligen und dort einige Zeit auf ihre Kosten leben zu können. Wer bald nach der Mitte des Juli Oberitalien verliess, fand noch nicht die Hindernisse der Ueberfahrt, welche sich ihr bald entgegenstellen sollten? Das Ministerium war noch immer nicht orientirt. Wussten die Freiwilligen, welche von Genua und Livorno die sicilianischen Gestade aufsuchten, was sie dort sollten? Vielleicht kein Einziger! Bei der Mehrzahl dieser Garibaldiner, auch der Gebildetsten, die z. B. keinen Augenblick anstehn würden, Mazzini, wenn er sie da oder dort hinriefe, zu fragen: wozu? gilt es für einen Ehrenpunkt, zu kommen, sobald der alte Führer ruft. Mit ihm wird nicht discutirt. Der Grossmeister des Ordens der Freiheit ruft seine Ritter; sie kommen und fragen nicht.

Allarmirt, aber noch immer der Meinung, dass ein ernstes polizeiliches Einschreiten der Sache ein Ende machen könne, — worin er nicht so absolut Unrecht hatte, — ertheilte am 22. Juli Rattazzi ernste Befehle an den Präfecten von Palermo, einzuschreiten, Anwerbungen auf keinen Fall zu dulden, die Werber und Veranlasser von Werbungen den Gerichten zu überweisen. Unruhen würden dadurch nicht veranlasst werden. Für alle Fälle aber gingen Truppenverstärkungen nach Sicilien ab.

Was sollte nun Pallavicino thun? Was anders als den Freund verhaften, Garibaldi. Wie weit innerlich Pallavicino mit Garibaldi ging, wie weit es ihm mit der rechten Revolution Ernst sein konnte, lassen wir das bei Seite. Aber ein Mann von Ehre verhaftet nicht gern den Freund, zumal noch, wenn er am letzten Ende zugeben muss, dass der Freund doch recht habe. Andere, die ganz andere Verpflichtungen gegen Garibaldi hatten, als Pallavicino, dachten nicht so; aber Pallavicino gab seine Entlassung ein.

Rattazzi nahm dieselbe mit Beeiferung jetzt an; man muss nothwendig fragen, wesshalb er den Präfecten, der nicht in seinem Sinne verwaltete, nicht längst abberufen hatte. Als die Abberufung Pallavicinos in Palermo bekannt wurde, kam es dort zu einigen Demonstrationen, in Folge deren der Commandant der Nationalgarde, Turiner General und substituirte apostolische Delegat Medici den Palermitanern versicherte: die Feinde Italiens seien nicht bloss die Bourbonisten, sondern auch die Anarchisten.

Pallavicino nahm von Palermo mit einem heitern Festmahl und dann mit der Anempfehlung Abschied, die Sicilianer möchten in den Ruf Garibaldis einstimmen: „Wir wollen Rom! Bewaffnet und einig würden die Italiener nur den Kolben brauchen, um Rom zu erhalten, nicht nöthig haben, ihr Pulver zu verschwenden."

Unserer Meinung nach musste das Abschiedsproklam des Präfekten vom 31. Juli in den Augen Rattazzis für einen offenen Aufruf zur Empörung gegen das Turiner Ministerium gelten. Wie man sagt, ironisch, hatte Palavicino zu seinem Nachfolger den Bureaucraten de Ferrari, den Präfecten von Noto empfohlen, welcher sich eben nebensächlicher Geschäfte halber in Palermo befand.

Der Präfect de Ferrari.

Rattazzi ernannte zum Präfecten von Palermo den General Cugia, dem für die sicilianischen Provinzen dieselben Vollmachten, insbesondere die Gewalt über die sämmtlichen Truppen, übertragen wurden, wie sie Lamarmora bereits für die neapolitanischen Festlandsprovinzen hatte. Da aber Cugia nicht augenblicklich in Palermo eintreffen konnte und die Dinge dringend geworden waren, so befolgte für's Erste Rattazzi den ironischen Rath Palavicinos wörtlich; er beauftragte de Ferrari, der sein Amt am 26. Juli antrat, provisorisch mit der Verwaltung der Provinz Palermo.

Am 27. Juli depeschirte Rattazzi an de Ferrari und an den Präfecten von Trápani: sie möchten ein

Proclam erlassen, des Inhalts, dass die Regierung
von Umtrieben unterrichtet sei, die auf eine Expedition
nach Rom hinzielten, dass sie es für nothwendig
halte, die Betrogenen zu enttäuschen, dass sie
von allen Mitteln Gebrauch machen werde, um dergleichen compromittirende Dinge zu verhindern. Die
Präfecten wurden gleichzeitig angewiesen, jedem Versuch zu dergleichen Expeditionen auf das Entschie-
denste entgegenzutreten; falls die Einschiffung nicht
verhindert wurden könne, müsse mindestens sofort
die Flotte benachrichtigt werden, damit sie ihre
Massregeln ergreife.

Der Präfect von Palermo erwiderte sofort, dass
ein Proclama dieser Art ihm nicht zweckmässig erscheine. Darauf Rattazzi: in solchem Fall thue mindestens die äusserste Wachsamkeit noth, und es müsse
Alles angewendet werden, die Einschiffurg von Bewaffneten zu verhindern.

In Antwort darauf telegraphirte de Ferrari:
„Es fehlt hier weder an Energie, noch Entschlossenheit, doch gebe ich zu bedenken, dass,
wenn wir Verhaftungen anordnen, wir Zusammenstösse
veranlassen und vielleicht auf einen sehr starken
Widerstand stossen, so dass der Gebrauch der
Waffen eintreten muss, wobei viel Blut vergossen
werden kann. Sagen Sie mir also ohne Umschweife,
ob ich die Sache bis auf diesen Punkt treiben darf."

Wie wir diese Depesche in getreuer Uebersetznng
gegeben, so muss es nun auch mit der Antwort
Rattazzis vom 31. Juli geschehen. Rattazzi erwiderte:

„Blutvergiessen wird vermieden werden, wenn man Energie und Entschlossenheit zeigt. Die Entwendung von 220 Gewehren der Nationalgarde, die Versammlung von 900 Mann im Walde der Ficuzza sind Thatsachen, welche auf keinen Fall geduldet werden können. Die Behörden müssen da einschreiten und hindern, sei es auch mit Verhaftungen und nöthigenfalls mit dem Gebrauche der Waffen. Was übrigens die Zusammenrottungen auf öffentlichen Plätzen und die Versammlungen von Trupps betrifft, so weist das Gesetz deutlich den Weg an, welchen die öffentliche Sicherheitsbehörde einzuschlagen hat, um sie zu hindern und aufzulösen. Es ist also kein Grund zu schwanken. Cugia geht heut nach Genua ab, wird am Samstag (2. August) in Palermo sein. Man sagt, dass ein englisches Haus dort 300 rothe Hemden anfertigen lässt. Forschen Sie nach und confisciren Sie vorkommenden Falles."

Man sieht aus diesem Depeschenwechsel, dass Niemand Muth, Niemand ein gutes Gewissen hatte; Niemand wollte für irgend Etwas die Verantwortlichkeit übernehmen. Mit den Militärbehörden verhielt es sich wie mit den bürgerlichen. Die Truppensammlung an der Ficuzza war jetzt seit mehreren Tagen eine Thatsache. Truppen standen an der Strasse, welche von Palermo nach der Ficuzza führte, und hinderten nicht den Marsch von Garibaldinern dahin, welche doch zum Theil in den wohlbekannten rothen Hemden und bewaffnet einherzogen. Rattazzi, als er die energischen Befehle an die sicilianischen Präfecten sendete, hatte bereits sehr grobe Rüffel aus Paris erhalten.

Napoleons Stellung zu den sicilianischen Verhältnissen.

Der französische Generalconsul in Palermo. war zugegen gewesen, als Garibaldi 'seine Rede vom 6. Juli hielt, hatte dieselbe stenographiren lassen und berichtete darüber nach Paris, indem er zugleich Verhaltungsbefehle verlangte. Würdevoll erwiderte Napoleon III.: das gehe ihn nichts an; Garibaldi sei ein Privatmann; der Kaiser der Franzosen könne sich nicht um jedes Wort bekümmern, welches einem Privatmann von sich zu geben beliebe.

Indessen, schmeichelhaft waren doch am Ende die Dinge nicht, welche der „Privatmann" über den Kaiser der Franzosen gesprochen, und Napoleon konnte nur darum mit grösserer Leichtigkeit, als es einem andern Privatmann möglich gewesen wäre, darüber hinfortgehen, weil er ganz gewiss wusste, dass binnen wenigen Stunden der Turiner Gesandte, der grosse Nigra, in allen Bureaux des französischen Ministeriums mit leichenblassem Gesichte umherlaufen werde, um das Turiner Cabinet zu entschuldigen. Garibaldi hatte übrigens schon so Grosses auf so wunderbare Weise vollbracht, dass, wie sehr immer bei dem Schlafe der italienischen Nation ein Erfolg seiner gegenwärtigen Unternehmung unwahrscheinlich sein mochte, man doch gar nicht sicher sein konnte, wie weit er auch diesmal die Dinge zu treiben im Stande sein werde.

Napoleon forderte die italienische Regierung sehr energisch auf, ihre Pflicht zu thun
und in Sicilien Ordnung zu machen. Ausserdem ergingen passende Instructionen an den Grafen
von Montebello zu Rom und an den Befehlshaber
des Geschwaders in den italienischen Gewässern,
Commodore Pothuau. Letzterer sollte mit einer Division von 6 Schiffen die Bewachung der päpstlichen
Küste übernehmen. Es ward dabei angenommen, dass
die benachbarten Küsten, einerseits von Orbetello
bis Piombino und andererseits von Terracina bis
zur Volturnomündung von italienischen Schiffs-
abtheilungen gegen garibaldische Landungen würden
gesichert werden, wesshalb auch von den an Pothuau
ergangenen Instructionen Mittheilung an die italienische
Regierung gemacht ward.

Am 26. Juli schrieb Thouvenel an den französischen Geschäftsträger zu Turin zur Mittheilung
an Rattazzi: Napoleon sei weit entfernt, die italienische
Regierung für Alles, was in Palermo über ihn gesprochen und gegen ihn gethan sei, verantwortlich
zu machen. Er verachte diese Insulten, rechne aber
darauf, dass die italienische Regierung die Forderungen
ihrer eigenen Würde begreifen und dem Scandal
in Sicilien ein Ende mit allen Mitteln machen werde.
Da Pallavicino selbst seine Entlassung gegeben, sei
die Turiner Regierung nun allerdings von der Anwendung strenger Massregeln gegen denselben ent-
bunden, ohne Zweifel werde sie nun darangehen, die
öffentliche Sicherheit herzustellen und ihrer Autorität Achtung zu verschaffen; ihrer Energie,

getragen vom gesunden Sinne des Volks, werde es
gelingen, allein über allen anarchischen Widerstand
zu triumphiren und Versuche garibaldischer Banden
gegen das römische Gebiet abzuwehren. Immerhin
wache auch Frankreich. Angesichts der gegenwärtigen Umstände verstehe es sich von selbt, dass
von Unterhandlungen über die römische
Frage auch nicht einmal die Rede sein könne und
das Turiner Ministerium kenne die Ansichten der
französischen Regierung über diesen Punct recht gut
und wisse auch, wie die jetzige Bewegung in Italien
dem Werk gerade hindernd in den Weg trete, welches sie (angeblich) zu befördern denke.

Nun! wir wissen auch Bescheid, wir kennen die
letzten Unterhandlnngcn Lavalettes mit Antonelli,
die Ende Juni ihr schmähliches Ende fanden. Was
seitdem in Rom von französischer Seite gethan war,
bewegte sich lediglich auf dem Gebiete müssiger
Redensarten. Das italienische Volk kannte im
Juli die letzten französischen Unterhandlungen mit
dem Papste noch nicht, und dies gab Rattazzi die
Unverschämtheit, die Italiener gerade mit dem Vorgeben gegen die Schilderhebung Garibaldis zu stimmen, diese Schilderhebung störe Unterhandlungen,
welche bereits dem erwünschten Ziel nahe geführt
hätten. Frankreich könne nicht Drohungen weichen
und seine zarten Gefühle für Italien müssten durch
die Drohungen Garibaldis nothwendig herabgestimmt
werden.

Montebello concentrirte von Ende Juli ab seine
gesammte Truppenmacht um Rom und Civitavecchia,

um sie nach jeder Seite hinwerfen zu können und um jede vereinzelte Niederlage, die eine französische Abtheilung vorkommenden Falles erleiden könnte, so unwahrscheinlich als nur immer möglich zu machen. Die päpstlichen Truppen, an denen wenig gelegen war, mussten wieder die Grenzen gegen das Neapolitanische besetzen.

Der Papst hatte um diese Zeit trotz aller Versicherungen, die er, sowie Franz II. von Montebello erhielten, eine erschreckliche Furcht. Er dachte ernstlich an die Möglichkeit einer erzwungenen Flucht und sprach darüber mit den Gesandten verschiedener, zuerst natürlich katholischer Mächte. Diese hatten kein Interesse daran, ihn unter den obwaltenden Umständen zu einer Flucht zu ermuthigen, im Gegentheil. Aber der Papst wendete sich auch an den englischen Geschäftsträger in Rom, Odo Russel, der Ende Juli eben mit Urlaub die Stadt verliess und eine Abschieds-Audienz bei Pius IX. hatte, mit der Frage, ob England ihm wohl im Nothfall eine Zuflucht gewähren würde. Russel stand keinen Augenblick an zu erwidern, es würde nur eines Rufes des Papstes bedürfen und die englische Regierung werde ihm sofort ein Schiff zur Verfügung stellen, welches ihn hinbringen würde, wohin er wünsche. Der Papst fühlte sich von dieser Versicherung sehr getröstet und entliess den Engländer mit seinem Segen, obgleich späterhin die katholischen Blätter das Gegentheil versicherten.

So die Lage in ihren Hauptzügen Ende Juli. Die Ereignisse rücken jetzt dichter aneinander, das Interesse concentrirt sich, und doch dürfen wir in dem verwickelten Drama nicht versäumen, unsere Blicke nach ˙mehreren Seiten zu richten. Die Presse hat den Gegenstand vielfach behandelt, theils einseitig, theils mit geringer Kenntniss, theils mit jener genialen Liederlichkeit, welche das Pittoreske und Romantische herausgreift und unter der Vernachlässigung der realen Verhältnisse und für manches Ohr wohlklingenden, doch hohlen Phrasen die Wahrheit, welche die einfachen Gewänder liebt, untergehen lässt. Wir schreiben Geschichte.

X.

Die Rebellion. Marsch Garibaldis nach Catania.

Das Lager an der Ficuzza. Erste Organisation.

Am 31. Juli verliess Garibaldi Palermo und traf am 1. August, nachdem er in der Piana de' Greci übernachtet, bei der Ficuzza ein, wo die ersten Anfänge des Heercs sich bereits zusammengefunden hatten, welches Rom erobern sollte.

Eine oberflächliche Organisation ward an diesem und dem folgendem Tage vorgenommen. Wir beschränken uns darauf, nur das für die nächste Zeit Nothwendigste zum Verständniss von ihr anzugeben.

Die Leute, welche Menotti meistentheils in Palermo und zwar aus der Nationalgarde und aus den Jünglingen der besten Familien zusammengebracht hatte, bildeten ein kleines Bataillon unter dem Befehl dieses Sohnes Garibaldi's, welches den Namen des ersten Bersaglieribataillons erhielt.

Das zweite Bersaglieribataillon bestand aus der Mehrzahl der Leute, welche bereits aus Oberitalien angekommen waren, wobei viele ehemalige Officiere. Es stand unter dem Befehl des Venetianers Bedeschini und traf erst am Abend des 1. August bei der Ficuzza ein. Aus ihm schied sich nach einigen Tagen ein Peloton von Scharfschützen aus, welches dann unter dem Namen der genuesischen Carabinieri auftritt und mit guten Büchsen bewaffnet war.

Die Sicilianer formirten sich sofort in drei Regimenter unter Trasselli, Bentivegna und Badia; Brigadier der Sicilianer wurde Corrao, ein Mann von vielem Herzen, aber wenig Verstand und Kenntnissen. Er hatte im Jahre 1860 ein Regiment unter La Masa, und als dessen Truppen unter dem Namen einer Brigade schliesslich der 15. Division einverleibt wurden, diese Brigade commandirt, nominell, da er am 1. October durch eine Wunde für längere Zeit ausser Thätigkeit gesetzt wurde. Ein ruhiger Berichterstatter, dem man nicht Mangel an Begeisterung für und Anhänglichkeit an Garibaldi vorwerfen kann, hat uns aufbehalten, dass schon acht Tage nach der Formation des römischen Corps der Generalstab Corrao's aus 200 Menschen bestand, obwohl die ganze Truppenmacht, welche damals unter Corrao's Befehl stand, sich nicht auf 2000 Mann belief. Derselbe Berichterstatter sagt uns, dass Garibaldi's Freunde, als er Corrao zum Zweitcommandirenden und zum Befehlshaber in seiner Abwesenheit ernannte, gewusst hätten, dass er nicht die Absicht haben könne, sie zu verlassen.

Der kleine Stab Garibaldi's, welcher sich erst im Marsche vervollständigte, bestand zum grossen Theil aus bewährten Männern. Chef des Generalstabs war der Oberst Corte, ein Mann von allgemeiner und militärischer Bildung, vielleicht nur zu sanft für die verschiedenen Elemente, die sich hier zusammenfanden, er hatte in der piemontesischen Artillerie mit Auszeichnung gedient. Er stiess erst am 4. August zum Corps; bis dahin vertrat ihn Bruzzesi, der dann die Leitung der Intendantur übernahm. Commandant des Hauptquartiers und der Guiden, die erst allmälig beritten gemacht werden sollten, war Missori. Civinini, der Redacteur des Diritto, versah die Stelle eines Generalsecretärs, Ripari, unterstützt von den jungen Sicilianern Basile und Albanese, war Generalarzt. Freilich fehlte auch im Stabe der österreichische Corporal nicht, der natürlich in Italien Ungar sein muss; in Deutschland behelfen sich die Freiheitskämpfer gewöhnlich mit einem Polen (da es ihnen, wie es scheint, in Deutschland an Leuten fehlt, machen sie sogar polnische Corporals — nächstens wahrscheinlich hohenzollernsche, zu ihren Obercommandanten). Diesmal hiess der Ungar, der wohl nicht gekommen wäre, wenn er nicht auf bessere Geschäfte gerechnet hätte, Frigyesy.

Das ganze Corps führte den Namen „römische

Legion"; Grade existirten vorläufig nicht, nur Aemter, Sold wurde nicht gezahlt, doch sollte jedem täglich eine Ration Lebensmittel zukommen.

Garibaldi kündigte die Eröffnung des Feldzuges mit nachfolgendem Tagsbefehl an:

Italien und Victor Emanuel! — Rom oder Tod!

Ficuzza, den 1. August 1863.

Meine jungen Mitstreiter!

Auch heute vereinigt uns die heilige Sache unseres Landes. Auch heute, ohne zu fragen: was geschieht? wohin es geht? was die Belohnung eurer Mühen sein wird? seid ihr herbeigeeilt, das Lächeln auf den Lippen, die Freude auf der Stirn zum Bankett der Schlachten, habt den übermächtigen fremden Herrschern den Fehdehandschuh hingeworfen und den göttlichen Funken des Trostes in die Seele unserer geknechteten Brüder.

Dass die Vorsehung mich auf der Höhe eures Vertrauens erhalte: seht, das war das Gebet meines ganzen Lebens und das ist mein ganzes glühendes Gebet von heute!

Anstrengungen, Ungemach, Gefahren sind meine gewohnten Versprechungen, und diese Versprechungen, welche schwache oder Söldnerseelen abschrecken würden, sind — ich weiss es — ein Sporn für die muthigen Männer, welche mich begleiten.

Ich kenne euch wohl, ihr verstümmelten Ueberreste aus glorreichen Schlachten, und kenne wohl die muthige Jugend, welche mir folgt. Ueberflüssig

15

also würde es sein, von euch Tapferkeit im Kampfe zu fordern. Doch muss ich eben von dieser Jugend die Kriegszucht verlangen, ohne welche kein Heer bestehen kann, und für welche wir nicht minder sorgen müssen, als die stehenden Heere. Erinnern wir uns, dass ihre harte Disciplin es war, durch welche die Römer zu Herrschern der Welt wurden.

Auch die Liebe der Bevölkerungen, auf welche wir treffen, müssen wir uns erwerben. Unser ruhmreiches Unternehmen wird von dem guten Verhalten zu jenen bedeutend erleichtert werden. Und unser letzter Feldzug von 1860 ist ein Beweis davon.

Wir, vereint mit unserem tapfern Heere, werden eine letzte Probe italienischer Kraft ablegen, indem wir endlich die Einheit des Vaterlandes verwirklichen, und die tapferen Söhne Siciliens werden auch diesmal die Vorläufer der grossen Geschicke sein, zu denen unser Land berufen ist.

G. Garibaldi.

Ist es nur unsere Kenntniss des traurigen Erfolgs oder ist es die Wahrheit, dass sich in diesem Tagesbefehl nicht das Selbstvertrauen früherer bei anderen Gelegenheiten erkennen lässt?

Die Anempfehlung der Kriegszucht ist allerdings höchst nothwendig. Aber die blosse Anempfehlung reicht nicht aus. Es muss auf die Ausübung strenge gehalten werden, und das kann nicht ein Mann, wie viel er immer gelte. Unter den diesmaligen Officieren Garibaldi's befanden sich aber, wie es uns scheint, verhältnissmässig noch mehr als sonst,

solche, welche nicht innerlich überzeugt davon waren,
dass die Kriegszucht einem Freiwilligenheer noch
nothwendiger ist als einem conscribirten; welche
mit einer gewissen Wohlgefälligkeit von Unordnungen
beim Aufbruch oder bei der Vertheilung der Lebensmittel sprachen. Dass alle diese Unordnungen auch
bei einem Freiwilligenheer und nach sehr kurzer
Uebung vermieden werden können, wurde von einzelnen Corps doch 1860 hinreichend bewiesen.

Der Marsch nach Villalba. Das königliche Manifest.

Schon am 2. August brach Garibaldi in zwei
Colonnen aus dem Lager an der Ficuzza auf.

Die Hauptcolonne wendete sich über den Cucco
nach Mezzojuso und gewann hier die grosse Strasse
nach Catania, der sie nun in den nächsten Tagen
folgte.

Eine Nebencolonne, gebildet aus dem Regiment
Bentivegna, in drei kleine Bataillons formirt, marschirte über Corleone und Chiusa auf die Parallel-
strasse über Bivona gegen Canicatti, von welcher
sie entweder nach Girgenti geworfen oder an die
Hauptcolonne herangezogen werden konnte.

In Mezzojuso wurde am 4. Morgens das Regiment Trasselli links, wie früher Bentivegna rechts,
detachirt. Trasselli sollte nordwärts die Meeresküste gewinnen, sich unterwegs verstärken, wo möglich seine Ausrüstung vervollständigen und später über
die Gegend von Messina sich der Hauptcolonne wieder anschliessen.

Die Hauptcolonne erreichte über Rocca Palumba, Alia und Vallelonga, am 6. August spät Abends Villalba. Hier erhielt Garibaldi am 7. die Nachricht von dem ersten feindlichen Zusammenstoss der Freiwilligen Bentivegna's mit den regulären königlichen Truppen.

Ehe wir diesen erzählen, müssen wir aber einen Augenblick nach Palermo und Turin zurückschauen.

De Ferrari in Palermo erliess am 1. August ein Proclam, in welchem er erklärte, dass jetzt, da gewisse Versammlungen bewaffnet auftreten, das Gesetz gegen sie in Anwendung werde gebracht werden und Alles geschehen, um sie zu zerstreuen. Wer sich bis jetzt über diesen Punkt getäuscht habe, der möge sich enttäuschen; auch Garibaldi selbst könne nicht in die Prärogative des Königs eingreifen.

Dies Proclam war nur der Vorläufer des königlichen Manifestes, welches am 3. August, unterzeichnet vom König und gegengezeichnet von sämmtlichen Ministern, in Turin bekannt gemacht und in die Provinzen versendet ward.

Das Manifest liess sich folgendermassen vernehmen:

Italiener!

In dem Augenblicke, da Europa dem gesunden Sinne der Nation huldigt und ihre Rechte anerkennt, ist es meinem Herzen schmerzlich, dass junge Leute unerfahren und getäuscht, uneingedenk ihrer Pflichten und der Dankbarkeit gegen unsere besten Verbündeten, den Namen Rom zum Kriegeszeichen machen, jenen Namen, welchem in Einmuth alle Wünsche und Anstrengungen der Gesammtheit zustreben.

Treu der von mir beschworenen Verfassung hielt ich hoch Italiens Fahne, geheiligt durch das Blut, glorreich durch die Tapferkeit meiner Völker. Aber dieser Fahne folgt nicht, wer immer die Gesetze verletzt, Hand an die Freiheit und die Sicherheit des Vaterlandes legt, indem er sich zum Richter über seine Geschicke aufwirft.

Italiener, hütet euch vor der schuldvollen Ungeduld, vor der unvorsichtigen Agitation! Wenn die Stunde der Erfüllung des grossen Werkes gekommen ist, werdet ihr die Stimme eures Königs in eurer Mitte hören.

Jeder Aufruf, der nicht vom Könige kommt, ist ein Aufruf zur Rebellion, zum Bürgerkrieg.

Die Verantwortlichkeit und die Strenge der Gesetze werden auf diejenigen fallen, welche meine Worte nicht hören.

Ausgerufen von der Nation zu ihrem Könige kenne ich meine Pflichten. Ich werde die Würde der Krone und des Parlamentes rein zu erhalten wissen, um das Recht zu haben, volle Gerechtigkeit für Italien zu fordern."

Das Unternehmen Garibaldi's war also auf's Deutlichste von dem Staatsoberhaupt für Rebellion erklärt, und es war die Anwendung aller Mittel der Gewalt angedroht, um die Rebellion zu unterdrücken. Der dem Manifest beigefügte Bericht des Ministeriums an den König sprach sich darüber, wenn nöthig, noch deutlicher aus.

Und in der That, was sollte das Ministerium thun? Es gab nur zwei Wege: entweder die Regierung ging mit Garibaldi, sie begab sich wieder auf den Weg der Revolution, sie erkannte, dass die Waffen das einzige Mittel seien, Italien seine Hauptstadt zu erwerben; — oder Garibaldi war ein Rebell, der zur Ruhe gebracht werden musste, damit der diplomatische Schwindel wieder seinen Verlauf haben könne.

Wir unsererseits wären für den ersteren Weg gewesen. Indessen die Gerechtigkeit erfordert, dass wir fragen: ob die italienische Nation denn wirklich bereit war, den dornigen Weg der grossen Revolution wieder zu betreten? Und darauf müssen wir mit Nein! antworten.

Die Nation, wesentlich durch die Bourgeoisie repräsentirt, hatte in ihrer grossen Masse durchaus keine Neigung, das Gewehr in die Hand zu nehmen, um für die Existenz zu kämpfen, das letzte Stück Brot mit dem Nebenkämpfer zu theilen, der keins hatte.

Und darum handelte es sich. Indem Italien mit den Waffen in der Hand Rom verlangte, forderte es nicht bloss seine Hauptstadt; es stellte sich vielmehr an die Spitze der gewaltigen Weltrevolution, welche die Welt befreien soll vom Papismus aller Art, dem katholischen, protestantischen, dem des Legitimitätsglaubens, aller und aller Dunkelheit und Sclaverei mit einem Wort. Und in diesem Kampf hatte Italien zunächst die ganze organisirte Staatskraft Europa's gegen sich, welche sich lediglich auf

das Dunkelthum stützt. Italien hatte für sich Alles,
was nach Freiheit strebt, Alles was gedrückt und
geknechtet ist, — Alles also mit einem Wort, was
nicht organisirt ist. Italien stand, bis sich dies
Alles organisirt hatte, allein auf dem Walle der
Revolution! Und sein Heer genügte nicht, um dem
gewaltigen Sturm zu trotzen, der ihm bevorstand.
Das ganze Volk hätte mit einem gewaltigen Aufschwung sich erheben und einen Verzweiflungskampf
aufnehmen müssen, mit dem vollen Bewusstsein jedes
Einzelnen, dass er einen Verzweiflungskampf auf sich
nehme, dass er siegen oder sterben wolle.

Und dieser Aufschwung fehlte. Und wenn
mancher Spiessbürger es ganz gern gesehen hätte,
dass Garibaldi wieder einmal ein Wunder thäte, der
Spiessbürger wollte auch nicht einmal hundert Francs
dafür geben, nicht einmal einen Tag sich den Schlaf
oder das Mittagessen entgehn lassen.

Rattazzi, wenn er auch nicht unter der Furcht
vor der Peitsche des Herrn zu Paris gehandelt
hätte, hätte Recht gehabt, dass er Garibaldi für einen
Rebellen erklärte und die Rebellion unterdrückte.
Denn Rattazzi glaubte nicht an den todesmuthigen
Opfersinn des italienischen Volks für den grossen
gewaltigen Revolutionskampf. Er sagte: wir haben
360,000 Mann Soldaten und Freiwillige und unter diesen hochgerechnet 120,000 Mann, welchen es mit
dem Rufe Sieg oder Tod! Rom oder Tod! Ernst
ist, welche das Gebrüll freudig in die Wirklichkeit
tragen würden. Das reicht nicht.

Wir müssen es billigen, dass Rattazzi die grosse

und schöne Rebellion Garibaldi's unterdrückte; — aber was wir auch bei Rattazzi nicht billigen können, ist dies, dass er sie zu dem grossen Grab- hügel von Aspromonte anwachsen liess.

Das königliche Manifest machte in der Kam- mer der Deputirten den Eindruck der Anzeige des Todes eines geliebten oder geachteten Mannes. Die Bewegung war gross. Und die Natur war an die- sem unglücklichen 3. August in Aufregung. Ein starkes Gewitter, ein heftiger nicht endenwollender Regensturm unterbrach zu wiederholten Malen die trauervolle Rede Ferraris. Der Himmel war schwarz wie ein Leichentuch, — und die Kammer beschloss:

„Die Kammer, indem sie sich den Worten des Königs anschliesst, geht zur Tagesordnung über."

Was sollte diese Kammer anders thun?

Der Senat beschloss am 4. August auf den An- trag von Albert della Marmora:

„Der Senat setzt sein ganzes Vertrauen auf den König, und indem er seinen festen und patriotischen Worten zustimmt, geht er zur Tagesordnung über."

Was sollte der Senat anders thun?

Der König hatte gesprochen, das Parlament hatte ihm beigestimmt: Garibaldi war ein Rebell gegen die italienische Nation, und seine Rebellion musste unterdrückt werden. Garibaldi war so lange ein Rebell, bis das italienische Volk mit der- That gegen den Ausspruch seiner legalen Häupter protestirte und ein anderes Gesetz gab. Vorerst war es die Sache der ausführenden Gewalten, gegen die Rebellion einzuschreiten und ihr sobald als möglich ein Ende zu machen.

Die Hauptrolle fiel gegen die bewaffnete Rebellion dem Kriegsminister zu.

Dieser sprach in einem Tagsbefehl vom 4. August seine Hoffnung aus, dass die Soldaten vorkommenden Falls „ihre Schuldigkeit thun" würden, und protestirte im Namen der Armee gegen jede Spur von Solidarität mit dem „unsinnigen Unternehmen", wie sie etwa in Garibaldi's Manifest vom 1. August angenommen war.

Schon Ende Juli waren die Lager von San Maurizio und Somma abbestellt, die für sie bestimmten Truppen theils nach Sicilien eingeschifft, theils für die Einschiffung bereit gehalten, neue Truppen folgten jetzt nach und Generale, auf welche man ein besonderes Vertrauen setzte, wurden mit deren Führung beauftragt. Am 3. August, als das königliche Manifest erschien, waren bereits 8 Infanterieregimenter und 4 Bersaglieribataillone, — zusammen etwa 12,000 Mann — aus Oberitalien nach Sicilien bestimmt.

Unterdessen war die Polizeibehörde in Thätigkeit, um geheimen Werbern nachzuforschen, und verhaftete unter Anderm den Oberst Acerbi; in den Seehäfen übte sie eine strenge Controle, um die Einschiffung von alten Garibaldinern nach Sicilien zu verhindern, welche übrigens schon dadurch sehr erschwert war, dass alle italienischen Dampfer für den Truppentransport in Anspruch genommen waren.

Der Präfect Cugia. Der Zusammenstoss von Santo Stefano.

Cugia übernahm die Präfectur von P a l e r m o erst am 6. August. Man kann sich denken, dass bei dem häufigen Wechsel in den Oberbehörden in den letzten Wochen nicht eben die grösste Ordnung und Sicherheit in deren Auftreten herrschte. Wie j e d e r, so versprach auch C u g i a, dem Gesetz Achtung verschaffen zu wollen, aber er musste sich am Ende doch auch erst orientiren. Die einzelnen T r u p p e nc o m m a n d a n t e n auf der Insel hatten sehr allgemeine Anweisungen, waren zum Theil durch die Erinnerungen an 1860 irre gemacht an der Stellung, die sie gegenüber Garibaldi einzunehmen hätten. Abgesehen davon, dass ihnen die verschiedenen Proclame zum Theil sehr spät zukamen, wussten sie auch immer mit diesen Proclamen noch nicht, woran sie waren. Denn auch 1860 war im G e h e i m e n Manches gutgeheissen worden, was ö f f e n t l i c h gemissbilligt wurde. Die Unsicherheit hielt sich bei einzelnen sehr lange, bei diesem kürzere bei jenem längere Zeit; so lange sie dauerte, handelte jeder Commandant nach seinem Kopf oder seinem Herzen.

Das Regiment B e n t i v e g n a, der am schlechtesten bekleidete und ausgerüstete Theil der Truppen Garibaldi's, erreichte über C o r l e o n e, C h i u s a und P al a z z o Adriano, wo es eine Compagnie königlicher Soldaten traf, mit welcher es die militärischen Ehren austauschte, bei B i v o n a vorbei S. S t e f a n o am 6. August Morgens. Hier wurde die Colonne, etwa 1000 Mann im Ganzen stark, in zwei Kirchen einquartirt, deren eine im höheren östlichen, die andere im niederen westlichen Theil der Ortschaft lag. Der Empfang der Colonne Bentivegna war in den bisher durchschrittenen Ortschaften ein im Allgemeinen freundlicher, hie und da enthusiastischer gewesen; in S. Stefano verhielt es sich nicht so, die Einwohner schlichen finster und traurig einher.

Santo Stefano gehört zum Bezirk Bivona in der Provinz Girgenti. Der in Bivona residirende Unterpräfect, ein pflichteifriger Mann, der bereits strenge Befehle erhalten und sie ernst genommen hatte, requirirte den Bezirkscommandanten zum Einschreiten in S. Stefano.

Der Bezirkscommandant, Major Nicolis di Frassino setzte sich, begleitet von seinem Adjutanten, mit 66 Mann des 54. Infanterieregiments, drei königlichen Carabinieren und 6 berittenen Nationalgarden in Marsch von Bivona nach Santo Stefano und näherte sich dem westlichen niederen Theil des Ortes um 3 Uhr Nachmittags. Er liess vor dem Orte Halt machen und die drei Carabinieri allein in denselben eindringen, um Erkundigungen einzuziehen; die Truppen sollten draussen das weitere abwarten.

Die Carabiniere betraten den Ort und machten sich hier daran, einen Deserteur von den königlichen Truppen zu verhaften. Die nächsten Freiwilligen eilten herzu um den Deserteur frei zu machen; es kam zum Hin- und Herzerren.

Die Freiwilligen traten, soweit sie zunächst waren, unter die Waffen. Es kam zum Gebrauch des Feuergewehrs, die regulären Truppen mischten sich ein, entwaffneten einen Theil der Garibaldiner und brachten die diesen abgenommenen Gewehre in Sicherheit. Endlich, während bereits das Feuer von beiden Seiten eine Zeit lang gedauert hatte, kamen Bentivegna und der Major Cairoli herbei, liessen auf Seite der Freiwilligen das Feuer einstellen und begannen mit dem Commandanten der Regulären zu parlamentiren. Dieser verlangte, dass die Freiwilligen ohne Weiteres den Ort räumen sollten, — und Bentivegna gab nach, die ihm entführten Flinten wurden als Trophäen zurückbehalten. Die Regulären hatten zwei Verwundete, die Freiwilligen 3 Todte und vier Verwundete verloren; ausserdem 58 Gewehre. Bentivegna marschirte noch am Abend des 6. August nach Castel Termini weiter, wo er, obgleich es auch zum Bezirk Bivona gehört, ausgezeichnet empfangen wurde, — und Pater Pantaleo eilte nach Villalba zu Garibaldi, um ihm die Trauerbotschaft zu überbringen.

Garibaldi hatte auf seinem bisherigen Marsche bis Villalba auch einen verschiedenartigen, aber meist enthusiastischen Empfang gehabt. Besonders miserabel hatten sich nur die Einwohner von Valle d'Olmo benommen, wo am 6. August Mittags ein kurzer Halt gemacht worden war. Auch an Mahnungen hatte es nicht gefehlt.

De Ferrari hatte die Vorsicht gebraucht, schon früh Morgens am 1. August zwei Carabinieri zu Pferd mit einem ganzen Pack seiner Proclamation von diesem Tage dem General nachzusenden, und durch Vermittlung der Obrigkeit des Ortes, wo sie ihn gerade finden würden, ihm den besagten Pack

überweisen zu lassen. Die Carabinieri trafen Garibaldi noch am gleichen Tage an der Ficuzza und
sahen sich, da eine Ortsobrigkeit hier nicht existirte,
gezwungen, ihre süsse Last beim Generalstab Garibaldis abzugeben. Dieser sprach gegen Vertraute
seine Ueberzeugung aus, dass das Ministerium es nie
wagen werde, italienisches Blut zu vergiessen, um
die Durchführung eines Programms zu ersticken,
welches mit Nothwendigkeit sein eigenes
sein müsse.

Am 3. August zu Mezzojuso hatte Garibaldi
den Herzog della Verdura, und den Professor
La Loggia, Chef des Sanitätswesens der Insel, beide
alte Anhänger vom Jahre 1860, empfangen, welche
der erstere von Turin und mit Aufträgen des Ministeriums herbeigeeilt waren, um ihm von der Weiter-
führung seines Unternehmens abzurathen und ihm
auf's Eindringlichste zu sagen, dass die Regierung
entschlossen sei, im andern Falle mit allen Mitteln
gegen ihn einzuschreiten. Sie brachten auch die
ganz frische Proclamation vom 3. August mit. Palermo, sagten sie dem General, sei für ihn; aber
ob er den Bürgerkrieg wolle? Auch einen Brief von
Medici brachten die Friedenstifter, von Medici, der
sich auch anmasste, gute Rathschläge zu ertheilen
und sehr bedauerte, dass — aber!

Garibaldi erwiderte, er werde streben sein Programm von Marsala auszuführen, dabei stets vermeiden, mit den königlichen Truppen zusammenzustossen. Das Ministerium möge ihm feindlich sein;
er werde nirgends in dessen ordentliche Functionen

eingreifen. Die Palermitaner möchten in ihrer
würdigen nationalen Haltung verharren, aber sich
aller Ausschreitungen enthalten, welche Blutvergiessen
herbeiführen könnten.

Unverrichteter Sache also zogen der Herzog della
Verdura und La Loggia ab.

Am 7. kam die Nachricht von Santo Stefano. Wir legen grossen Werth auf die ersten Zusammenstösse in einem Kampf, und dieser erste Zusammenstoss war kein gutes Omen. Unzweifelhaft
hatten hier eine Handvoll regulärer Truppen wirklich
von ihren Waffen Gebrauch gemacht und eine mindestens zehnfach überlegene Macht von Freiwilligen
hatte sich ihrer Forderung gemäss vor ihnen zurückgezogen.

Der Vorfall zeigte zuerst, dass es ganz schwer
sein werde, den regulären Truppen stets auszuweichen. Garibaldi hatte mehrmals erklärt, dass er
ihnen soviel als möglich ausweichen werde. Aber
die Möglichkeit beschränkte sich immer mehr, je
mehr Bataillone Rattazzi nach Sicilien warf. Wenn
nun Garibaldi mit den Königlichen zusammentraf,
glaubte er, dass sie ihn nicht angreifen würden?
Bei Santo Stefano hatten sie angegriffen; aber freilich dort war Garibaldi nicht selbst gewesen.

Worauf hätte er seine Erwartung bauen können?
Auf die Deserteurs, die einzeln und in kleinen
Trupps seit dem 3. August zu ihm stiessen? Er selbst
sah diese Desertion nicht gern, sie störte die Disciplin im Heere, und wenn dieses Heer mit ihm zu-
sammenging, wie er in den Proclamen mehrmals die

Hoffnung ausgesprochen, wie konnte er dann dessen Desorganisation wünschen? Ausserdem, im Fall sein Unternehmen scheiterte, welches Schicksal stand diesen Leuten bevor?

Die Deserteurs waren übrigens immer nur wenige, zum Theil solche, welche unter ihm den Feldzug von 1860 mitgemacht. Es liess sich weder aus ihrem Beispiel, noch aus ihren Mittheilungen ein Schluss auf den Geist der Uebrigen machen.

Ein tapferer Lombarde, der den Aspromontezug mitgemacht, ein einsichtiger Offizier, der seinen Abschied aus der regulären Armee genommen, um frei dem geliebten Führer wieder folgen zu können, sprach sich über die Sache folgendermassen aus: „Garibaldi durfte auf keinen Fall hoffen, dass die Regulären ihn nicht angreifen würden, wenn Rattazzi es wollte. Die regulären stehenden Heere werden einander immer so ziemlich gleichen: da sie keine Ideen haben dürfen, sind sie bereit, gegen alle Ideen zu kämpfen. Aber Garibaldi musste ganz besonders darauf gefasst sein, von den Italienern des regulären Heeres angegriffen zu werden. Wenn sich eine schlecht bewaffnete, schlecht ausgerüstete Schaar an eine alte Truppe eines ruhmgekrönten Heeres wagt und tapfer auf diese losgeht, die Kugeln nicht achtend, die Brust ihnen darbietend und dabei rufend: wir kommen mit unserm Glauben und unserm Vertrauen, und sind alle bereit, dafür zu sterben, macht uns Platz! so ist es noch eher möglich, dass die alte Truppe wirklich das Gewehr bei Fuss nimmt. Sie braucht sich an den Tapfern, die ihr so materiell schwach,

stark durch den Geist entgegentreten, keine
kriegerischen Lorbeeren zu erholen. Die ihrigen sind
sicher. Sie lässt sich von dem Geist besiegen. Nicht
so aber die Truppen eines jungen Heeres, dem
wohl obenein noch gesagt worden ist: wie
wenig es gethan habe. Das will überall seine
Tapferkeit und seinen Werth zeigen und fragt wenig
darnach, ob ihm eine wirkliche Gelegenheit dazu
geboten werde oder ob es sich nicht, die Dinge
recht bei Lichte besehn, eine recht unnütze Mühe
gebe, Lorbeeren zu erwerben. Ausserdem war nun
in der italienischen Armee namentlich seit 1860 beständig gegen alles Freiwilligenwesen gewüthet
worden, und bei manchen Officieren namentlich
war der Gedanke ziemlich entwickelt: wenn wir
nur einmal mit diesen vielgerühmten Freiwilligen zusammenkommen, wir wollen ihnen
einmal zeigen, was wir können! So brannten
manche nach Kampf mit Garibaldis Freiwilligen und das
Prästigium, welches unser Führer besass, schadete
uns in dieser Beziehung mehr, als es uns nützte;
denn die uns bekämpften und besiegten, konnten nun
ihren Sieg wirklich für etwas Rühmliches halten
und sich darüber damit trösten, gegen Landsleute
und gegen eine grosse Idee gefochten zu haben. Viel
Vertrauen ward von Manchem in die Fusion der
Südarmee mit der regulären gesetzt; man meinte,
die früheren Officiere der Südarmee würden nicht
gegen ihren alten Führer fechten. Ich theilte diese
Meinung nie. Eine grosse Anzahl von Officieren der
frühern Südarmee, die sich jetzt in der regulären

befanden, waren Brotmenschen, Pagnottisten, von denen nicht zu erwarten war, dass sie bei der ersten Gelegenheit um der Ehre willen das Brot opfern würden. Ja es gab deren, die sich etwa von ihren Kameraden der alten Armee mit Misstrauen beobachtet glaubten, und nun, um nur jeden Verdacht abzuwenden, der ihnen Schaden bringen konnte, doppelt gegen den alten Führer schrieen, und wenn sie, wie es auch vorkam, ganz schlechte Kerls waren, sich ihres eignen Unwerthes bewusst und bewusst dessen, dass sie nur durch Garibaldi etwas geworden, so berechneten sie wohl gar schon, welche neuen Vortheile sie sich von der Regierung dadurch verschaffen mussten, dass sie mit besonderem Eifer denjenigen bekämpften, dem sie alles verdankten. Wir mussten daher darauf gefasst sein, von den Regulären bekämpft zu werden, wenn Rattazzi es wollte. Dann mussten wir aber wieder kämpfen. Denn nur dadurch konnten wir etwa die Wankenden auf unsere Seite bringen, nur dadurch uns Respect verschaffen, nur dadurch es dahin bringen, dass man uns vieler Orten von selbst Platz machte, so dass italienisches Blut gespart ward; nur dadurch mochte es uns möglich werden, unsere Schaaren immer vergrössernd bis an die Thore von Rom zu dringen und dann — zu sehen, was Gott wollte. Und ich glaube auch, dass Garibaldi entschlossen war, die Königlichen zu bekämpfen, wenn es sein musste, obwohl — woran er Recht hatte, ebenso entschlossen, auszuweichen, wo es ohne

Schaden für unsre Sache geschehen konnte.
Und darum war es nicht gut, dass wir von vornherein
in ein Meer von Zweideutigkeiten hineinver-
sanken. Hätten wir ein festes Programm von Anfang an gehabt, wer weiss! Mancher wäre uns vielleicht nicht zugelaufen, der nur zu uns kam, weil
er an das vollständige Einverständniss Garibaldis mit der Regierung glaubte, aber die
ohne solchen Glauben kamen, waren desto fester
und zuverlässiger; sie liefen auch nicht wieder davon, wie es diejenigen thaten, welche mit dem Glauben
kamen, sobald sie sahen, dass sie sich getäuscht
hatten. Manche von diesen hatten gemeint, einen
ganz gefahrlosen Spaziergang bis an die
Thore Roms zu machen; diese wurden durch die
Kugeln von Santo Stefano eines andern belehrt
und die Colonne Bentivegna schmolz daher am
6. August ganz bedenklich zusammen. Wir alle
wollten die Monarchie Victor Emanuels nicht
anfechten, im Gegentheil, wir wollten ihr die Hauptstadt erobern oder erobern helfen. Aber war es
nun nöthig, das Symbol der Regierung, von der wir
wissen mussten, dass sie uns bekämpfen würde, so
oben anzustellen? Warum überall Italien und Victor
Emanuel? die Sicilianer liebten dies gar nicht einmal und vieler Enthusiasmus kam eher daher, dass
sie glaubten, wir wollten sie von der Turiner Herrschaft befreien. Wir mussten die Königlichen
auf unserm Wege uns feindlich erwarten! Aber wie
sollten wir diese unsere Feinde nennen? Königliche?
Mit dem Symbol Italien und Victor Emanuel waren

wir doch selbst Königliche. Piemontesen? waren nicht
unter uns selbst Piemontesen? Wie denn also? Und
wir nannten unsere Feinde, weil wir keinen
Namen für sie hatten — Brüder! Dadurch kam
von Anfang an eine bedenkliche Sentimentalität
in unsere Sache, die niemals männlichem Handeln
günstig ist. Wir wollten nicht mehr Soldaten, wir **X**
wollten Wallfahrer, Pilger sein. Diese unpractische
Idee hatte auch in der nächsten Umgebung Garibaldis
ihre Anhänger und übte mehrfach traurigen Einfluss,
brachte Zweifel und Zweideutigkeit in unser Unternehmen! Wohl mag man das Opfer Garibaldis gross
finden. der die Waffen niederlegt, er, so wenig daran gewöhnt, um nicht gegen Landsleute zu kämpfen.
Aber hatten wir denn nicht 1860 ganz wacker
gegen Italiener gefochten? Und was mich betrifft,
so wäre es mir lieber gewesen, wir hätten vor Roms
Mauern unser Blut opfern können!"

So unser Freund. Wir haben ihn reden lassen,
weil er uns für späterhin manche Worte ersparen
wird. Garibaldi war zuerst sehr aufgebracht über
den Vorfall von Santo Stefano; indessen theils
wohl, weil er glaubte, dass nicht allzuviel Aufhebens
davon gemacht werden würde, theils weil er am Ende
nicht selbst dabei gewesen war, liess er die Sache
auf sich beruhen und sendete an Bentivegna den
Befehl, sich über Mussumeli auf Santa Catarina
der Hauptcolonne wieder anzuschliessen.

Marsch nach Castrogiovanni.

Am 8. August marschirte Garibaldi mit der Hauptcolonne über Marianopoli nach Santa Catarina. In Marianopoli ward ein kurzer Halt gemacht. Hier lernten die meisten Freiwilligen erst das königliche Manifest vom 3. August kennen, welches sie für Rebellen erklärte. Die Oberitaliener kehrten sich meist gar nicht daran und lachten darüber, aber wie der Vorfall von S. Stefano hatte auch das Bekanntwerden dieses Manifestes wieder die Folge, dass eine Anzahl von Freiwilligen das kleine Heer verliess oder andere, die sich ihm anschliessen wollten, von ihrer Absicht zurückkamen. Andere schlossen sich dafür freilich in Menge auf dem weitern Zuge wieder an.

In Marianopoli ward Garibaldi von der berittenen Nationalgarde von Santa Catarina eingeholt, welche mit ihren prächtigen neuen Uniformen gewaltig gegen die nicht am saubersten aussehenden Freiwilligen abstach. Er hielt dieser goldnen Jugend eine Anrede. Die Reden Garibaldis auf dem Zuge durch Sicilien sind je nach den Auffassungen der Zuhörer und nach den Absichten der Parteiblätter sehr vorschiedenartig wiedergegeben worden. Wir führen aus ihnen nur dasjenige an, was uns characteristisch erscheint und was verbürgt ist. In Marianopoli ermahnte er zur allgemeinen Verbrüderung, zur Eintracht. „Eintracht aber, fügte er hinzu, das will nicht sagen, dass man sich feigem Rathe füge, dass man aus Furcht vor dem Kampfe einen unwürdigen Gehorsam leiste. So kommt man zur

Knechtschaft, nicht zur Verbrüderung der Völker, und jenes ist der Weg, auf den Rattazzis Lakaienpack und seine Nichtsnutzigkeit die Nationalvertretung und das verrathene Italien treiben möchte."

Von Marianopoli nach Mittag aufgebrochen, rückte Garibaldi mit der Hauptcolonne, welcher auch noch die Nationalgarde zu Fuss von Santa Catarina entgegengekommen war, unter dem Jubel der Bevölkerung in letztere Stadt ein.

Am 9. August Morgens rückte die Colonne Bentivegna in äusserst heruntergekommenem Zustande in Santa Catarina ein. Garibaldi hatte unterdessen von verschiedenen Orten, welche abseits der grossen Strasse lagen, Einladungen erhalten, sie zu besuchen, so auch von der Provinzhauptstadt Caltanisetta, aus welcher die königliche Garnison abgezogen war. Garibaldi begab sich am 9. August dorthin, nahm aber nur das Bataillon Bedeschini mit sich, die Hauptcolonne sollte unterdessen über Villarosa weiter nach Castrogiovanni zielen. In Caltanisetta ward Garibaldi ganz ausnehmend gefeiert; der Präfect Marco, ein Piemontese und Ministerieller gab ihm ein Mittagessen und toastirte dabei auf den Erfolg seines Unternehmens. Sollten nun durch dergleichen Dinge die einfachen Leute nicht in dem Glauben bestärkt werden, dass Garibaldi in vollem Einvernehmen mit der Regierung handle, und dass alle Manifeste gegen ihn blosse Comödie seien? freilich ward der Präfect Marco augenblicklich von seinem Posten abberufen, als die Kunde von seinem faux pas nach Turin gelangte.

Von Caltanisetta aus besuchte Garibaldi noch San Cataldo. Er kehrte darauf an die grosse Strasse zurück und vereinigte am 12. August das ganze Corps in dem Felsennest Castrogiovanni, dem gegenüber im Norden der Strasse ein anderes ähnliches Caltascibetta liegt. Castrogiovanni hat jetzt nur 14,000 Einwohner; saracenischen Ursprungs, Hennah geheisen, war es dereinst eine der grössesten Städte der Insel. Hier verweilte Garibaldi mehrere Tage und brachte die Organisation seiner Truppe um einige Schritte weiter, hielt auch eine Revue ab. Die übrigen sicilianischen Städte, welche Garibaldi in den letzten Tagen durchzogen, hatten sehr stark Viva Garibaldi! und Roma o morte! geschrieen, aber nicht die mindeste Anstalt gemacht, das Leben ihrer Bürger für Rom aufs Spiel zu setzen. In Castrogiovanni aber organisirte einer der reichsten Grundbesitzer, der greise Baron Varisano, ein Freiwilligenbataillon von 200 Mann und stellte sich selbst an dessen Spitze.

Von Castrogiovanni sendete Garibaldi vier Officiere, die drei Sicilianer Niscemi, Marchese Maurigi, Carmelo und den Ungarn Korvacs nach Catania, um dort das Terrain zu recognosciren und die Catanesen zu versichern, dass das monarchische Programm des Generals unverändert sei, er auch stets darauf bedacht sein werde, einen Zusammenstoss mit den regulären Truppen zu vermeiden. Catania war sehr in Erregung, es fürchtete, der Schauplatz eines Kampfes zu werden. Der Präfect Tholosano, den Maurigi sprach, sagte: er habe bestimmte Befehle, nach denen kein Einverständniss der Regierung mit Garibaldi angenommen werden könne, und er werde sie ausführen. Maurigi und Niscemi, welche hauptsächlich mit den Reichen und Gemässigten verkehrt hatten, hielten es für klug, Catania bald zu verlassen. Carmelo und Korvacs aber, die mit der Actionspartei in Verbindung waren, blieben dort.

Marsch Garibaldis nach Ragalbuto.

Garibaldi besuchte am 13. August von Castrogiovanni aus die Ortschaften Piazza, Pietraperzia, Barrafranca, wohin er Einladungen erhalten hatte. Corte brach unterdessen mit dem Gros des Freiwilligencorps am 14. August Nachmittags von Castrogiovanni auf, erreichte am gleichen Abend Leonforte und marschirte am 15. weiter nach Ragalbuto.

Hier traf gleichzeitig auch Garibaldi ein. Man stand auf kurze Entfernung dem Feinde — oder nach anderer Ausdrucksweise den „Brüdern" gegenüber. Die Brigade Piemont des regulären Heeres, das 3. und 4. Infanterieregiment, nebst Bersaglieren und etwas Artillerie unter dem Befehl des General Arborio. Mella hielt Adernó und die Ufer des Simetoflusses besetzt, den Garibaldi überschreiten musste, um nach Catania zu gelangen.

In Ragalbuto trafen auch die Deputirten der Linken, Mordini, Fabrizi, Calvino und Cadolino ein. Sie waren, sobald das königliche Manifest vom 3. August erschienen, von Turin nach Palermo geeilt, hatten sich dort über die Lage und Stimmung orientirt und kamen nun über Catania zu

Garibaldi, um zu sehen, ob sich nicht ein Weg finden liesse, den Bürgerkrieg zu vermeiden. Sie hatten eine lange Unterredung mit dem General, unterrichteten ihn von dem, was sie selbst wussten, und reiseten am 16. August wieder ab, um sich über Catania nach Turin zu begeben.

Garibaldi versammelte in Ragalbuto seinen Stab und die Commandanten der Truppencorps, um ihnen zu sagen, dass er, soviel es an ihm läge, einen Zusammenstoss mit den Königliehen vermeiden werde; wenn aber diese ihm etwa Streiche machen wollten, würden seine Leute, wie er hoffe, ihre Bayonnette zu gebrauchen wissen.

Diese Rede machte auf den sentimentalen Theil der höheren Officiere Garibaldis, welcher keinen Bürgerkrieg wollte, einen bedenklichen Eindruck, und sie traten, von Garibaldi entlassen, mit den obengenannten Deputirten zu einer förmlichen Berathung uber die Frage zusammen, wie sie sich verhalten sollten, wenn es zu einem feindlichen Zusammenstoss käme. Wollten sie etwa Garibaldi dann plötzlich den Gehorsam aufkündigen? Man liess die Frage unentschieden. Aber diese Berathung war nach unsern Anschauungen, wie nach denen des lombardischen Freundes, den wir vorher haben sprechen lassen, unheilverkündend. Wer überhaupt Roma o morte! rief, musste auch darauf gefasst sein, mit den italienischen Soldaten feindlich zusammenzustossen. Sonst lieber nicht anfangen! Um den Preis Rom verlohnte es sich auch, einige Tropfen und sogar recht viele italienischen Bürgerbluts — und selbst im Bürger-

krieg — dranzusetzen. **Will man so subtil sein,
so ist Pius IX. am Ende auch ein Italiener.**

Um nun die Lage Garibaldi's zu Ragalbuto
völlig zu übersehen, wollen wir uns jetzt in die Bureaus Cugia's nach Palermo versetzen.

Der Feldzugsplan Cugia's. Die Albinische Intrigue.

Cugia war mit Widerstreben nach Sicilien gegangen. Rattazzi bestimmte ihn dazu, die Mission
zu übernehmen, durch die Vorhaltung, dass er dem
Lande einen grossen Dienst erweise, dass er schon
früher mit Garibaldi zu verhandeln gehabt und dabei
immer gut mit ihm ausgekommen sei, so dass ihn
Garibaldi ohne Misstrauen dort sehen könne, was bei
andern Generalen nicht so der Fall sein werde. Nach
längerm Zögern nahm Cugia an und traf am 3. August
Abends zu Palermo ein. Garibaldi war nun schon
auf dem Marsch, die Dinge hatten sich bereits sehr
geändert. Cugia überzeugte sich zunächst, dass
wirklich die grosse Mehrzahl der Sicilianer an ein
Einverständniss Garibaldi's mit der Regierung
fest geglaubt habe. Dieser Glaube war ausser durch
die andern Umstände, deren wir Erwähnung gethan
auch dadurch genährt worden, dass gerade in der
Zeit, da Garibaldi in Sicilien ankam, eine Menge
Waffensendungen für die Nationalgarde eintrafen.
Diese Waffen circulirten frei und alle Welt glaubte,
sie seien eigens für Garibaldi gesendet.

Cugia überzeugte sich, dass die Stadt Palermo
der Regierung durchaus nicht zugethan sei, und dass

an der Sache das königliche Manifest durchaus nichts zum Guten geändert habe, vielleicht im Gegentheil.

Trotz dem Geschrei, welches in Oberitalien von den Truppensendungen nach Sicilien gemacht worden war, befanden sich doch auf der Insel in Wahrheit sehr wenige Truppen. Es ist wahr, viele Regimenter waren aus ihren Garnisonen in Oberitalien in Bewegung, aber zum Theil durch das Ungeschick der Commandanten, zum Theil durch das der Behörden aller Art ward die Ueberfahrt verzögert. Sollte nun Cugia Alles, was er an Truppen fand, zusammennehmen, die Freiwilligen Garibaldi's zu zerstreuen suchen? Er gewann die Ueberzeugung, dass er dann nach dem Palermo, welches er unterdessen der Nationalgarde anvertrauen musste, nur mittelst eines Bombardements zurückkehren könne. Durfte er es darauf ankommen lassen?

Er entschloss sich also zu temporisiren, alle Gelegenheiten, die sich ihm darboten, Garibaldi zur Versöhnung zu stimmen, ergriff er; gleichzeitig aber wendete er auch alle denkbaren Mittel an, die Sicilianer zu überzeugen, dass die Regierung mit Garibaldi nicht im Einverständnisse sei. Dahin gehörte auch eine Bekanntmachung, dass die Regierung keine Bons anerkenne, die von Garibaldi oder seinen Untercommandanten ausgestellt wären. Deshalb liess er überall bekannt machen, dass die Truppen den strengsten Befehl hätten, Garibaldi nicht nach Catania kommen zu lassen. Er meinte, wenn nun doch ein Zusammenstoss einträte, würden die Sicilianer überzeugt sein, dass ihn Garibaldi selbst herbeigeführt habe, durch sein rücksichtsloses Vorgehen auf Catania.

Die militärischen Massregeln, welche Cugia ergriff, waren folgende:

Er bildete zwei Colonnen: die eine aus der Brigade Piemont, deren Einschiffung zu Genua erst am 6. August begann und welche am 9. und 10. ihre Ausschiffung zu Catania bewerkstelligte, sollte von dort aus westwärts vorrücken; die zweite ward aus den sonst disponibeln Truppen zu Girgenti formirt. Ihr Commando sollte der General Ricotti übernehmen, welcher von Genua am 10. August zu Palermo eintraf und von hier am 11. nach Girgenti abreiste. Ricotti sollte Garibaldi in östlicher Richtung folgen.

In den nächsten Tagen wurden die ertheilten Befehle noch näher präcisirt. Cugia schloss aus verschiedenen Nachrichten, dass Garibaldi sich zu Castrogiovanni festsetzen wolle. Er beauftragte nun Mella, die beiden Strassen einerseits nach Messina, andererseits nach Catania zu decken; Ricotti sollte von Girgenti auf Castrogiovanni marschiren und dafür sorgen, dass Garibaldi, von Mella an dem Eintritt in Catania und in Messina gehindert, sich nicht etwa auf Palermo zurückwerfen könne. So sollte ihm der Eintritt in alle grossen Städte der Insel, die Ausnutzung ihrer Mittel und die Aufregung ihrer Bevölkerung abgeschnitten werden. Blieb er dann zu Castrogiovanni stehen, so konnte man ihn endlich dort einschliessen.

Ricotti marschirte am 14. August von Girgenti ab und erreichte, wie wir sogleich bemerken wollen, am 17. Castrogiovanni. Mella liess nur 180 Mann in

Catania und nahm eine Centralstellung bei Adernò, während er mit Detachements aufwärts und abwärts die Simetolinie beobachtete.

Die Flotte, welche die Küsten Siciliens bewachte und eine Einschiffung Garibaldi's nach dem Festlande verhindern sollte, bestand Mitte August, abgesehn von den Kanonenbooten und Aviso's aus 14 Fahrzeugen und war unter dem Befehl des Contreadmiral Albini, welcher angewiesen war, sich mit Cugia im Einvernehmen zu halten. Die Fahrzeuge waren folgendermassen vertheilt:

vor Palermo die Dampffregatte Marie Adelaide und die Brigantinen Colombo, Eridano und Daino;

zwischen Termini und Cefalù die Corvetten Cristina, Zeffiro, Aurora und Valoroso;

vor Messina das Linienschiff Ré galantuomo;

zwischen Scaletta und Catania die Dampffregatten Vittorio Emanuele, Italia und Garibaldi;

vor Catania die Dampffregatte Duca di Genova;

vor Girgenti die Dampfcorvette S. Giovanni.

Am 13. August theilte der Contreadmiral Albini dem General Cugia mit, er habe einen Brief an Garibaldi zu besorgen und demselben ein Schiff zur Disposition zu stellen, falls er die Insel verlassen und sich an irgend einen Punkt des Staates begeben wolle.

Cugia bemerkte, das komme ihm sonderbar vor, es scheine ihm gefährlich, Garibaldi so auf irgend einen Punkt des Staates mit einem Staatsschiff zu schaffen.

Albini darauf: von Gefahr sei keine Rede, wenn man Garibaldi einmal auf dem Schiff habe, so würde die Regierung auf des Admirals Meldung bestimmen, wohin der General sich verfügen dürfe.

Es war also eine Falle, die man Garibaldi stellen wollte.

Der Brief ward einem Officier mitgegeben, der eben nach Catania abging, um die Funktionen des Stabschefs beim General Mella zu versehen; Garibaldi erhielt den Brief am 15. früh in S. Filippo d'Argiro. Er war bereits gewarnt; auch ohne dies freilich wäre die Falle leicht zu durchschauen gewesen. Garibaldi beschloss, sich die Sache zu Nutze zu machen: Er antwortete sogleich: „Ich nehme das Anerbieten an; ich werde mich in Aci reale mit 30 und mehr der Meinigen einschiffen. Der Officier, welcher mich benachrichtigen soll, dass das Schiff bereit ist, möge es mich in Catania oder auf der Strasse nach Catania wissen lassen.“ Der Brief ward an den Präfecten Tholosano von Catania gesendet, in dessen Hände er am 17. Mittags gerieth.

Tholosano telegraphirte an Cugia, dass er einen verschlossenen Brief von Garibaldi habe. Cugia beauftragte telegraphisch Tholosano, den Brief zu öffnen und ihm den Inhalt telegraphisch mitzutheilen; so geschah es. Nun war Cugia, als er die Nachricht Tholosano's erhielt, höchst erfreut. Blutvergiessen, so hoffte er, werde gänzlich vermieden werden. Um zu diesem Zwecke, soviel an ihm lag, mitzuwirken, telegraphirte er an Ricotti, seinen Marsch möglichst zu beschleunigen, aber einen halben Marsch von Garibaldi entfernt, Halt zu machen. An Mella, von welchem er am 17. früh Morgens die Depesche erhalten hatte, dass vor Adernò am Simeto beinahe ein Zusammenstoss mit den Vorposten Garibaldi's erfolgt wäre, ertheilte er den Befehl, sich auf der Defensive zu halten, einen Zusammenstoss zu vermeiden. Diese Depesche erhielt Mella. Späterhin fiel es Cugia ein, dass Mella vielleicht die Depesche falsch verstehen könne, und er liess daher eine zweite nachfolgen: „Erinnern Sie sich wohl, dass die Defensive sagen will, dass sie um jeden Preis'den Eintritt der Banden in Catania hindern."

Garibaldi gegenüber der Brigade Piemont. Entlassung der 32 Officiere.

Diese Depesche erhielt Mella nicht mehr; die Verbindung zwischen ihm und Catania war bereits unterbrochen; Garibaldi war Herr von Catania. Ehe wir erzählen, wie dies zuging, müssen wir noch eines Vorfalles bei der Brigade Piemont erwähnen, der in die Tage vor dem 17. August fällt.

Rattazzi und seine Anhänger waren keineswegs so sicher als wir, dass die Soldaten der italienischen Armee sich hinreichend gegen die Garibaldiner schlagen würden, namentlich, wenn diese keinen Ernst machten. Den Beweis dafür liefert zunächst die sorgfältige Auswahl der Truppen, die man gegen den geliebten Führer des Volkes aussendete, mit Schwertern und Stangen, um ihn zu fangen. Aber auch andere Beweise liegen vor. Die Prügelei von Santo Ste-

fano (am 6. August) ward vollständig zu einem
Gefecht aufgeputzt und von den 77 Mann, welche
von Seite der Königlichen an dieser Prügelei theil-
genommen hatten, erhielten 6 die silberne Medaille
und 13 wurden belobt, — also 19 Auszeichnungen
für eine Keilerei! Auch der General Mella nebst
seinen Regimentscommandanten fühlten sich unsicher,
und daher kam es, dass sie zu wiederholten Malen,
namentlich bei den Rapporten vom 14. und 16. August
nachfragten, ob unter ihren Officieren nicht dieser
oder jener sei, der nicht gegen Garibaldi fechten
möchte, und diese jungen Officiere förmlich anreizten, ihren Abschied zu nehmen, wenn sie nicht
gern in den Kampf gegen Garibaldi gingen. Darauf
gaben am 16. August 32 Officiere der Brigade Piemont ihren Abschied ein. Es waren zum Theil solche,
welche unter Garibaldi gedient hatten, und die es mit
Recht für eine Schande hielten, wenn man von ihnen
glauben konnte, dass sie „gern" gegen ihren alten
General fochten, es waren zum andern Theil junge
feurige Patrioten, aus der Kriegsschule von Modena
gekommen, welche es gleichfalls für eine Schande
gehalten hätten, wenn man von ihnen glauben konnte,
dass sie „gern" gegen den ersten Patrioten Italiens
fochten.

Aber ohne die Aufreizungen hätten sie viel-
leicht ihren „Dienst" gethan. Und einer der Haupt-
aufreizer, der Hauptrattazzianer war ein gewisser
Eberhardt, jetzt Commandant des 4. Regiments, ein
Deutsch-Ungar, ein Mensch ohne Erziehung und ohne
Fähigkeiten. Garibaldi hatte den grossen Fehler be-

gaugen, diesen Menschen, da er im Jahre 1860 wider die ihm ertheilten Befehle die Bucht von Terranova verlassen, nicht einfach kriegsrechtlich erschiessen zu lassen. Ja, er hatte ihn aus dem Staube zu etwas gemacht, soweit ein Mensch äusserlich zu etwas gemacht werden kann. Diese Gutmüthigkeit ward nun bestraft. Dieser Mensch warf sich zum Richter über Garibaldi auf, wie wir noch weiter sehen werden! Sollte einem nicht die ganze Welt wie ein Narrenhaus vorkommen, wenn man sieht, dass dergleichen Dinge möglich sind? Wer, dem ein Unrecht geschieht, darf sich noch beklagen, wenn ein Eberhardt über einen Garibaldi zu Gericht sitzt?

Auf Befehl der Regierung ward den 32 jungen Officieren die nachgesuchte Entlassung nicht ertheilt, sondern sie wurden als Arrestanten nach Genua gebracht und vor ein Disciplinargericht gestellt, welches sie zur Entfernung aus dem Dienst und Entsetzung von ihren Graden verurtheilte. Dieses das Urtheil Rattazzi's! Aber auch von anderer Seite her wurden sie verdammt. Man warf ihnen vor, dass sie nicht mit der Truppe gegen Garibaldi gegangen und dann ihre Soldaten im Gefecht zu diesem übergeführt hätten! — Wir fragen einfach: wenn alle guten Italiener so gehandelt hätten, wie diese 32 braven jungen Männer, wäre dann Rattazzische Politik noch möglich, wäre Rom dann nicht Italiens Hauptstadt gewesen? Und diese Frage sei ihr Ehrendenkmal und ein anderes sei ihnen der Ausspruch unserer Hoffnung, dass sie noch einmal dabei sein

werden, wenn italienische Politik und Politik der
freien Völker getrieben wird!

Umgehung der Brigade Piemont. Einmarsch Garibaldi's in Catania.

Wir verliessen Garibaldi in Ragalbuto, angesichts des Simeto und des Generals Mella. Getreu
seinem Entschlusse, blutige Zusammenstösse mit den
Truppen solange als möglich zu vermeiden, beschloss
Garibaldi die Stellung Mella's durch einen Flanken-
marsch zu umgehen. Er setzte daher am 16. August, während er seine Vorposten dem General Mella
und Adernò gegenüber liess, zuerst die Bersaglieribataillone, dann auch die Brigade Corrao in
Marsch nach dem etwa eine deutsche Meile entfernten
Centorbi. Nach kurzer Ruhe hier liess er die zuerst angekommenen Bersaglieri wieder aufbrechen,
um an den Simetò gegenüber Paternò zu marschiren.

Seine Absicht war, in der Nacht vom 16. auf
den 17. August nicht bloss den Simeto, sondern auch
die Stadt Paternò zu passiren, so dass die etwa
dort stehenden Truppen wenigstens die Grösse seiner
Streitmacht nicht beurtheilen könnten. Indessen verschiedene Dinge vereitelten dies. Zuerst war der
Simeto ungewöhnlich angeschwollen und es dauerte
lange, ehe man eine einigermassen passende Furth
fand, dann hielt der Uebergang sehr auf und endlich
kam die Brigade Corrao, welche sich verspätet
hatte, erst um Mitternacht bei Centorbi an, von wo

17

sie noch eine starke deutsche Meile bis an den Simeto machen musste.

Es war daher schon heller lichter Tag, als Garibaldi sich am 17. August Paternò näherte, Corrao
war noch nicht herangekommen. In Paternò standen drei Compagnieen regulärer Truppen. Sie wurden allarmirt und nahmen südlich vom Orte Stellung.
Garibaldi verhandelte mit dem Commandanten und
bediente sich dabei auch des Briefes von Albini.
Der Commandant der regulären Truppen sagte, er
dürfe nach seinen Befehlen die Freiwilligen nicht in
die Stadt lassen, doch gestand er zu, dass für sie
Lebensmittel aus der Stadt gebracht würden.

Garibaldi liess die Bersaglieribataillone ein ver-
stecktes Biwak, westlich Paternò in Olivenwäldern,
nehmen, und begab sich dann ganz allein in die
Stadt, um für die Lebensmittel zu sorgen, welche von
3 Uhr Nachmittags ab in das Biwak herausgebracht
wurden. Um vier Uhr kam auch Corrao heran und
bezog das Biwak bei den Bersaglieren.

Nachdem abgegessen war, setzte sich Garibaldi
um 6 Uhr Nachmittags, die Bersaglieri voran, auf
verdeckten Wegen durch Gärten, über Hecken und
Zäune in Bewegung und erschien plötzlich auf dem
Hauptplatz von Paternò, ohne dass die Truppen,
welche noch im Süden der Stadt standen, es bemerkt
hatten. Nun aber verrieth ihnen der brüllende Jubel
des Volkes, was geschehen. Schnell rückten sie in
die Stadt. Die Bersaglieri Garibaldi's hatten diese schon
durchschritten und befanden sich bereits auf der freien
Landstrasse nach Catania. Aber Corrao, welcher

nachkam, ward von den Regulären aufgehalten. Garibaldi, der sich bei den Bersaglieren befand, von dem Vorgefallenen unterrichtet, kehrte in die Stadt zurück und begann neue Unterhandlungen mit dem Commandanten. Das Resultat derselben war, dass auch Corrao durch die Stadt rückte, Garibaldi aber dem Commandanten eine Declaration zurückliess, laut welcher er nur in Folge von Irrthümern der Wegweiser durch Paternò gezogen war.

Am 17. August, Abends um 9 Uhr, hatte Garibaldi sein ganzes kleines Heer — ausgenommen das Regiment Trasselli, welches sich in der Nähe der Nordküste der Insel in der Gegend von Cefalù befand, — etwa 3000 Mann, eine deutsche Meile südöstlich von Paternò beisammen.

Um Mitternacht rückte er in das festlich erleuchtete Misterbianco ein, gegen welches sich ein ungeheurer Fackelzug von Catania heranbewegte. In Catania nämlich hatte am Nachmittag das Volk eine gewaltige Demonstration gemacht. Der Präfect, alle Oberbehörden waren auf die Fregatte Duca di Genova geflüchtet. Die als Besatzung in Catania zurückgebliebenen Truppen der Brigade Piemont und von der Marineinfanterie, verbarricadirten sich in ihrer Caserne, ebenso in der ihrigen die königlichen Carabinieri und nun am Abend, von Garibaldi's Herannahen unterrichtet, zog das Volk von Catania mit Fackeln nach Misterbianco, um Garibaldi, den es 1860 nicht bei sich gesehen, feierlich von dort einzuholen.

Gegen 2 Uhr Morgens am 18. August zog Gari-

baldi in Catania ein und nahm sein Quartier in dem
Gebäude des Arbeitervereins, wohin der Commandant
der Nationalgarde sofort ein Peloton Ehrenwache
sendete. Lange, lange wollte das Volk sich nicht
zerstreuen, auch nachdem der geliebte Führer seine
Rede gehalten, in welcher er gesagt, dass ganz
Italien Rom und Venetien verlange, ganz Italien
verlange, dass das Evangelium eine Wahrheit werde.

XI.
Garibaldi in Catania.

Drohender Angriff Mella's auf Catania. Unterhandlungen.

Kaum war Garibaldi in Catania, dieser Stadt von
65,000 Einwohnern, der dritten Stadt Siciliens, als
sie allarmirt ward. General Mella, hiess es, rücke
zum Angriff heran.

In der That, dieser General, dessen Patrouillen
am Morgen des 17. vor Adernò fast mit den Vorposten Garibaldi's zum Zusammenstoss gekommen
wären, sobald er die Nachricht vom Erscheinen der
Freiwilligen bei Paternò erhielt, raffte Alles zusammen, was er im Augenblick unter die Hand bringen konnte, und marschirte auf Paternò, Misterbianco
und Catania ab, in der Hoffnung, dort noch vor Garibaldi anzukommen, dessen Truppen doch erst am 16.
von Ragalbuto und zum Theil von weiterher aufgebrochen waren, den Simeto unter Schwierigkeiten
passirt hatten, die von Ragalbuto bis Catania

mindestens 6 deutsche Meilen hatten. Von Adernò
bis Catania sind nur vier deutsche Meilen, der Weg
ist gut, und die Brigade Piemont hatte in letzer
Zeit keine grossen Anstrengungen zu bestehen gehabt.

Mella beschleunigte seinen Marsch so sehr er
konnte, aber er kam zu spät. Um vier Uhr Morgens am 18. August stand er etwa eine Meile von
der Stadt, während Garibaldi bereits dort eingezo-
gen war.

Garibaldi ordnete sogleich an, dass die Stadt
in Vertheidigungsstand gesetzt werde; die Catanesen
trugen ihm ihre Dienste an. Das Volk umgab mit
Barricaden die Casernen der königlichen Carabinieri
und der Truppen, welche früher von Mella als Besatzung in der Stadt zurückgelassen waren; Barricaden erstanden an den Eingängen zur Stadt, am
Umfange, wo ein offener Zugang zu sein schien. Die
Freiwilligen traten unter die Waffen und die Palermitaner, welche unter ihnen waren, erinnerten sich
lebhaft der Maitage von 1860. Der Commandant der
Nationalgarde liess auf die erste Anfrage Garibaldi's
dieselbe allarmiren und stellte sie zur Disposition des
Generals. Der Deputirte Giovanni Nicótera, welcher, sowie Miceli, Garibaldi auf seinem ganzen Zug
durch Sicilien begleitet hatte, jetzt zum Platzcomman-
danten ernannt, sorgte für Ordnung und Sicherheit in
der Stadt. Auch die Frauen eilten in die Strassen,
die Vertheidiger mit allem Nöthigen zu versorgen.
Ganz Catania rüstete sich, den Feind zu empfangen,
dafür einzustehen, dass dem Befreier Siciliens
in Sicilien kein Haar gekrümmt werde. Dieser

unterdessen dictirte seinen Adjutanten ein Proclam
an die Catanesen, durch welches er die Verantwortlichkeit für das italienische Blut, welches vergossen
werden möchte, auf das Haupt Rattazzi's zurück-
fallen liess, und verkündete, dass auf seiner Fahne
nach wie vor: Italien und Victor Emanuel!
stehe.

Diesmal aber sollte es nicht zum Angriffe kommen. Mella, als er sah, dass er zu spät kam, wollte
die Verantwortlichkeit eines Angriffs auf die grosse
Stadt nicht auf sich nehmen, er stand noch immer
unter dem Einflusse der Depesche Cugia's, welche
dieser nicht zuletzt abgesendet, welche aber Mella
zuletzt erhalten hatte: dass er sich auf der Defensive halten, nicht angreifen, nur sich wehren solle,
wenn er angegriffen würde. Und er stand auch wohl
unter dem Eindruck der Entlassung jener 32 Officiere. Er sendete nach einander zwei Parlamentäre
in die Stadt; das Resultat ihrer Verhandlungen war:
Mella habe bis jetzt keinen Befehl, die Freiwilligen
anzugreifen, sollte er ihn erhalten, würde er Garibaldi vorher benachrichtigen; die Truppen der Brigade
Piemont und der Marineinfanterie, welche noch in
Catania waren, erhielten freien Abzug, ebenso die
königlichen Carabinieri; dafür sendete Mella alle die
Gefangenen zurück, welche er auf seinem Wege gemacht hatte, debandirte Freiwillige, welche nach und
nach aufgegriffen worden waren, ungefähr hundert;
alle Militärmagazine, welche sich in Catania befanden,
wurden Garibaldi überliefert.

Alles das, was sogleich auszuführen war von

diesen Bedingungen, ward getreulich ausgeführt. Die vorgefundenen Vorräthe wurden verwendet, um die Ausrüstung der Freiwilligen zu vervollständigen.

Organisation der Freiwilligen. Einschliessung Catania's durch die Königlichen.

Die Organisation des Corps gestaltete sich jetzt folgendermassen:

4 Bataillons Bersaglieri, nämlich:

1. Bataillon Menotti Garibaldi;

2. Bataillon Bedeschini, wobei die genuesischen Carabinieri;

3. Bataillon Vigo-Pellizzari; dieses Bataillon, dessen Formation erst in Catania begonnen ward, sollte ursprünglich den Namen: Ueberreste der Tausend (Superstiti de' Mille) führen. Da aber von diesen wenig vorhanden war, bildete es sich grossentheils aus Deserteurs;

4. Bataillon Guerzoni, hauptsächlich aus später vom Continent eingetroffenen Leuten gebildet;

Brigade Corrao mit den beiden Regimentern Badia und Bentivegna;

Bataillon der mobilen Nationalgarde von Pietra Perzia;

Bataillon Varisano (Castrogiovanni);

Bataillon Catania, nur aus jungen Catanesen gebildet;

Eine Abtheilung Marinesoldaten;

Eine Abtheilung Guiden (unberitten);

Die Ambulance.

Das Ganze, immer die Colonne Trasselli, welche

in der Richtung auf Messina an der Nordküste entlang zog, abgerechnet, belief sich auf etwa 5500
Mann.

Da die sämmtlichen Behörden ausgerissen waren,
sah Garibaldi sich nothgedrungen, eine provisorische Regierung zu organisiren. Er requirirte
ferner auch, während er bis dahin blos aus Privatmitteln gelebt hatte, in Catania etwa 350,000 Francs
aus den Staatscassen, zu einem nicht unbedeutenden
Theil in neuen Fünfcentimesstücken, welche eben nach
Catania gesendet waren, um die alten sicilianischen
Kupfermünzen auszuwechseln. Meistens blieb dieses
Geld in Catania, da aus ihm die Handwerker bezahlt wurden, welche an der Vervollständigung der
Ausrüstung des kleinen Heeres arbeiteten.

Cugia, sobald er am 17. von Tholosano die
Depesche erhalten hatte, welche ihm den Inhalt der
Antwort Garibaldi's auf das von Albini vermittelte
Anerbieten der Regierung betreffs einer Einschiffung
nach irgend einem Punkte des Staates mittheilte,
sendete diese sogleich an Rattazzi nach Turin. Er
erhielt von Turin erst am 18. Abends Antwort und
zwar diese: er solle Garibaldi die Ueberfahrt entweder nach America oder nach Caprera an-
bieten, welches dieser nicht wieder verlassen dürfe
ohne Zustimmung der Regierung. Er hatte diesen
Judasbrief noch nicht einmal weiter gegeben, als eine
Depesche Tholosano's, die mehrfältig aufgehalten war,
eintraf. Garibaldi stehe vor den Thoren von
Catania. Wie wir wissen, war zu dieser Zeit Garibaldi bereits in Catania.

Cugia sendete nun an Ricotti und Mella Befehl, schleunigst die Einschliessung Catania's von der Landseite zu bewerkstelligen; sie hatten wirklich am 21. August etwa 7000 Mann um die Stadt. Neu vom Festland angekommene Truppen, bei Aci Reale ausgeschifft, sperrten dort die Strasse nach Messina ab.

Eindruck der Nachricht von Garibaldi's Einrücken in Catania auf dem Festland und insbesondere in Turin.

Auf Rattazzi musste die Nachricht vom Einrücken Garibaldi's in Catania wie ein Donnerschlag wirken. Seit dem Beginn der Dinge, seit anfangs August hatte er von seinen Blättern beständig den Abgang neuer Bataillone nach Sicilien verkünden lassen, wie das ganze „unsinnige Unternehmen" bald ein trauriges Ende finden müsse. Aber es verging eine Woche und man sah nichts von einem Ende, im Gegentheil alle Nachrichten, die auf das Festland drangen, liessen nur vermuthen, dass Garibaldi beständige Fortschritte mache. Bei jeder neuen Etappe, die Garibaldi in Sicilien machte, brach der Jubel der Jugend in den Städten Italiens in neuen Demonstrationen aus. Ja selbst die Bourgeoisie konnte sich nicht ganz enthalten, an diesem Jubel theilzunehmen. Wie sicher sie das Ganze zuerst unbedenklich für Unsinn erklärt hatte, der Bestand, den die „Rebellion" in Sicilien zu erhalten schien, ward doch immer auffälliger. Sollte nicht doch Garibaldi wieder einmal die Kraft haben, ein Wunder zu thun? So begann der gute Bürger sich zu fragen. Und der lebhaftere und thatenlustige Theil der Jugend fragte nicht, sondern zog das rothe Hemde an, lief nach den Seestädten, um eine Schiffsgelegenheit zu suchen oder suchte nach Comités, die ihm die nothwendigen Mittel zur Ueberfahrt schaffen möchten.

Dabei musste Rattazzi obenein täglich hören, dass er, er, Urban Rattazzi, mit den „Rebellen" unter einer Decke stecke.

Der hochherzige Alliirte in Paris benahm sich höchst unwirrsch. Bei jeder dringenden Anfrage von Turin: wie es denn nun aber nachher mit Rom werden würde? ob man nun auch Rom bekommen würde oder wenigstens einige neue Aussichten darauf, wenn man sich gegen Garibaldi stark bewiesen habe, — bei jeder solchen Anfrage ward der hochherzige Alliirte sehr erzürnt. Wie man davon jetzt zu reden wage? Rattazzi möge Ordnung schaffen, das sei seine verfluchte Pflicht und Schuldigkeit. Wenn er es nicht könne, so würde Napoleon selbst zugreifen und wenigstens in den neapolitanischen Festlandprovinzen Ruhe machen!

Und für diesen Fall gab dann wieder England zu verstehen, dass es, um das Gleichgewicht herzustellen, die Insel Sicilien besetzen und unter seinen ganz besondern Schutz nehmen dürfte.

Am 11. August sendete Thouvenel eine Depesche an den französischen Geschäftsträger zu Turin: die Rebellion in Sicilien biete der italienischen Regierung eine sehr günstige Gelegenheit, um sich überhaupt von allen revolutionären Einflüssen zu befreien. Das sei freilich nur möglich, wenn Garibaldi vollständig besiegt aus dem Kampfe hervorginge. Wenn es anders wäre, wenn die Regierung von Turin nicht auf das kräftigste und mit einfacher Unterdrückung auf die Fehde antworte, die ihr angesagt sei, so möchte sich leicht der Thron Victor Emanuels in Gefahr befinden. In diesem Sinne möge der Geschäftsträger beständig zu den Turiner Ministern reden und keine Gelegenheit dazu vorübergehen lassen. Es seien auch in verschiedenen Städten Demonstrationen gegen die französische Fahne vorgekommen. Das Pariser Cabinet hoffe, dass Rattazzi die geeigneten Massregeln ergreifen werde, um dergleichen für künftig hin unmöglich zu machen.

Schon durch Decret vom 12. August hatte Rattazzi an Cugia ausserordentliche Vollmachten für die ganze Civil- und Militärverwaltung der Insel Sicilien übertragen. In Folge der sehr deutlichen Mahnungen, die ihm von Paris kamen, übertrug er nun dieselben Vollmachten für die neapolitanischen Festlandsprovinzen durch Decret vom 15. August an den General Lamarmora, Commandanten des 6. Armeecorps und Präfecten der Provinz Neapel.

Zu derselben Zeit aber trafen zu Turin immer betrübendere Nachrichten aus Sicilien ein; man wusste sehr bald, dass Garibaldi bei Castrogiovanni nicht abgefangen war. Was war noch alles zu erwarten. Jetzt bestimmte Rattazzi den König, durch Decret vom 17. August ganz Sicilien in Belagerungszustand zu erklären und Cugia mit allen Vollmachten zum ausserordentlichen königlichen Commissär zu ernennen. Cugia verkündete den Belagerungszustand mit allen seinen schönen Zugaben, — vollständige Herrschaft der Militärgewalt, Standrechtsverfahren, Unterdrückung der Presse, — durch Proclam vom 20. August. Es ward aber im Sturm und Drang der Dinge dabei so liederlich verfahren, dass noch fünf und sechs Tage später eine ganze Menge von Beamten, die nothwendig hätten davon unterrichtet sein sollen, nicht wussten, dass die Insel Sicilien sich in Belagerungsstand befinde.

Nun kam die Nachricht von dem Einrücken Garibaldi's in Catania nach Turin. Welcher Schrecken! War nicht mit allen möglichen höhern strategischen Schnurren verkündet worden, wie fein die Anstalten getroffen seien, dass Garibaldi gar nicht nach Catania gelangen könne! Und nun war er in Catania; dennoch, trotz alledem. Napoleon äusserte sich immer unzufriedener. Was thun?

Der König ernannte am 21. August den General Cialdini, den besten General Italiens, zu seinem ausserordentlichen Commissar für Sicilien, Cialdini, der ausserdem lange darauf brannte, sich einmal mit Garibaldi zu messen. Alle Dampfer in den Häfen Italiens wurden zum Truppentransport in Beschlag genommen, neue Regimenter erhielten schleunigst Marschbefehl, die höchste Energie sollte entfaltet werden. Cialdini verliess am 24. August Abends um 6 Uhr Genua auf der Stella d'Italia, zwei andere Dampfer mit Truppen an Bord begleiteten ihn, ausserdem mehrere Generale, welche in besonderem Rufe standen, wie Pinelli, Brignone,

Boyl di Putifigari. Als Commandanten der Bersaglieri des Corps, welches unter ihm gegen den
grossen Volksführer auftreten sollte, hatte sich Cialdini den Obersten Pallavicini di Priola, einen
vortrefflichen Officier, der im piemontesischen und
darauf im italienischen Heere seit 1848 alle Feldzüge
mit Auszeichnung mitgemacht, erbeten. Auch Pallavicini ging schleunigst nach Sicilien ab. Ebenso
der Marineminister, Admiral Persano, welcher selbst
an Ort und Stelle die Anordnungen für die Flotte
treffen wollte.

Aber immer noch, trotz aller dieser Anstalten,
musste das Ministerium befürchten, dass Garibaldi,
dem es gelungen war, nach Catania zu kommen,
auch nach Calabrien hinübergelangen, auch in die
neapolitanschen Provinzen den Krieg tragen werde.
Deshalb ward nun durch königliches Decret vom
20. August der Belagerungszustand auch über
die neapolitanischen Provinzen verhängt und
der General Alfons Lamarmora mit der Ausführung
des Decretes beauftragt, welcher dies den Neapoli-
tanern durch ein Proclam vom 25. August ankündigte.

Nicht genug damit. Mazzini war eigentlich mit
dem Beginn einer Bewegung, als deren directes Ziel
Rom bezeichnet ward, nicht einverstanden; als aber
Garibaldi die Insurrection Siciliens einmal und mit
diesem Ziel begonnen hatte, war Mazzini der Meinung, dass alle Schattirungen der liberalen Partei diese
Insurrection aufs äusserste und mit allen Mitteln
unterstützen müssten, und schrieb in diesem Sinne

an alle Freunde und an alle Vereine, mit welchen
er in näherem Verkehr stand.

Wenige Tage, nachdem Garibaldi zu Marsala das
neue Programm Rom oder Tod! aufgestellt hatte,
am 22. Juli, erliess die Executivcommission der Befreiungsgesellschaft von Genua einen Aufruf
an alle zugewandten Vereine, sich eine Steuer von
einem Franken auf das Mitglied aufzuerlegen, diese
schleunigst aufzubringen und den Ertrag an Antonio
Mosto nach Genua zu spediren. Als Garibaldi zu
Ende Juni das Festland verlassen hatte, um zuerst
nach Caprera, dann nach Sicilien zu steuern,
waren von der ministeriellen Partei sofort Gerüchte
ausgestreut worden, denen zu Folge der General mit
der Befreiungsgesellschaft, deren Präsident er war,
zerfallen sein sollte. Crispi, den Garibaldi zu seinem Vertreter während seiner Abwesenheit bestellt
hatte, protestirte gegen diese Gerüchte. Es war
demnach erlaubt, auf einen Zusammenhang der Insurrection Garibaldi's mit der von der Befreiungsgesellschaft ausgeschriebenen Steuer zu schliessen, ja
diese beiden Dinge in ein sehr nahes Verhältniss zu
einander zu bringen.

Andererseits erliess Mazzini gleichzeitig einen
ganz ähnlichen Aufruf zur Besteuerung; er verlangte
nur einen Ertrag von 300,000 Francs. Garibaldi,
Befreiungsgesellschaft, Mazzini — Alles dies
kam also in den vollständigsten Connex.

Wie uns bekannt, hatte bei Gelegenheit der Interpellationen über die Märzversammlung von Genua
Ricasoli den Satz aufgestellt, dass nicht bloss das

Versammlungsrecht, sondern auch das Recht der Association durch die Verfassung garantirt sei. Rattazzi
sprach, zur Gewalt gelangt, die entgegengesetzte Meinung aus, fügte aber hinzu, da nun jener staatsrecht-
liche Satz, den er nicht billige, einmal angenommen scheine, so musse nothwendig das Asso-
ciationsrecht gesetzlich geregelt werden —
und nach den Ereignissen von Sarnico brachte er
sogleich ein Vereinsgesetz oder, damit wir uns
deutlicher ausdrücken, ein Gesetz über die Beschränkung des Vereinsrechtes an die Kammer. Dies wan-
derte zu einer Commission, stiess auf manches Bedenken; kurz es war noch nicht zur Berathung gelangt, als Sicilien in Bewegung gerieth, auch noch
nicht, als mit dem 12. August die Deputirtenkammer
vertagt ward. Jetzt, gestachelt von den Rathschlägen
des hochherzigen Alliirten, die Insurrection zu benutzen, um auf einmal mit den revolutionären Ele-
menten aufzuräumen, geplagt von dem ungerechten
Verdacht, der ihn verfolgte, dass er mit den Rebellen
im Einverständniss sei, zur Verzweiflung getrieben
durch die Nachricht vom Einrücken Garibaldi's in
Catania, erliess Rattazzi am 20. August das Decret,
durch welches die italienische Befreiungsgesellschaft mit ihren sämmtlichen Filial-
und Nebenvereinen aufgelöset wurde. Die Gesellschaft protestirte, aber es half nichts. Mit den
Schrecken des Belagerungszustandes und ohne dieselben erfolgte sofort die Auflösung.

Trotz der Folgsamkeit des Knaben Rattazzi und
wie zum Hohn für Italien erklärte am 25. August

der Moniteur: Sehr überflüssiger Weise fragten verschiedene Blätter nach dem Verhalten Frankreichs gegenüber den gegenwärtigen Zuständen in Italien. Es verstehe sich von selbst, dass angesichts frecher Drohungen, angesichts der gesammten Folgen, welche eine demagogische Insurrection haben könne, Frankreich, um seine Pflicht zu erfüllen und um der Ehre seiner Waffen halber mehr als je den Papst schützen müsse.

Nachdem wir nun wieder den äusseren Rahmen um das Bild gezogen haben, können wir nach Catania zurückkehren.

Ricotti's Vorbereitungen zum Angriff auf Catania.

So gross der Jubel in Catania beim Einzuge Garibaldi's gewesen war, fehlte es doch in der Stadt keineswegs an Leuten, welche den General lieber wo anders als hier am Fusse des Aetna gewusst hätten, und so gross die Eintracht in dem kleinen Freiwilligenheere hätte sein sollen, welches, — man kann wohl sagen, — eine Welt herausforderte, fehlte es doch an dieser Eintracht sehr. Manche von den Führern und Truppen der Sicilianer wirthschafteten dergestalt, dass sie den ernsteren Oberitalienern ein entschiedenes Aergerniss gaben. Garibaldi versammelte am 22. August alle Officiere in dem Benedictinerkloster, in welches jetzt das Hauptquartier verlegt war, ermahnte väterlich zur Eintracht, versprach den besten Erfolg des Unternehmens, sagte, er würde Caprera nicht verlassen haben, wenn ihm nicht von

allen Seiten, von allen Parteien versichert worden
wäre, Sicilien stehe im Begriff, sich von Italien los-
zureissen; es müsse wieder an Italien gebunden werden, dadurch dass dieses sich selbst vervollstän-
dige und wirklich constituire. In seinem Gewissen
sei er so ruhig, wie auf seinem Bett in Caprera. Er
forderte die Officiere, welche Mangel an Geld hätten,
auf, sich solches beim Generalstabe zu holen. Obgleich er nicht gerade reich sei, fehle es doch auch
nicht gänzlich an Allem.

Am Abend des 23. August entstand ein neuer
Allarm; es hiess, Ricotti werde angreifen. Alles
eilte zu den Waffen und neue Barricaden erhoben
sich. Indessen durften die Freiwilligen bald wieder
in ihre Casernen zurückkehren, da sich der Allarm
als falsch erwies. — In Wahrheit hatte der General
Ricotti alle Anstalten getroffen, um nach erfolglos
gebliebener Aufforderung in der Nacht vom 24. auf
den 25. August den Angriff auf Catania zu unternehmen.

Viele Deserteurs von den Truppen, welche um
Catania standen, kamen in diesen Tagen zu Garibaldi in die Stadt und wurden theils den Truppen-
körpern zugetheilt, welche noch am wenigsten vollzählig waren, theils als Instructoren sämmtlichen verschiedenen Abtheilungen zugewiesen.

XII.

Der Uebergang nach Calabrien und der Tag von Aspromonte.

Die Ueberfahrt Garibaldi's nach Calabrien.

Wenn Garibaldi hätte darüber in Zweifel sein können, ob er nicht besser that, längere Zeit in Sicilien zu verweilen, sich dort eine ansehnliche Macht und Kriegsmittel auch zum Uebergang nach Calabrien zu verschaffen, so hörte der Zweifel auf, nachdem er einmal in Catania angekommen war. Jetzt musste er so schnell als möglich nach Calabrien hinüberzukommen suchen. Allerdings konnte er in der Stadt Catania noch den Angriff Ricotti's erwarten und diesen zuerst abschlagen, welchen Erfolg er nicht unwahrscheinlicher Weise gehabt haben würde. Aber es widerstrebte ihm, eine blühende Stadt der Zerstörung auszusetzen, auch die Misshelligkeiten, welche zwischen den verschiedenen Bestandtheilen seines Freiwilligencorps ausgebrochen waren, liessen es ihm wünschenswerth erscheinen, sobald als möglich aus Catania heraus und in eine Thätigkeit zu kommen, welche von jenen abzog.

Es handelte sich also nur darum, die Schwierigkeiten der Ueberfahrt zu überwinden. Diese aber waren sehr gross.

Geeignete Fahrzeuge, auf denen Garibaldi sich

hätte einschiffen können, waren nicht im Hafen; vor der Mündung des Hafens ausserdem kreuzte die italienische Dampffregatte Duca di Genova, geführt von dem Capitän Giraud, einem allgemein als sehr tüchtig anerkannten Seeofficier; weiter nordwärts kreuzte in der Nähe die andere Fregatte Victor Emanuel, Capitän Avogadro.

Eine englische Fregatte war, während Garibaldi sich in Catania befand, auf der Rhede angekommen und hatte sich zwischen die Hafenmündung und den Duca di Genova gelegt, aber Garibaldi konnte nicht daran denken, sich etwa dieses Schiffes zu bemächtigen.

Am 23. August Abends um 6 Uhr nun lief, vom Duca di Genova zwar angehalten aber nicht gehindert, der Postdampfer Abatucci, Capitän Saettoni, unter französischer Flagge in den Hafen von Catania ein; ihm folgte am Morgen des 24. August Sonntags, ein anderer italienischer Postdampfer, der Dispaccio.

Garibaldi nun beschloss, sich dieser beiden Schiffe zu bemächtigen und mit ihnen die Ausfahrt zu versuchen. Am Morgen des 24. liess er durch ein Detachement zuerst den Dispaccio besetzen, dann nachdem er eine Recognoscirungsfahrt zur Hafenmündung heraus gemacht, auch den Abatucci, ohne auf die Proteste des Capitäns zu achten, ohne indessen auch den Capitän des Abatucci zu verhindern, seinem Consul und dem Agenten der Compagnie Valery, welcher der Abatucci gehörte, Anzeige von dem Vorgefallenen zu machen. Der Capitän des

Abatucci zog ausserdem als Nothzeichen am grossen Mast die französische Flagge auf, dies ward
aber von den Fregatten nicht beachtet, welche draussen auf der Rhede lagen.

Schon um zehn Uhr Vormittags hatte Garibaldi
den allgemeinen Befehl zur Einschiffung gegeben.
Die Dampfer konnten unmöglich die ganze vorhandene Mannschaft tragen, wenn man sie auch noch
so sehr belastete; höchstens 3000 Mann oder etwas
mehr. Nothwendig musste Garibaldi also ungefähr
1500 Mann zurücklassen. Er bestimmte dazu die
noch in der Formation begriffenen Corps: nämlich
die Brigade Catania (zu dem ursprünglichen einen
Bataillon war schon ein zweites hinzugetreten)
und einige andere kleinere aus Sicilianern be-
stehende Abtheilungen. Ausserdem ward eine Geld-
vertheilung vorgenommen. Jeder Soldat erhielt
fünf Franken, die Subalternofficiere fünfzig, die höheren Officiere bis zu 200, Alles in den neuen Fünf-
centimestücken, von denen oben die Rede gewesen ist.

Um Mittag sendete Capitän Giraud einen Officier
mit einem Schreiben an Garibaldi ans Land, in welchem er diesem anzeigte, dass er seine Schiffe in
Grund bohren müsse, wenn er sich aus dem Hafen rühre.

Als Garibaldi dies Schreiben erhielt, war eben
sein Generalstabschef, Oberst Corte, bei ihm. Garibaldi öffnete das Schreiben, las es, gab es dann
auch Corte und befahl demselben, nachdem er es ge-
lesen, in Gegenwart des Seeofficiers mit lauter Stimme:
alle Anordnungen zur Einschiffung zu treffen und
diese sobald als möglich beginnen zu lassen. Corte

traf alle Anstalten, welche noch nöthig waren, ordnete die Vertheilung von Patronen an und liess um 3 Uhr Nachmittags die einzuschiffenden Truppen durch den Generalmarsch zusammenrufen. Die Einschiffung auf den beiden Dampfern Dispaccio und Abatucci begann nun sogleich. Es war bereits ziemlich dunkel, als sie vollendet war. Garibaldi, welcher den Catanesen noch ein Manifest an die Italiener hinterliess, in dem er wiederholt versicherte: dass er an seinem Programm Italien und Victor Emanuel! festhalte, bestieg zuletzt den Dispaccio, auf welchem sich mit ihm sein Generalstab, die Bersaglieribataillons und weitaus die Mehrzahl von den Deserteurs der regulären Armee befanden, deren man zwischen 400 und 500 zählte.

Giraud, sobald er bemerkt hatte, dass Garibaldi sich der beiden Dampfer bemächtigt, erstattete telegraphischen Bericht und forderte schleunige Zusendung von andern Fahrzeugen. Er erhielt von Albini den Befehl, das Auslaufen Garibaldis aus dem Hafen von Catania mit Gewalt zu verhindern, im Uebrigen vom Marineminister die Autorisation zu fordern, in den Hafen einlaufen und dort mit Gewalt den Abatucci und Dispaccio wegnehmen zu dürfen. Bemerkenswerth ist, dass Giraud von der Blokadeerklärung der Häfen Siciliens, die in London und Paris allerdings angezeigt war, keine Kunde hatte. In den Hafen eintreten und dort den Abatucci und Dispacio zusammenschiessen, wenn Garibaldi nicht die Waffen streckte, war um so unthunlicher, als der Hafen noch voller anderer Fahrzeuge war, aller möglichen Nationeñ. Ausserdem kam die Nachricht, dass der Marineminister Persano selbst in Messina angekommen sei und sich von dort nach Catania begeben werde.

Verstärkt durch einige andere Fahrzeuge konnte Giraud die beiden Dampfer zwischen die Borde nehmen und so mit Gewalt dort hinbringen, wo man sie haben wollte. Jedenfalls war dies angemessener, als sie mit allen Leuten, die sie trugen, in Grund schiessen.

Giraud, durch widersprechende Anweisungen unsicher gemacht, verliess, als er sich um 6 Uhr an der Hafenmündung überzeugt hatte, dass die Einschiffung im vollen Gange sei, seine Stellung, und steuerte ostwärts, um wenigstens andere Schiffe, wo möglich den Admiral Persano, wenn dieser wirklich nach Catania unterwegs war, selbst zu suchen. Ihm folgte die englische Fregatte. Die Hafenmündung war also frei.

Um $10^1/_2$ Uhr Abends steuerte zuerst der Abatucci zum Hafen hinaus, da sich aber eine italienische Fregatte zu zeigen schien, kehrte er noch einmal zurück, bis Garibaldi mit dem Dispaccio herauskam und nun die Führung übernahm, der Abutacci folgte. Die beiden Dampfer waren dergestalt besetzt, dass man die Schiffsladen hatte schliessen müssen, so dass unter Deck eine unerträgliche Hitze herrschte.

Die Leute standen und lagen bunt durcheinander; sich rühren konnten sie wenig; aber es wirkte auch die Bewegung eines einzelnen Mannes schon so auf den Gang des Schiffes ein, dass sie nothwendig vermieden werden musste.

Die Dampfer hielten sich zuerst dicht an der Küste Siciliens, so dass man vom Meere her den Rauch der Schornsteine in der Dunkelheit und gegen die dunkeln Berge nicht sehen konnte. Einmal schien es den ¡Garibaldinern, dass einer der italienischen Kreuzer ihnen folge. Aber sie hatten sich getäuscht. Bald nahmen nun ihre Dampfer, — weit und breit war kein Schiff ausser ihnen mehr zu bemerken — die Richtung nach der calabrischen Küste, und landeten am 25. August Morgens gegen 4 Uhr noch in der Dunkelheit an derselben zwischen dem Capo dell'Armi im Westen und Melito im Osten.

Die beiden Capitäns Giraud und Avogadro wurden am 25. August auf Befehl Persanos, der in Messina eingetroffen war, verhaftet, nach Genua geschickt und dort vor ein Kriegsgericht gestellt, welches, wie wir hier sogleich bemerken wollen, die Klage für unzulässig erklärte, da die ganzen Vorfälle vor Catania nur die Folge von unzureichenden und einander widersprechenden Befehlen und Nachrichten seien, die den beiden verdienten Officieren zugegangen.

Garibaldis Landung in Calabrien und sein Marsch nach Vallanidi.

Garibaldi war also mit 3000 Freiwilligen an der äussersten Südspitze Calabriens. Sobald die Ausschiffung im Gange war, begab er sich für seine Person nach Melito, um dort Nachrichten einzuziehen und für Verpflegung zu sorgen. Um 10 Uhr Morgens am 25. August war die ganze Ausschiffung vollendet, und um 11 Uhr setzte sich das kleine Corps nach Melito, welches nur etwa 5000 Schritt entfernt war, in Marsch. Es fand dort ein ausreichendes Biwak an den Thalhängen des Alicebaches, aber von Lebensmitteln sehr wenig. Die regulären Truppen, welche in Melito gewesen waren, hatten den Ort am 24. geräumt und sich auf Reggio zurückgezogen. Die guten Melitenser erzählten viel von dem vortrefflichen garibaldischen Geist in Calabrien, von der Bildung von Freiwilligenbataillonen zu Catanzaro, Cosenza, Monteleone; dass es an Lebensmitteln im südlichen Gebirge, östlich von Reggio, von Capo Pellaro bis zu den Bergen des Aspromonte nicht fehle.

Am 26. August bald nach Sonnenaufgang sammelte Garibaldi seine Freiwilligen und marschirte auf der grossen Strasse nach Reggio ab, welche längs dem Meere von Melito bis Capo dell' Armi zuerst westlich, dann von Capo dell' Armi nach Reggio nordwärts läuf

Nach Reggio gelangte die Kunde von Garibaldis Landung bei Melito am 25. August, Vormittags um zehn Uhr. Das Volk nahm sie mit Jubel auf; nicht so die Behörden und die Bourgeois. Der Militärcommandant liess sofort alle disponibeln Truppen, nämlich die vierten Bataillone des 3., 4., 5. und 29. Infanterieregiments unter dem Befehl des Oberstlieutenants Parocchia südwärts ausrücken, wo sie etwa 4000 Schritt von der Stadt an der Linie des Baches von Sant Agata, der vom Monte Sgunda und dem Orte Cardeto in westlicher Richtung zum Meere fliesst, Stellung nahmen. Es waren wenig über 1300 Mann. Ihre Patrouillen sendeten sie über S. Gregorio bis zum Cap Pellaro vor. In der Stadt sollten die Carabineri und die Nationalgarde die Ordnung erhalten. Telegramme wurden vom Präfecten von Reggio nach Turin, Neapel, Messina und nach Monteleone, dem Sitz der vom General Viallardi befehligten Militärdivision, gesendet.

Am 26. August kamen von Messina auf zwei Dampfern 2 Bataillone des 32. Regiments, eins des 57. Regiments, das 6. Bersaglieribataillon und eine halbe Gebirgsbatterie an. Alle disponiblen Truppen traten nun unter den Befehl des Obersten Carchidio des 32. Regiments. Zugleich ward auf den eingetroffenen Befehl des Generals Lamarmora der Belagerungsstand verkündet.

Reggio war in der höchsten Aufregung, trotz des Belagerungsstandes wurden Proclamen angeschlagen, welche zur Revolution für Garibaldi aufforderten; die sogenannten Gemässigten (Bourgeois) schimpften auf die Land- und Flottenofficiere, welche Garibaldi von Catania hatten entkommen lassen, so dass er nun noch ihnen Ungemach bereite. Im niedern Volk lief unter Anderm das Gerücht um, Garibaldi bereue, dass er Franz II. fortgejagt habe und komme nun, um ihn wieder in sein Königreich einzusetzen.

Am 26. August, Morgens um 11 Uhr, verliess eine Deputation von Gemässigten, zwei Provinzialräthen und zwei Municipalräthen Reggio, um Garibaldi aufzusuchen und ihn wo möglich zu bestimmen, dass er Reggio bei Seite lasse. Diese Herren trafen Garibaldi nordwärts des Capo dell' Armi bei dem Hause Grimaldi, unfern der Einmündung des Bergbaches Motta ins Meer, der vom Monte Equa in steilem kurzen Laufe herabfällt, jetzt allerdings fast ganz trocken war.

Sie baten Garibaldi, Reggio bei Seite zu lassen; allerdings freuten sich die Bewohner seiner Ankunft, aber eine Revolution im Rücken der Truppen könnten sie nicht machen. Es seien 7000 Mann in der Stadt, auf Befehl Lamarmoras sei der Belagerungsstand verkündet; der Truppencommandant habe zwar versprochen, die Ruhe zu erhalten, stehe aber für nichts ein, wenn auch nur einem Soldaten ein Haar gekrümmt werde. So sei durch den Marsch Garibaldis auf Reggio die Stadt allen Schrecken des „Bürgerkrieges" ausgesetzt. Wenn er Lebensmittel brauche, so finde er diese in viel grösserer Menge in den Bergen oberhalb Reggio; auch einen Führer hätten sie mitgebracht, der ihn sicher leiten werde.

Das Meiste, was die Herrn vorbrachten, waren Lügen. Wie wir wissen, waren zu dieser Zeit in Reggio nicht einmal 3000 Mann Truppen; an Lebensmitteln musste es in den Gebirgen oberhalb Reggio nothwendig sehr fehlen, wenn sie nicht ausdrücklich dorthin geschafft waren. Der Führer, welchen die Biedermänner mitgebracht, war eine Canaille, express erkauft, Garibaldi auf den beschwerlichsten

Wegen, auf denen er zugleich die mindesten Lebensmittel fand, zu führen.

Garibaldi sagte den Leuten: sie seien Reiche und
hätten Angst um ihre Habe, sie möchten sich beruhigen; er werde die Ordnung und Sicherheit schon
zu erhalten wissen. Lamarmora verstehe von der
hohen Politik soviel wie die Kuh vom Lateinischen.
Er, Garibaldi, werde auf Reggio marschiren.

Diese Absicht hatte Garibaldi, und gut für ihn
wäre es gewesen, wäre er ihr treu geblieben. Indessen er kam davon zurück. Als er seinen
Marsch fortsetzte, immer dem Ufer entlang, kam ihm
der Major Salomone entgegen. Dieser Mann war
ohne Befehle mit 10 andern der Colonne vorausge-
eilt, wie dergleichen Liederlichkeiten im Jahre 1862
noch mehr vorkamen als 1860; in Pellaro hatten
sich die „Vorwärts-Marodeurs" — in der That unter-
schieden sie sich sonst wenig von den Marodeurs,
die hintennach bleiben, — friedlich zu Tische gesetzt,
waren von einer von Parocchia von dem Bach von
Sant Agata vorgesendeten Patrouille gefangen gemacht, misshandelt, mit Erschiessen bedroht worden.
Salomone war ins Meer gesprungen, eine Strecke in
diesem fortgeschwommen und hatte sich so gerettet.
Er wusste natürlich viel von der grossen Stärke der
Truppen an der Strasse nach Reggio zu erzählen.

Garibaldi hatte nach Mittag Cap Pellaro passirt, als plötzlich ganz in der Nähe der Küste die
Panzerbatterie Terribile erschien, und nachdem sie
einen bequemen Ort gefunden, die Colonne der Freiwilligen mit verschiedenen Salven begrüsste, die frei-

lich keinen Schaden thaten, da die Kugeln über die Köpfe hinwegpfiffen, aber doch die Absicht deutlich genug verriethen.

Garibaldi grüsste, als ob er die Salven der Batterie für Salutschüsse nähme, mit dem Säbel, liess aber den Marsch mit Vorsicht fortsetzen und bog dann, als es dunkel geworden war, nur etwa noch 5000 Schritte entfernt von der Vorpostenstellung der Königlichen am Bache von Sant Agata von der grossen Strasse nach Reggio ostwärts ab und stieg die steinige treppenförmige Stiége hinauf, welche der ausgetrocknete Bergbach von S. Gregorio bildet, der vom Monte Pendola kommend sich nördlich dem Dorfe Vallanidi vorbei gegen das Meer zieht. Nach einem zweistündigen höchst beschwerlichen Marsch in der Dunkelheit, welcher die Truppen kaum zwei italienische Miglien weiter brachte, ward an den Hängen des Monde Pendola, nahe der Meierei Vallanidi, das Lager aufgeschlagen. Man sah von hier aus die Wachtfeuer der Königlichen bei Sant Agata.

Zu essen war nichts vorhanden; die Leute waren so müde, dass sie sich hinwarfen und zu schlafen suchten; eine einschneidende Kälte hinderte die meisten bei ihrer mangelhaften Bekleidung auch daran.

Garibaldi's Marsch nach den Forestali. Anstalten Cialdini's.

Um vier Uhr Morgens am 27. August ward wiederum zum Aufbruch geblasen. Die Bersaglieri voran, die Brigade Corao in der Nachhut; das Bataillon der Nachhut liess die Saumthiere mit der Bagage hinter sich! viele Nachzügler blieben muthlos oder müde in Häuflein und einzeln noch hinter der Bagage zurück.

Der Marsch ging im Allgemeinen nordwärts etwas nach Ost abweichend in der Hauptrichtung auf den Monte Basalico *) los, immer ansteigend. Die Avantgarde, die beiden Bataillone Menotti Garibaldi und Bedeschini hatten schon den Kamm der niedrigen Höhen erreicht, welche östlich vom Monte Sgunda sich zwischen den obern Läufen der Torrenten von Sant Agata und la Nunziata (auch Santa Catarina genannt) hinziehen. Die Arriergarde war noch um wenigstens 4000 Schritt zurück, am obern Lauf des Torrenten von S. Agata, in der Nähe des Ortes Cardeto, als sich hier plötzlich eine lebhafte Fusillade erhob.

Auf dem äussersten linken Flügel der königlichen Vorpostenlinie am Torrenten von Sant Agata stand das 4. Bataillon des 5. Infanterieregiments. Der Bataillonscommandant, welcher den langen Zug und die geringe Ordnung bemerkte, die bei dem Schweife desselben herrschte, nahm drei Compagnieen zusammen, liess sie in dem Bett des Torrenten vorschlei-

---

*) Anm. Die einzige bisher vollständige Karte von den neapolitanischen Provinzen ist die von Rizzi-Zanoni, vollendet im Jahre 1808 in $^1/_{115600}$, in 31 Blättern nebst einem Uebersichtsblatt. Wir suchen nach dieser Karte und den Punkten die auf ihr bezeichnet sind, die Marschrichtung und die Ereignisse so genau als möglich anzugeben, — wobei wir indessen zugleich darauf Rücksicht nehmen, dass die Sache verstanden werden könne, ohne dass der Leser eine andere als eine der gewöhnlichen Generalkarten zur Hand habe.

chen und nun plötzlich eine Schützenkette auf die
Bagage und die Nachzügler vorbrechen. Es kam zu
einer Rauferei, bei welcher ein Theil der Bagage
Garibaldi's verloren ging, da der Commandant des
Bataillons der garibaldischen Nachhut, wahrscheinlich
einer von denen, die kein „Bruderblut" vergiessen
wollten, sich sehr lange besann, ob er eingreifen solle.
Sobald er das that, entspann sich ein Feuergefecht,
welches etwa eine halbe Stunde dauerte, und in dem
die Garibaldiner fünf Verwundete, die Königlichen vier
Verwundete und 12 Gefangene verloren. Beide Theile
zogen sich darauf zurück, die Königlichen auf ihre
Vorpostenstellung, die Garibaldiner, indem sie ihrem
Gros folgten. Garibaldi sobald sich das Feuer ent-
sponnen, hatte die Spitze sogleich auf den Höhen
Halt machen lassen. Dass ihm gar Manches im Gange
der Dinge nicht gefiel, mag eine Anecdote beweisen,
die wir uns hier einzuschalten gestatten, da sie uns
besonders characteristisch scheint.

Einer der tapfersten Officiere von 1860, ein junger
Mann von 25 Jahren, hatte, sobald Garibaldi seine
Absichten in Sicilien ausgesprochen, seinen Abschied aus der regulären Armee genommen und war
aus Oberitalien, alle Hindernisse überwindend, nach
Sicilien geeilt. Bei Ragalbuto hatte er Garibaldi
getroffen; was er aber hier hörte, dass immer und
immer wieder als Hauptsache betont wurde, man
dürfe sich gegen die königlichen Truppen nicht schlagen, machte ihn irre. In seinem gesunden Sinne
konnte er sich keinen Vers daraus machen, weshalb
man eine Armee zusammenbringe, wenn sich dieselbe

nicht gegen Jeden schlagen wolle, der ihr auf dem Wege zu ihrem ausgesprochenen Ziel unzweifelhaft entgegenträte, wenn abzusehen sei, dass bei der Aufstellung dieses Grundsatzes das Ziel unmöglich erreicht werden könne. Er folgte also zunächst in seinen Civilkleidern dem Heere nach Catania, entschlossen, von da, wenn nicht eine neue Wendung einträte, nach Oberitalien zurückzukehren. Nun entstand in Catania am ersten Tage der Allarm, von welchem wir geredet haben. Unser Mann roch Pulver, zog das rothe Hemd an und ging auf die Barricaden. Dadurch hielt er sich für halb und halb verpflichtet, aber da immer wieder das Princip des Nichtschlagens gegen die Brüder aufgestellt wurde, hielt er es für sehr überflüssig, sich in Catania zu bewaffnen. Etwas anderes als eine Flinte hätte er nicht bekommen können, und er sah nicht ein, wozu er sich mit dem schweren Prügel schleppen sollte, wenn er ihn nicht ganz ernstlich gebrauchen sollte. Als früherer Officier des Generalstabs ward er in die Guiden — die nicht beritten waren — eingetheilt und ging mit nach Calabrien hinüber.

Am 27. August — er war immer bei der Spitze geblieben, — als das Arriergardegefecht am Bache von Sant Agata sich entspann, als Garibaldi die Spitze hatte Halt machen lassen, stand unser Mann im rothen Hemd, einen grossen Pflanzerhut auf dem Kopf, beide Hände in den Hosentaschen auf der Höhe und sah sich von oben her die Rauferei an. Garibaldi fragte ihn, ob er keine Waffe habe, keinen Revolver, keinen Säbel? — Nein! — Nicht wenigstens ein

Messer? — Nein! — Ma, se vi assalta una puttana che cosa farete? brach der General heraus. Der junge Mann zuckte die Achseln und erwiderte nichts. Garibaldi aber hielt ihm vor allen Officieren, und es waren noch viele von den Bravsten ganz in demselben Fall, ohne jede Waffe, ausser etwa einem Bergstock, eine Standrede. Wenn Garibaldi, dessen Sprache sich sonst durch ihre fast extreme Würde auszeichnet, in jene Worte ausbrach, die wir oben auf italienisch gegeben, wenn er diese Standrede gegen die Waffenlosigkeit hielt, wer will es denn glauben, dass er, der allerdings sehr entschlossen war, kein italienisches Blut unnütz zu vergiessen, die Sentimentalität derjenigen theilte, welche überhaupt kein italienisches Blut vergiessen wollten, auch dort nicht, wo es höchst nothwendig gewesen wäre?

Meint man etwa, Garibaldi hätte auf dem Standpunkt jener deutschen Dame gestanden, die gar nichts dagegen hätte, wenn Deutsche deutsches Blut vergössen, die aber nach ihren Reden Garibaldi als den ärgsten Kanibalen angesehen haben würde, wenn er italiänisches !!!! Blut vergoss? Ach nein! Lieber Papst, liebes Pfaffengesindel, liebe Briganden! ihr alle seid ganz echte Italiener. Arbeitet nur tüchtig an der Verbreitung der sentimentalen Theorie, dass kein italienisches Blut vergossen werden darf, — es wird euch einmal gut bekommen!

Nach der Beendigung des Scharmützels von Sant Agata, welches von den Berichten der Königlichen förmlich zu einer Schlacht aufgeputzt ward, setzte Garibaldi seinen Marsch fort. Auf dem Piano di

Reggio, südlich von dem obern Lauf des Baches von la Nunziata, wo man Wasser, das den ganzen Tag entbehrte, fand, ward ein längerer Halt gemacht. Fünfundzwanzig Hämmel, welche um schweres Geld zusammengebracht waren, wurden, als Zigeunerbraten ohne Salz und ohne Fett zurechtgemacht, von denjenigen Leuten der Colonne verspeist, welche so glücklich waren, ein Stück davon zu bekommen. Um 3 Uhr Nachmittags ward wieder zum Aufbruch geblasen. Es ging nun über die Serra nuda di Sant Agata an der Quelle des Torrenten von La Nunziata, einen kahlen Sattel zwischen zwei mächtigen Höhen, deren eine westlich über dem Dorf Arasi sich erhebt, deren andere östlich ein Vorberg des Mont' Alto di Aspromonte ist, hinweg. Gegen Abend fing es an zu regnen. Garibaldi mit wenigen Begleitern erreichte die Casetta de' Forestali, zwei Hütten am Saum der Tannenwälder, die sich am Monte Basalico hinabziehn, zunächst ihm lagerte Menotti mit etwa 200 Mann, dann in einem Wäldchen an der Quelle des Baches Cenide etwa 500 Mann von den rüstigsten; Alles andere war klappernd vor Frost, hungrig, durchnässt theils auf der Serra nuda di Sant Agata, theils noch weiter auf dem Piano di Reggio zurückgeblieben. Eine Anzahl Sicilianer schleppte sich schon heut am 27. August Abends nach dem Orte San Stefano, links ab, am obersten Laufe des Gallicobaches, um dort ein Unterkommen und einen Bissen Brot, Käse oder Fleisch zu finden. Nicht wenige erlagen schon in der Nacht vom 27. auf den 28. August unerträglichen Leiden und Anstrengungen, an welche die gewöhnlichen Begriffe nicht hinanreichen. Dennoch schmähte keiner den Mann, der diese Anstrengungen forderte.

Wir haben jetzt die kleine Schaar, in der es nicht wenige Helden gab, bis nahe an ihr Golgotha geleitet. Es wird Zeit, dass wir zusehen, wie der Feind zum letzten Schlage ausholt, dass wir dann einen Blick auf die Stätte werfen, welche die Sage wie früher, so jetzt von Neuem verherrlichen wird, bevor wir in kurzen Zügen die Thatsachen des Tages von Aspromonte darstellen.

Cugia, der ausserordentliche Commissär des Königs für die Insel Sicilien bis zur Ankunft Cialdini's, hatte sogleich, nachdem er erfahren, dass Garibaldi nicht auf dem Meere abgefangen, dass er in Calabrien gelandet sei, den Befehl ertheilt, alle aus Catania und Messina verfügbaren Truppen unter dem Befehl des Obersten Pallavicini von den Bersaglieren nach Reggio hinüberzusenden. Pallavicini kam am 27. August früh Morgens nach Reggio und übernahm dort über alle vorhandenen Truppen das Commando.

General Ricotti rückte am 25. August früh Morgens schon in Catania ohne Widerstand ein und verkündete dort den Belagerungszustand; der kühne Präfect Tholosano gesellte sich alsbald zu ihm und war, nachdem die Gefahr entschwunden, wieder so kühn, als ob er es immer gewesen wäre. Es gibt Menschen, deren Frechheit gewöhnliche Begriffe übersteigt. Infame Judenjungen wie dieser Tholosano, sind in den höchsten Aemtern des Königreichs Italien leider keine Seltenheit.

Cialdini verliess, wie wir gesehen haben, als neuer ausserordentlicher Commissär des Königs für Sicilien am 24. August Abends Genua, mit der Kenntniss, dass Garibaldi in Catania sei und mit der Hoffnung, ihn noch dort zu finden. Am 26. August früh Morgens kam er nach Neapel; um sich für alle Fälle mit Lamarmora zu besprechen, landete er. Lamarmora hatte bereits die Nachricht von der Landung Garibaldi's bei Melito. Cialdini's Sendung hatte also eigentlich ein Ende; Lamarmora war auserordentlicher Commissär des Königs für die neapolitanischen Festlandsprovinzen und an ihm wäre es nun gewesen, die Rebellen zu bekämpfen. Aber durfte er Neapel, die aufgeregte Hauptstadt, verlassen? Konnte nicht rings um sie die Insurrection für Garibaldi, für Rom, gegen Turin ausbrechen? Und — fügen wir hinzu — hatte nicht Cialdini grosse Lust, des Sieges mit überlegenen Kräften sicher — mit Garibaldi anzubinden? Die beiden Generale verabredeten, dass Cialdini das Commando der Truppen im südlichsten Calabrien übernehme, welche direct und von Süden her gegen den voraussichtlich nordwärts ziehenden Garibaldi handeln könnten, während Lamarmora Neapel fest halte und von Norden her Truppen aufstelle, die Garibaldi den Weg nach Rom, **nach Italiens Hauptstadt,** absperrten. Zwei Generale des Königreichs Italien zerbrachen sich stundenlang den Kopf über die Corporalsmittel, welche anzuwenden wären, um

zu verhindern, dass die Italiener in den Besitz der
natürlichen Hauptstadt des Königreichs Italien kämen.
Die Sache war im Ganzen sehr einfach: Lamarmora
musste eine Front bilden, die sich nach Süden kehrte
und auf der nur vier deutsche Meilen breiten Land-
zunge zwischen den Golfen von Sant' Eufemia und
Squillace entwickelte; Cialdini bildete eine eben-
solche Front über die Fussspitze des italienischen
Stiefels, von Reggio gegen Osten ausgedehnt und
nach Norden gekehrt. Die beiden Fronten rückten
nun gegen einander und zerdrückten zwischen sich
den eingeklemmten Garibaldi, wenn dieser die
Turiner Nussschale nicht auseinandersprengte. Lamarmora verpflichtete sich nach den nähern Nachrichten, die ihm Cialdini würde zukommen lassen,
die Truppentransporte zu leiten, und nachdem Alles
dies abgemacht war, dampfte Cialdini nach Messina,
wo er am 27. August Morgens um 6 Uhr ankam.
Von dort, nachdem er sich oberflächlich orientirt, ging
er nach Reggio.

Vom Glücke begünstigt erhielt Heinrich Cialdini
hier sogleich glückliche Nachrichten. Im Aufputz
einer Schlacht, von dem tapfern Feldherrn Carchidio
geleitet, einer Schlacht, durch welche ein Angriff
des überlegenen Garibaldinischen Heeres auf die Stadt
Reggio glücklich abgewehrt war — o Roland! —
ward ihm das Arriergardescharmützel vom Torrente
Sant' Agata erzählt. Zweitens war eben der Oberst
Pallavicini, auf den Cialdini grosses Vertrauen
setzte, angekommen und hatte den Befehl über alle
vorhandenen Truppen übernommen.

An Pallavicini ertheilte nun Cialdini die Ordre, so schnell als möglich mit einer Colonne von 6 bis 7 Bataillonen vorzurücken, Garibaldi zu folgen, ihn aufzusuchen und zu erdrücken, keine Bedingungen anzunehmen, als die Ergebung auf Gnade und Ungnade. Aber, dass Pallavicini allein des Helden zweier Welten Herr werden würde, zu so kühnen Hoffnungen erhob sich Cialdini nicht. Denn er vermuthete, dass die Garibaldiner fechten würden, da sie ja nach Rom wollten und wenn sie das wirklich wollten, Alles aus dem Wege räumen oder zu räumen suchen mussten, was rechts oder links, von vorn oder von hinten sie aufhalten wollte.

Cialdini sendete sofort den General Revel mit zwei Bataillons nach dem Pizzo, ebendahin sollte nach der Abrede Lamarmora die von Genua in Neapel ankommenden Truppen richten. Revel sollte vom Pizzo aus die rückwärts gelegenen Pässe von Nicastro und Tiriolo stark besetzen. Von Catania aus wurden augenblicklich zwei Bataillone nach Catanzaro, auf derselben sehr zurückgelegenen Linie mit Nicastro und Tiriolo beordert. Man traute also Garibaldi eine ganz ausserordentliche Geschwindigkeit zu. Zur Stützung der eben bezeichneten Linie ward auf ihrer rechten (westlichen) Flanke eine Fregatte im Golf von Sant' Eufemia, auf der linken (östlichen) eine andere im Golfe von Squillace postirt.

Vor der Linie Nicastro-Tiriolo-Catanzaro sollten sofort starke Colonnen vorwärts, d. h. südwärts Garibaldi entgegen gesendet werden. Aber ohne dies abzuwarten, sollte der Generallieutenant Vialardi, Commandant der Territorialdivision von Monteleone eine Abtheilung von hier aus in die Ebene von Gioja zwischen Rosarno und Palmi vorschieben.

Nachdem alle diese Anstalten getroffen waren, begab sich Cialdini noch nach Catania hinüber, orientirte sich daselbst und erfuhr, dass dort noch etwa vier Bataillone zu entbehren seien, die nach Reggio hinübergeschafft werden könnten.

In Erwartung von Truppen und um andere Vorbereitungen zu vollenden, verzögerte Pallavicini seinen Abmarsch von Reggio zur Verfolgung Garibaldi's bis zum 28. August Mittags, so dass Cialdini der am Morgen des 28. von Catania wieder nach Reggio zurückkehrte, ihn noch dort traf. Die Vorbereitungen wurden nun beschleunigt; ausserdem Lamarmora benachrichtigt, dass es nicht nöthig sei, noch mehr Truppen nach dem Pizzo zu senden. Lamarmora sendete dafür Truppen nach Cosenza und Castrovillari, Reserven gegen etwaige Landungen Garibaldi's im Rücken der nördlichen Aufstellung. Ausserdem richtete er sein besonderes Augenmerk auf die Bewachung von Salerno, wo Nicótera grossen Anhang hatte und wo ein Aufstand gefürchtet ward.

Cialdini kehrte am 28. noch einmal nach Messina zurück; er erfuhr hier, dass der General Brignone in Palermo angekommen sei und übertrug an diesen seine Vollmachten als ausserordentlicher

Commissär des Königs für die Insel Sicilien, um für die nächsten Tage durchaus freie Hand zur Leitung der Operationen gegen Garibaldi in Calabrien zu haben. Er ertheilte den Befehl, dass die vier aus Catania gezogenen Bataillone vorläufig eingeschifft im Hafen von Messina blieben, damit man sie hinwerfen könne, wohin es nothwendig werde. Ferner ordnete er an, dass die 700 Mann, welche Ricotti von den dort zurückgelassenen Garibaldinern in Catania aufgetrieben hatte, nach der Spezzia als Gefangene gebracht würden, und dass zwei mobile Colonnen von Catania und von Messina aufbrächen, um das noch an der Nordküste der Insel umherziehende garibaldische Regiment Trasselli aufzusuchen, zu zerstreuen oder gefangen zu machen. So brachte Cialdini den 24. August zu.

Das Schlachtfeld von Aspromonte.

Die Hauptkette der Apenninen, welche das südliche Calabrien nahezu in dessen Mitte von Mitternacht gegen Mittag durchzieht endet drei starke deutsche Meilen nordwärts von Melito mit dem weithin sichtbaren Gipfel des Monte Alto, zum Unterschiede von andern Bergen gleichen Namens näher als Monte alto dell' Aspromonte bezeichnet. Aspromonte heisst das ganze Gebirg, welches sich auf Stunden weit östlich, westlich und südlich um den Stock des Mont' Alto lagert.

Der Monte Alto ist der Centralpunkt für den ganzen südlichsten Theil Calabriens, er sendet nament-

lich zwei grosse Rippen einerseits südöstlich gegen
Cap Spartivento, andererseits südwestlich gegen
Capo dell'Armi. Diese beiden divergirenden Rippen sind untereinander einerseits durch Querrippen
verbunden, andererseits senden sie andere Querrippen
gegen Osten und Westen zum Meere. Die letzteren Querrippen verflachen sich mehrfach zu Hoch-
ebenen und in den Schluchten zwischen ihnen stürzen
nach Regengüssen die kurzen Torrenten dem Meere
zu, von denen wir schon einige kennen gelernt haben.

Von der südwestlichen Rippe oder der des Capo
dell'Armi kommen die Bäche von Motta, an welchem Garibaldi am 26. August Morgens die Deputation von Reggio empfing; — von S. Gregorio, in
welchem Garibaldi am 26. Abends hinaufstieg, um
bei Vallanidi zu lagern, — von Sant'Agata, an
welchem die Vorposten der Königlichen standen, südlich von Reggio, und an welchem am 27. August
Morgens das von uns erzählte Arriergardegefecht
stattfand, — von La Nunziata (oder Santa Catarina)
an welchem die Garibaldiner am 27. auf dem Piano
di Reggio den Mittagshalt machten, bevor sie über
die Serra nuda di Sant Agata weiterzogen.

Alle diese Bäche ziehen — des Wortes fliess-
sen dürfen wir uns kaum bedienen — in der Hauptrichtung von Osten nach Westen dem Meere zu und
dasselbe gilt auch von zwei noch weiter nördlich
gelegenen, die wir zu erwähnen haben.

Der nächste fällt eine deutsche Meile nördlich
von Reggio bei dem Dorfe Gallico, von welchem
er den Namen hat, ins Meer; in seinem Bette steigt

man zu den beiden Dörfern Podargoni — 1½ Meilen vom Meere, und San Stefano — 1¾ Meilen vom Meere auf. Er kommt dicht bei San Stefano von den mit Felsblöcken und Felsgeröll bedeckten Hochflächen hinab, die sich unmittelbar an die Serra nuda di Sant Agata anschliessen. Nur 2000 Schritt nördlich von der Mündung des Gallicoflusses liegt die Mündung des Catonabaches; die Quelle dieses letztern aber liegt 2½ deutsche Meilen östlicher und etwa 4000 Schritt nördlicher als seine Mündung. Der Catonabach hat zuerst eine kurze Strecke weit die Richtung von Norden nach Süden, wendet sich dann allmälig westlich und wird etwa eine halbe deutsche Meile unterhalb seiner Quelle aus der bisherigen Richtung gegen Südwest in die Richtung Nordwest gegen West abgelenkt, aus der er erst allmälig wieder in die westliche und dann südwestliche Richtung übergeht, die er an seiner Mündung hat.

Die Ablenkung des Catona aber eine halbe deutsche Meile unterhalb seiner Quelle wird hervorgebracht durch das Einfallen eines linken Nebenbaches, des Cenide, der dreiviertel deutsche Meilen oberhalb seiner Mündung auf den nächsten Vorhöhen des Monte Alto dell Aspromonte entspringt und von Südosten gegen Nordwesten zieht. Die Richtungen des obern Catona und des Cenide schliessen einen Winkel von nahezu sechszig Grad ein.

Der Catona nun entspringt an den südlichen mit Tannenwald bedeckten Abhängen einer Bergkette, welche etwa eine deutsche Meile weit von Osten nach Westen zieht. Diese Kette wollen wir nun speciell

die Kette des Aspromonte nennen. Ihr östlicher
Punkt ist der Monte Basalico, den wir schon mehrmals veranlasst waren zu erwähnen. Er liegt zwei
gute deutsche Meilen östlich von Scilla und ist durch
eine von ihm südwärts ziehende sehr rauhe und steile
Bergkette von abermals einer deutschen Meile Länge,
welche wir die Kette von Basalico nennen
wollen, mit dem Mont alto dell' Aspromonte verbunden.

Westliche Fortsetzungen der Kette von Aspromonte gegen das Meer zu bilden langgestreckte steinige Stufen mit nach West gestreckten schmalen
Rücken, welche zunächst der Kette von Aspromonte
(erste Stufe) die Sättel von Melia (Selle di Melia),
dann weiter unten (zweite Stufe) südwärts Scilla das
Meer erreichend der Riegel von Catalimita (la
Serra di Catalimita) heissen.

Der Cenide mit der Fortsetzung des mittleren
Catona (als Hypotenuse), die Bergkette von Basalico, und die Bergkette von Aspromonte
mit ihrer Fortsetzung der Selle di Melia bis zum
rechten Ufer des mittleren Catona (als Katheten)
schliessen ein rechtwinkliges Dreieck ein, dessen
rechter Winkel am Monte Basalico die nordöst-
lichste Spitze bildet, und dieses Dreieck schliesst den
hauptsächlichsten Schauplatz des Drama's von Aspromonte ein.

Von der Quelle des Catona aus nordwärts ziehend
und die Kette von Aspromonte überschreitend
gelangt man in etwa einer halben Zeitstunde in das
Thal des Turbolobaches, der erst eine kurze

Strecke nach Westen fliesst, dann sich alsbald nordwärts wendet. Zwischen ihm und dem Bache von
Sinopoli breitet sich die Hochebene von Aspromonte (Piano d'Aspromonte) aus, von geringer Ausdehnung. Rings um sie, in angebauterer Gegend
und an einer Anzahl von kleinen Bächen, die östlich
vom Turbolo, alle nordwärts fliessend, sich endlich
zu dem Flusse Marro (dem alten Metauro) — der
die fruchtbare Ebene von Gioja durchströmend, dann
ins westliche Meer fällt, — vereinigen, liegen, $3/4$ bis
$5/4$ deutsche Meilen von der Catonaquelle entfernt,
die reicheren Gemeinden S. Bartolomeo, Sant' Eufemia, Sinopoli superiore und inferiore, Ac-
quaro, Pedavoli.

Mit diesen Angaben in der Hand, sie genau benutzend, kann man auch ohne Karte sich ein ge-
treues Bild von der Gegend machen, in welcher die
folgende Handlung spielt.

Pallavicini's Marsch nach Alesio.

Pallavicini liess nach den Befehlen, die er erhalten, am 28. August unter dem Oberst Carchidio
zur Bewachung von Reggio daselbst zwei Bataillone
des 32. Regimentes, eines vom 3., eines vom 57. Regiment, die Nationalgarde und eine halbe Gebirgsbatterie zurück, ohne die Nationalgarde etwa 1500
Mann.

Mit den übrigen disponibeln Streitkräften verliess
er am 28. August, Nachmittags um 1 Uhr, Reggio,
um Garibaldi aufzusuchen, „ihn zu vernichten

und zu erdrücken", wie sein Befehl hiess. Diese disponibeln Streitkräfte waren:

das 6. Bataillon Bersaglieri, Major Gioliti;

das 25. Bataillon Bersaglieri (2 Compagnieen), Major Pinelli;

2 Bataillone vom 4. Infanterieregiment, Oberst Eberhardt;

die 3 vierten Bataillone vom 4., 5. und 29. Infanterieregiment, Oberstlieutenant Parocchia;

eine halbe Gebirgsbatterie;

eine geringe Anzahl Carabinieri unter dem Hauptmann Filippa.

Die ganze Stärke belief sich auf 2380 Mann und war, wie man zu sagen pflegt, „vom besten Geiste beseelt." Und um dies zu zeigen und zugleich ein früher gegebenes Versprechen zu erfüllen, glauben wir nun nichts besseres thun zu können, als dass wir wörtlich hieher setzen einen Tagesbefehl, den der italienische Oberst Eberhardt, der es lediglich Garibaldi's Güte verdankte, dass er nicht seit dem August 1860 verfault war, und dass er jetzt selbst ein italienisches Regiment commandirte, an sein Regiment am 23. August erliess, als Ricotti sich zum Angriff auf das noch von Garibaldi besetzte Catania richtete.

Der gute Spiessbürger bildet sich wohl noch ein, er habe es in der Weltgeschichte, wenn nicht bloss mit grossen, doch mit in irgend einer Art tüchtigen Menschen zu thun. Er weiss nicht, wie viele Kraft der moderne Geschichtschreiber auf die Schilderung der Schlechten verwenden muss. Der moderne Ge-

schichtschreiber muss auch dem Knecht seine Rolle X
anweisen, welcher sich, um sein Leben und um Belohnung mit Beflissenheit die Gnade erbittet, den Henker seines Herrn und Wohlthäters machen zu dürfen.

Der erwähnte Tagsbefehl des königlich italienischen Obersten Eberhardt vom 23. August lautet:

„In den schwierigen Umständen, in denen sich das
Land in Folge der unzeitigen Agitation einer Partei
befindet und um zu vermeiden, dass dadurch das Heil
Italiens aufs Spiel gesetzt werde, hat die Regierung
des Königs, gestützt von dem gesunden bürgerlichen Sinn des italienischen Volks und von der
öffentlichen Meinung, den Belagerungsstand für
die Insel Sicilien decretirt. Auf dieser Insel, welche
die Agitatoren zum Mittelpunkt ihrer ungesetz-
lichen Operationen gemacht haben, wird das
Kriegsgesetz über alle diejenigen urtheilen, welche
für Rebellen gegen die den Staat regierende Verfassung erklärt werden. Soldaten! der König
wird heute wie sonst der Anker des Heils, der
schützende Stern dieses Italiens sein, vor dessen
Majestät das Vertrauen der Italiener sich niemals zu
schwach gezeigt hat. Italien vertraut mit Sicherheit
der Ehrlichkeit seines Königs; und wer unehrer-
bietig gegen die Decrete der Nation und die
Gesetze des Staates sich nicht vor der Verfassung beugen will, die uns regiert und, indem
er glaubt über ihr zu stehn, versucht, ihre beschworenen Decrete zu verletzen, die Geschicke und die
Sicherheit der Nation zu compromittiren, — der
wurde vom höchsten Rathe des Staates zum

Rebellen erklärt. Soldaten! Die Nation vertraut euch und unserm König die Aufgabe an, sie von den Gefahren zu erretten, welche sie bedrohen, und ihr werdet in dieser heiligen Mission nicht lässig sein. Es ist unsere Pflicht, ohne Rücksicht die Störer der Ordnung, die Begünstiger unserer Zwietracht zu bekämpfen, unter welcher Fahne immer sie auftreten mögen. Vergebens suchen sie das Volk zu täuschen, indem sie eine Complicität anrufen, welche nicht besteht. Gegen solche Künste wird unsere Haltung und der gesunde Sinn des sicilianischen Volkes die Oberhand behalten. Ihr werdet euch fern halten von verderblicher Einbildung und werdet euch aufrecht zu halten wissen in der Pflicht, die uns obliegt: Italien im Namen des Königs zu retten!"

Wir müssen es der italienischen Nation überlassen, sich für das gute Schulzeugniss zu bedanken, welches ein ungarischer Tambour ihr auszustellen die Gnade hat. Wir können nur versichern, dass in dem italienischen Original die Niedrigkeit und Verwirrung der Sprache mehr hervortritt als in unserer Uebersetzung.

Am 28. August Abends biwakirte die Truppe Pallavicini's an den Ufern des Gallico zwischen Sant Alesio und Lagonadi unterhalb Podargoni.

Concentrirung der Garibaldiner bei den Forestali und Marsch an die Kette von Aspromonte.

Das kleine Heer Garibaldi's verliessen wir in der Nacht vom 27. auf den 28. August, da es in mehrere

Abtheilungen vertheilt auf einer Linie lagerte, deren vorderste Spitze, wobei Garibaldi selbst, sich am westlichen Abhang des Monte Basalico in und bei der Casetta de' Forestali befand, während das Ende noch auf der Serra nuda di Sant Agata und weiter bis zum Piano di Reggio am linken Ufer des Nunziatabaches zurück war.

Am Morgen des 28. August entsendete Garibaldi die Deputirten Nicotera und Miceli nebst dem Oberstlieutenant Missori und dem Major Lombardi, um das Land nordwärts der Kette von Aspromonte zu durchforschen, und gab Befehl, dass Alles sich bei der Casetta de' Forestali sammle, was zusammenzubringen war.

Die Bersaglieribataillone schleppten sich von dem Wäldchen herbei, an welchem und in welchem sie die Nacht zugebracht hatten, auch die Sicilianer von weiterher kamen heran, viele von ihnen folgten aber noch dem Beispiel ihrer Kameraden von gestern und, als sie an den Kreuzweg kamen, der von der Serra nuda di Sant Agata rechts nach der Casetta de' Forestali, links nach dem Dorfe San Stefano führt, schlugen sie den Weg links ein, um sich in San Stefano wo möglich noch etwas zu essen und zu trinken zu holen.

Schliesslich waren am Abend des 28. August bei der Casetta de' Forestali wenig über 1600 Mann beisammen; etwa 500 Sicilianer der Brigade Corrao, 400 Deserteurs vom regulären Heere, 700 Mann Palermitaner des Bataillons Menotti und Oberitaliener. Gegen Einbruch der Dunkelheit ward es empfindlich kühl; Garibaldi befahl Feuer anzuzünden, aber Niemand rührte sich, bis er selbst mit dem Beispiel voranging und Holz zu schlagen begann. Die wenigen von San Stefano und Podargoni herangekommenen Lebensmittel wurden vertheilt. Etwas belebt machte sich nun die durch Strapatzen und Hunger abgemattete Mannschaft auch daran, Strauchhütten zu erbauen, als es mit dem Dunkelwerden wieder zu regnen anfing.

Indessen verlief sich in der Nacht auf den 29. August noch Mancher, um ein besseres Obdach zu suchen, der dann nicht wieder herankam. Andere kamen dafür noch von San Stefano zurück. Am 29. August beim Hellwerden ward die Reveille geblasen; um 8 Uhr Morgens ertheilte Garibaldi den Befehl zum Antreten. Er wollte Heerschau halten.

Man zählte zwischen 1400 und 1500 Mann. Die Sache war wenig Vertrauen erweckend. Garibaldi sprach:

„Wir sind so vereinigt und geschlossen als möglich bei einander. Ich weiss wohl, dass man bei den Umständen, in denen wir uns befinden, nicht allzugrosse Disciplin verlangen kann. Aber noch eine Anstrengung von wenigen Tagen und wir haben jedes Hinderniss überwunden. Die Dinge kommen dann in ihren gewöhnlichen Gang und wir werden, wie ich euch versprochen habe, Allem zum Trotz unser Ziel erreichen: Rom oder Tod!"

Viva Garibaldi! antwortete der Zuruf der Truppen, aber wiederum verloren sich einige Hunderte von ihnen in der Gegend, denen der Muth zu weiteren

Leiden ausgegangen war. Wenige Lebensmittel wurden vertheilt. Garibaldi gedachte am heutigen Tage
zunächst die Kette von Aspromonte zu überschreiten und späterhin in zwei Colonnen weiter zu
ziehn, die sich besser verpflegen, aber immer wieder
zum Schlagen leicht vereinigen könnten.

Es kam Nachmittags die Nachricht, dass der Feind
von San Stefano heranziehe; in der Richtung auf
die Casetta de' Forestali.

Garibaldi ordnete den Aufbruch an; Corrao
musste die Spitze nehmen, die Bersaglieri, als
die zuverlässigsten Truppen, die Arriergarde. Es war
über 2 Uhr, als man aufbrach.

Nach dem deutschen Kalender ist der 29. August
der Tag der Enthauptung Johannes.

Der Marsch ging in der Richtung etwa gegen
Nordwesten auf den Pass los, welcher von der Quelle
des Catonabachs in das Thal des Turbolo über
die Kette von Aspromonte, in die Hochebene von
Aspromonte zu den Dörfern S. Bartolomeo, Sant'
Eufemia, Sinopoli führt. Der Catonabach ward
von Garibaldi fast an der Quelle überschritten. Man
war in einer Stunde etwa zwei Miglien (eine halbe
deutsche Meile) marschirt und hatte die Tannenwal-
dungen an den obersten Stufen der Kette von Aspromonte erreicht, aber noch an ihrem südlichen
Abhang, als Garibaldi Halt machen liess, um die
Seinen zu sammeln, bevor er den Kamm überschritt,
und die letzten noch vorhandenen Lebensmittel zu
vertheilen. Zu dem vorhandenen Fleisch und Brot

wurden Kartoffeln ausgegraben, die man auf den nahen Feldern fand, und in der Asche gebraten.

Während die Garibaldiner in diesem Biwak standen, kam die Nachricht, dass die Königlichen ganz nahe seien; man sagte sie näher, als sie in der That waren.

Der Zusammenstoss von Aspromonte.

Pallavicini brach am 29. August früh Morgens den Gallicobach aufwärts aus seinem Biwak bei Lagonadi auf und erreichte nach einem sehr beschwerlichen Marsche um $8^1/_2$ Uhr Vormittags S. Stefano. Die Gebirgskanonen, mit vier niedrigen Rädern, hatten sich schon bis S. Stefano nicht von den Maulthieren fortbringen lassen, man hatte Soldaten anspannen müssen. In S. Stefano erfuhr nun Pallavicini, dass der Weg immer beschwerlicher werde, und sendete seine Artillerie unter Escorte von einer Compagnie Infanterie nach Reggio zurück. Eine andere Compagnie ward von hier zurückgesendet, um die zahlreichen Gefangenen zu escortiren, die man in S. Stefano und den benachbarten Dörfern aufgegriffen.

Nachdem diese Dinge in Ordnung gebracht waren, setzte Pallavicini seinen Marsch fort. Nach den empfangenen Nachrichten war, wie es sich auch wirklich verhielt, Garibaldi zu dieser Zeit noch bei der Casetta de Forestali. Dorthin richtete also Pallavicini zuerst seinen Marsch, indem er von S. Stefano aus den Cenide überschritt. Für den Angriff sollten zwei Hauptcolonnen gebildet werden und eine kleine

Reserve. Die Colonne des linken Flügels unter
Eberhardt mit dem 6. Bersaglieribataillon und zwei
Bataillons Linie sollte die rechte Flanke Garibaldis
angreifen; die Colonne des rechten Flügels mit
den zwei Compagnien Bersaglieri des 25. Bataillons
und zwei Bataillons Linie, wovon aber zuerst zwei zu
Escorten verwendete Compagnien abgingen, von denen
eine, die anfangs mit der Artillerie entsendet war, wieder zurückkehrte, unter Parocchia sollte die Front
Garibaldis angreifen, eine Reserve endlich von einem
Bataillon unter Major Ricci des 29. Regiments sollte
in der Mitte den Hauptcolonnen folgen.

Eberhardt hatte, um zu recapituliren, 12 Compagnieen oder 960 Mann; Parocchia 8 und später 9
Compagnieen oder 640 bis 720 Mann; Ricci 4 Compagnieen oder 320 Mann. Die ganze Streitmacht,
die Pallavicini wirklich zum Gefecht bringen konnte,
belief sich also auf 2000 Mann, und wir fügen hinzu
höchstens! denn auch von den regulären Soldaten
konnten gar viele dem anstrengenden Marsch über
Stock und Stein nicht folgen.

Ueber den Cenide vorgerückt, erfuhr Pallavicini bald, dass Garibaldi nicht mehr bei der Casetta
de Forestali sei und richtete nun seinen Marsch
links, nordwestwärts, er überschritt den Cantona-
bach, ungefähr 2000 Schritte unterhalb seiner Quelle,
auf einer Brücke, welche Salto della Vecchia oder
Salto della Morgana (Hexensprung) genannt wird,
und stand nun angesichts Garibaldis.

Garibaldi hatte die Königlichen bald nach vier
Uhr auf der Hochebne am linken Ufer des Catona

bemerkt. Er liess die Seinigen alsbald eine Stellung nehmen, deren Front nach Süden, deren beide Flügel zurückgenommen waren. Auf dem äussersten rechten Flügel stand Corrao mit den Paar Hundert Mann, die ihm von seiner Brigade geblieben waren; dann folgte zunächst das Bataillon Menotti, dann Bedeschini, endlich Guerzoni und hinter dem linken Flügel Vigo-Pellizzari. Die Stellung hatte keine regelmässige Front; die Bataillone und Abtheilungen von Bataillonen wählten sich die einzelnen kleinen Höhen, die Flügel standen im Walde; die am meisten vorgenommene Mitte, ein Bataillon von Corrao unter Major di Benedetto und das Bataillon Menotti standen fast frei vor dem Walde. Garibaldi befand sich gleichfalls frei vor dem Bataillon Bedeschini.

Was wollte Garibaldi mit dieser Stellung? Offenbar hätte er noch weiter marschiren und die Ebene nördlich der Kette von Aspromonte gewinnen können? Aber debandirte sich nicht auf diesem Marsche, wenn man ihn unternahm, bis auf wenige Hunderte die ganze noch vorhandene Colonne? Wollte Garibaldi ein Ende machen, nachdem er sich überzeugt hatte, dass Italien seinem Ruf nicht in der Weise entsprach, wie er es erwartet hatte? Hoffte er immer noch, dass die Soldaten des regulären Herres ihn nicht angreifen würden? oder, dass ihm sein Genius, wie so oft, ein Mittel geben würde, sich aus der Schlinge zu ziehen und wieder eine Strecke vorwärts zu gewinnen?

Garibaldi gab den Seinen den Befehl, nicht zu schiessen. Sollten sie gar nie schiessen, was auch vorfallen möchte, sollten sie auch von den Bayon-

neten keinen Gebrauch machen? Oder sollten sie
das allerdings, sollten sie nur nicht das Feuer eröffnen, damit Garibaldi nicht die Gelegenheit zu Unterhandlungen, nicht die Gelegenheit genommen werde,
durch seine Persönlichkeit auf die regulären Truppen, auf deren Führer einzuwirken? Hatten also
diejenigen Officiere Garibaldis, welche ihren Sol--
daten die Bajonnete und die Zündkapseln abnehmen
liessen, den Befehl Garibaldis richtig verstanden
oder nicht? Hatten diejenigen recht, welche die Befehle Garibaldis dahin auslegten, dass auf keinen
Fall gegen die Truppen des italienischen Heeres ge-
kämpft werden dürfe?

Nach demjenigen, was wir früher gesagt, können
wir uns begnügen, diese Fragen aufzuwerfen. Schon
jetzt deckt ein mystisches und mythisches Dunkel
den Tag von Aspromonte. Wir werden die Sage
nicht hindern, um sich zu greifen. Fahren wir also
in der Erzählung der Thatsachen fort!

Pallavicini gab, als er die nunmehrige Stellung
Garibaldis erkannt hatte, folgende Befehle: Eberhardt führt den Frontangriff aus; Parrocchia
steigt den Catonabach rechts von Eberhard aufwärts
und bemächtigt sich der dominirenden Bergpfeiler
in der linken Flanke und im Rücken Garibaldis, um von denselben herniedersteigend das
Ausweichen über die Kette von Aspromonte unmöglich zu machen; Ricci unterhält die Verbindung
zwischen den beiden Colonnen.

Als Garibaldi die Bewegung Parrocchias bemerkte, gab er Befehl, von Guerzoni und Vigo-Pelliz-

zari aus die Höhen in der linken Flanke mit kleinen
Abtheilungen zu besetzen. Als diese kleinen Abtheilungen herankamen, waren die Bersaglieri des
Bataillons Pinelli bereits oben. Getäuscht dadurch,
dass die Bersaglieri obenein die Tücher schwenkten
und Garibaldi hoch leben liessen, getäuscht durch
die Nachricht, die sich plötzlich verbreitete, dass die
Regulären mit den Garibaldinern fraternisirten,
wurden jene kleinen Flankenabtheilungen nach kurzem
Kampfe, an dem sich auf Seiten der Garibaldiner nur
sehr wenige Leute betheiligten, überwältigt, über-
rumpelt, gefangen gemacht; die Colonne Parrocchia besetzte bald die Höhen und Parrocchia traf
Anstalten, ein Bataillon in den Rücken der Haupt-
stellung Garibaldis hinabsteigen zu lassen.

Unterdessen hatte auch in der Front das Feuergefecht begonnen. Hier waren die Bersaglieri des
sechsten Bataillons voran, ihnen folgten in geschlosse-
ner Ordnung die beiden Infanteriebataillone des 4.
Regiments unter Eberhardt. Wer schoss zuerst? Es
ist darüber gestritten worden; die Gefangenen von
Bard haben in der „Stimme aus den Gefängnissen",
die sie erhoben, mit Recht bemerkt, dass diese
Frage eine ganz müssige sei. Die Königlichen
rückten zum Angriffe geschaart und geordnet vor;
wer will da den ersten Mann auf dieser oder auf
jener Seite herausfinden, der sein Gewehr abge-
drückt hat.

Kurz das Feuer begann in der Front etwa um
5¼ Uhr. Die Sicilianer Corraos auf dem äussersten rechten Flügel erwiderten es aus dem Busche

heraus sogleich. Garibaldi widerholte seinen Befehl, nicht zu schiessen und liess mit allen Trom-
peten: Hahn in Ruh! blasen, während das Gewehr-
feuer knatterte und die Musik des 4. italienischen
Regiments, bei der Colonne Ricci vereinigt, den Kö-
nigsmarsch spielte.

Die Garibaldiner zunächst um den General ge-
horchten; aber die Königlichen, auf die er es auch
abgesehen hatte, blieben im Vorrücken und im
Feuern. Menotti, empört darüber, machte mit
seinem Bataillon, dem sie am nächsten waren, einen
Angriff auf die Bersaglieri und trieb sie zurück, seinem Beispiel folgte das rechts von ihm stehende
sicilianische *Bataillon di Benedetto.* Aber das ver-
stärkte *Haltblasen* von Garibaldis Umgebung her,
hemmte alsbald das Vorgehen. Und die zurückge-
triebenen Bersaglieri kamen wiederum vorwärts
unter dem Rufe: es lebe Garibaldi!

Der General unterdessen war von den vorrücken-
den Bersaglieren, während er daran arbeitete, das Feuer
einstellen zu lassen, zweimal verwundet worden, einmal leicht an der linken Hüfte, das andere Mal schwer
und gefährlich am rechten Fussgelenk. Er machte
eine letzte Anstrengung, sich auf den Füssen zu erhalten und indem er seinen Hut schwang, rief er:
Viva Italia! Aber er konnte sich nicht mehr auf den
Füssen halten. Die ihm zunächst stehenden mussten
ihn unter einem Baume niederlegen, wo sie ihm
schnell ein Lager bereiteten. Neben ihm wurde bald
der gleichfalls, wenn auch leicht verwundete Menotti niedergelegt. Mehrere Hunderte von Frei-

willigen drängten sich bald um den verwundeten Führer und mit ihnen mischten sich die unterdessen herangekommenen Bersaglieri des sechsten Bataillons. Das Feuer, nachdem es kaum zehn Minuten gedauert, hatte überall aufgehört.

Als die Schweden bei Lützen das blutbedeckte reiterlose Pferd ihres Königs aus dem Pulverdampf und dem Nebel zurückkommen sahen, da riefen sie, wie ein Mann: Rächen wir unsern König! Und Bernhard von Weimar durchflog die Reihen mit dem Rufe: Rache für Gustav Adolph! So ward die Schlacht erneut und gewonnen. Aber bei Aspromonte kein Gedanke an diese schöne Rache. Die sentimentale Idee, dass man nicht gegen Landsleute kämpfen könne, der sicherste Schutz aller Egoisten, die Italien verderben, hatte diese tapferen Jünglinge unfähig gemacht, der Entrüstung über die Schande, die jetzt über Italien gekommen war. Freunde und Brüder trafen sich, machten einander Vorwürfe und umarmten sich, weinten und lachten, forderten einander auf von beiden Seiten her, die Waffen zu streken. Ein Sergeant der königlichen Bersaglieri steckte den Finger in den Lauf seiner Büchse und zog ihn rein heraus, zum Zeichen, dass er nicht geschossen. Noch unsicher baten die Offiziere der Königlichen ihre Gegner, die Waffen niederzulegen, keinen hartnäckigen Bruderkampf anzuzetteln, mit schmeichelnden Worten.

Bisher war kein Parlamentär der Königlichen erschienen; keiner hatte vor dem Beginn des Feuers eine Aufforderung an Gari-

baldi gerichtet, sich den Befehlen Victor
Emanuels zu unterwerfen. Jetzt drängte sich
ein Lieutnant des Generalstabs von Pallavicini durch
die Masse, die Garibaldi umgab, jetzt, nachdem
das Feuer eingestellt war; — er war zu Pferde,
ohne jedes Zeichen eines Parlamentärs gekommen,
er stieg auch nicht ab, gab kein Zeichen, dass der
Fall des grössten Mannes Italiens ihn rühre, sondern
wusste mit insolenter Mine nichts anderes vorzu-
bringen, als: „General, meine Befehle sind, dass Sie
die Waffen niederlegen!"

Garibaldi, empört über die Insolenz des jungen
Burschen, über die Missachtung jedes Kriegsgebrauchs,
befahl, den Mann zu entwaffnen; ebenso erging es
dem Major Giolitti des 6. Bersaglieribataillons, der
ihn ersetzen sollte und mit ähnlichen Manieren kam.
Aus der Umgebung Garibaldis wurden indessen den
Entwaffneten ihre Waffen alsbald zurückgegeben. —
Bei dem ersten Durcheinanderlaufen von Königlichen
und Freiwilligen, als dem am Boden liegenden General ein Bersaglieriofficier mit gezogenem Säbel etwas
merkwürdig nahe kam, hatte jener unwillkürlich nach
seinem Revolver gegriffen, aus welcher sehr einfachen und natürlichen Bewegung unter Vermengung
der Thatsachen und Zeiten in den Berichten der Königlichen die wunderbarsten Schlussfolgen gezogen
worden sind.

Da Garibaldi selbst verwundet war, in den Augen
der Seinen durchaus nichts von dem Rufe: Rache
für unsern Führer, zu lesen, also auf eine Wiederauf-
nahme, oder, da eigentlich ein Kampf noch nicht statt-

gefunden, an die Aufnahme des Kampfes nicht zu denken war, wünschte er den Obersten Pallavicini zu sprechen.

Dieser kam und sprach sowohl mit Garibaldi selbst als mit Officieren von dessen Stabe, unter welchen auch er alte Bekannte fand. Letztere, als der Oberst der Königlichen sagte, er könne nach seinen Instructionen nichts als unbedingte Uebergabe fordern, protestirten gegen diesen Ausdruck, da kein Kampf stattgefunden, und man alle Ursache habe, wenn man einen solchen als stattgefunden annehmen wolle, von ihm zu schweigen, um nicht Italien vor Europa als im Bürgerkrieg befindlich hinzustellen. Pallavicini bemerkte, die Scene habe zu viele Zuschauer gehabt, um verschwiegen werden zu können. Garibaldi, da er nach dem ausgesprochenen Widerwillen der Seinen gegen den Bürgerkrieg die unbedingte Uebergabe annehmen musste, sprach den Wunsch aus, sich auf ein englisches Schiff zu begeben, um sich zu exiliren. Er fragte auch nach dem Schicksale der Gefangenen. Pallavicini wiederholend, dass er keinen Auftrag habe, Bedingungen anzunehmen oder zu geben, sprach doch die Hoffnung aus, dass die Regierung allen Wünschen des Generals nachgeben und die Gefangenen wohl nach vier und zwanzig Stunden entlassen würde, um sie nicht zur Last zu haben.

Pallavicini entfernte sich darauf, um weitere Anordnungen zu treffen, und es begann nun die Entwaffnung der Garibaldiner. Während die Letzteren ihre Gegner ziemlich anständig gefunden hatten, so lange sie die Waffen trugen, kehrte sich nach der Ent-

waffnung das Blatt. Sie hatten Hohn, höhnische Mie-
nen und Fragen, unanständiges Durchsuchen der Klei-
der, ja Schimpfworte von den Königlichen zu ertragen,
die jetzt erst an einen Sieg glaubten, den
sie nach der Art, wie sie sich benahmen,
gar nicht für möglich gehalten zu haben
schienen.

Corrao mit etwa 300 Mann gewann, während
alle diese Scenen sich begaben, unbelästigt die
Nordseite der Kette von Aspromonte, und zeigte so,
dass wohl Garibaldi's ganze Schaar, wie er, der Gefangenschaft hätte entgehen können.

Um 6 Uhr Abends, 3/4 Stunden nachdem das Feuer
begonnen, traten die Gefangenen den Marsch nach
der Seeküste an, eine Colonne unter Escorte des
6. Bersaglieribataillons nach Reggio; eine andere,
an deren Spitze auf einer Bahre, von den Officieren
seines Stabes getragen und umgeben, der verwundete
Held, marschirte escortirt von dem 25. Bersaglieribataillon nach Scilla an den Selle di Melia hinab.

Dies war das Ereigniss, welches die Königlichen
zu der „Schlacht von Aspromonte" herausputzten, für
welche sie mit Orden und Beförderungen belohnt werden mussten. Die Völker Europas aber stimmten in
den Ruf des Dichters ein:

> Der, nie geschlagen, immer schlug,
> Und immer sprach: wir sind genug!
> Und vor des Feindes Uebermacht
> Der Seinen Muth vertausendfacht;
> Er hat die Waffen unbefleckt
> Nur vor den Brüdern fromm gestreckt.
> Der Tag wird kommen!

Inhaltsverzeichniss des dritten Bandes.

Buchdruckerei von J. Herzog.